主编 耿元骊

宋朝往事

系列

大忠之臣:
寇准

刘广丰

著

辽宁人民出版社

图书在版编目（CIP）数据

大忠之臣：寇准 / 刘广丰著 . —沈阳：辽宁人民
出版社，2021.8
（宋朝往事系列）
ISBN 978-7-205-10217-3

Ⅰ . ①大⋯ Ⅱ . ①刘⋯ Ⅲ . ①寇准（961–1023）—传
记 Ⅳ . ① K827=441

中国版本图书馆 CIP 数据核字（2021）第 117098 号

出版发行：辽宁人民出版社
　　　　　地址：沈阳市和平区十一纬路 25 号　邮编：110003
　　　　　电话：024-23284321（邮　购）　024-23284324（发行部）
　　　　　传真：024-23284191（发行部）　024-23284304（办公室）
　　　　　http://www.lnpph.com.cn
印　　刷：北京长宁印刷有限公司天津分公司
幅面尺寸：165mm×235mm
印　　张：15.5
字　　数：224 千字
出版时间：2021 年 8 月第 1 版
印刷时间：2021 年 8 月第 1 次印刷
责任编辑：赵维宁
助理编辑：段　琼
封面设计：乐　翁
版式设计：一诺设计
责任校对：刘再升
书　　号：ISBN 978-7-205-10217-3
定　　价：58.00 元

总序：宋朝往事，如在眼前

后周显德七年，岁在庚申，公元纪年则曰960年。这一年的"春节"，就在公历1月31日。经过了数十年的各方势力混战，天下还在大乱，百姓生活仍在苦难之中（当然，传统王朝盛世，百姓也在苦难之中，乱世倍增而已）。不过，古今一例，百姓们大过年的，假装也要假装一下，麻醉也要麻醉一下，大户小家都欢天喜地，撤旧符，换新桃，祭祖悬影，张灯结彩，宴饮欢唱。无论内忧外患如何，生活总要继续下去。可是，就在中原大地一片祥和气氛之中，突然——可以说非常非常突然，大年初一，北境传报紧急军情！北汉勾搭辽军，攻打过来！开封城内，惊慌失措的百姓，惊慌失措的大臣，还有惊慌失措的小皇帝，焦急一迭声：怎么办？怎么办？

"大周"，说起来总是中原正朔，且蓬勃之际，岂能坐以待毙！必须抵抗，必须派最富军事指挥才能的大将率军抵抗！不过，谁是具有这样能力的大将呢？当然，朝廷知道，百姓知道，只有赵匡胤一人而已。赵匡胤成竹在胸，也不推辞，安排妥当，于初三日带兵北征。走了一天，来到陈桥驿，夜色降临，驻扎下来。接下来的故事，三尺孩童以上，便无人不知、无人不晓了。"黄袍加身"的"陈桥兵变"成为古今耳熟能详的"往事"。显德七年，飞速变成了建隆元年，开启了一个全新朝代：宋朝。由此，也就进入了我们这套丛书的主题："宋朝往事"。

在中国历史上，"宋"之魅力，独树一帜，让人不停地想起它。提起宋朝往事，很多人都感觉历历如在目。那么，以后见者之明，再观察宋代，到底该如何认识宋呢？陈寅恪先生讲"华夏民族之文化，历数千载之演进，而造极于赵宋之世"，就已经为它定性定向，成为我们认知宋朝的一个基底性叙述了。不过晚清民国以来，学者与世人在外敌入侵的背景下，看待宋朝总是觉得它"积贫积弱"，几乎只有陈先生独具慧眼，但是随着世界的变化，研究逐步深入，观念多轮更新，世人越发理解陈先生的先见之明，发现宋朝既不贫也不弱，乃至更多强调"宋朝"有趣又有生机的那一面了。在当代中国人看来，这是一个有意思、有故事的风雅时代。

宋朝文化，偏于"雅致"一路的气象，已经有无数学者指出过了。虽然"西园雅集"其事本身未必完全符合史实，但是"雅集"精神却是宋代真实的"文化心理"。他们吟诗词而唱和，他们抚琴听音，他们绘山水而同禅风，"宋型"的文人风貌就显现于其中。从"西园雅集"的千年反复阐释与模仿当中，足见其影响之深远。而"雅集"所体现出来的"极简"美学，是宋代高雅文化的全部核心所在。扬之水先生说："抚琴、调香、赏花、观画、弈棋、烹茶、听风、饮酒、观瀑、采菊、诗歌和绘画，携手传播着宋人躬身实践和付诸想象的种种生活情趣。"当然，这种风雅文化，也深深影响到市井文化，推动了市井文化与风雅文化同步大放异彩。甚至或者可以说，在宋人那里，市井文化就是风雅文化的变身。

宋朝经济，由以工商流转增值为主的经济运行模式，初步迈向了现代经济的门槛。又因为总掌控区域大幅度缩小，外部军事压力过大，财政供给压力倍增，不得不开拓在传统农业经济之外的财政来源，竟有意外收获，也就是发现了一条新经济之路：由工商业繁荣，进而推动生产力的提高。手工业和商业贸易，对比前朝，都有了大幅度的进步。作为衡量经济发展的一个重要指标，宋朝常年铜钱铸造数量，比唐代鼎盛高峰还多出数倍，更不用提出现"交子"这样具有现代化性质的纯信用货币。当然，受限于诸多因素，并未能或者说完全没可能实现从传统经济向现代经济的惊险一跃。

宋朝政治，在传统时代的政治大势中，堪称特例。皇帝与"士大夫"共治天下，不因政治斗争因素随意诛杀大臣，都是宋朝的独有特殊之处，因而建立了一种相对开明的政治局面。虽然我们完全了解，宋代的政治也有诸多问题，党同伐异，文字狱，争执与整肃似乎也都没少过，但是在整体上观察帝制时代的政治，完全可以确认，宋朝相对偏于宽松。从整个王朝政治史上观察，两宋还都可以说是独特的存在。而科举取士，更是奠定了读书人在政治上的进取之心，社会流动开了一个虽不宽松但也绵绵不绝的上下交通渠道。有志者，可以通过考试进入统治阶层，自认对天下有责任，亦有担当，"先天下之忧而忧，后天下之乐而乐"。

无论从哪个角度看，宋朝都是奠定中华文化最终形成的重要一环，无宋则不足以言中华文化。不过，普通读者对宋朝的印象，在经历了长期的看低之后，则有近似180度的大转弯。最近数年，欣赏宋朝，研读宋朝，描绘宋朝的生活则成为影视、阅读、游戏等各类市场上的新宠。各类时新或传统媒体，时不时地就出整本的宋代专题，制作了各种各样的音频课、视频课，坊间也在学术著作大批出版的同时，出现了无数种关于宋朝的通俗著述。在关于宋朝的叙述大繁荣之时，在这无数种关于宋代的讲述中，为什么我们还要再增加新的一种呢？这大概就是因为，宋的魅力势不可当。虽然名家大作，珠玉在前，但是我们还是想试图提供更多的维度给读者进行参考和对读。

如何提供这更多的维度？孟浩然的诗句"人事有代谢，往来成古今"

最能代表我们的心情和缘起之思。就是想通过人和事的两方面，与读者诸君讨论宋朝的独特之处。宋之风雅、政事、富庶，都体现在人和事之中了。没有那些独特的人，风雅不可见；没有那些风雅之士的行动，政事不可知；没有那些百姓的努力创造，富庶无可求。想要全方位地观察宋、了解宋，欣赏大宋之美，就请和我们一起来回首宋朝往事吧。

当然，宋代人物纷繁，我们首先选择了赵匡胤、范仲淹、寇准、沈括、岳飞这五位代表性人物。相信以读者诸君的敏锐，已经明了了我们选择的用意。赵匡胤，开国之君，没有他的布局和冒险一搏，不会有大宋的建立；没有他所奠定的基础，宋朝也许就是那个"第六代"了。范仲淹，相信没有人不知道他的名言名句，几乎每个当代中国人都会反复学习那千古名篇，没有他，宋朝就缺失了一点什么。寇准，评书演义当中的最佳人物，一句"寇老西"牵动了多少我辈凡夫俗子的心！可以说，他就是那个有棱角有缺点的最佳演员。沈括，我们了解他的大书《梦溪笔谈》，更了解他记述下来的活字印刷术。他是那个时代的文人典范，虽然后人未必赞同他的为官为人之道，但是都欣赏他作为文人士大夫而能关注于下里巴人技术进步的开放心态。岳飞，更是无数传奇小说当中的最优榜样，千百年来，不知道影响了多少英雄豪杰！宋朝有没有比他们这五位更出色的"人物"？当然有，一定是无穷无尽。司马光、苏轼、王安石……这个名单可以列出来一长串，也都是一代名臣名家，甚至有着更加巨大的影响力。不过他们得到的关注更多，已撰成的论述也更多。所以，我们设想，关于其他"人"的进一步阐发，就留待本丛书的第二辑乃至更多辑。

因人而成事，宋代历史上，几乎每天都有大事发生。这些大事如何走向，以后见之明来看，在历史上就更有关键节点的作用了。我们同样选择了五件大事，作为代表，算是尝一脔而知一鼎之味。东封西祀、熙丰新法、靖康之难、三朝内禅、开禧北伐是我们选定的第一批"大事"。读者诸君，聪明如你，当然也更明了这五件事情在宋代历史上的关键性作用。宋真宗不甘平淡，又缺雄才大略，导演了一场天书降临的闹剧，东封西祀，营造太平盛世，将宋朝引到了一条歧路上，带坏了政治风气，无谓地消耗财富积累，导致社会出现重大的方向调整。宋神宗继位之后，梦想成为一个大有为君主，有着强烈的改变现状的想法。与王安石一遇即合，君臣相得，开启了一条"改革之路"。不过这改革既艰难，又复杂，在宋人眼里更如乱来。千载之下，评说仍未有完结之期。靖康之难，更是一个朝代的伤心之史。在繁华富足当中，突然崩溃，亦是千年少见之事。再建南宋，久居钱江之畔，临安临安，已再无临意。不过相对长期稳定的政治局面之下，皇位继承这个中国传统政治的大难题，在南宋前半期又成为难上加难的超级难题。南宋前四帝，总共见过了四次内禅（高宗为皇子时，见徽钦之禅）。王朝体系下，就没有真正的家事与国事的分别，这一国事家事大难题，搅得政局翻覆，影响极大。再到开禧北伐，只好说它是虚假的反攻。韩侂胄的大冒险，最终把屠刀留给了自己。而由此导致的政局动荡，让后人感觉平添了几分萧瑟。更不幸的是，蒙古崛起，应对失当，为最终没落埋下了失败的种子。以此五事，可见宋朝历史脉络的大关节之处。除此之外，大事当然更多，不过丛书容量有限，只能留待今后继续讲述。

以上五人五事，共同构成了我们设想中的"宋朝往事"。知人论世，读人读事，把"人"和"事"立体组合起来，这是我们设想的一种新尝试，成功与否，还需要留待时间来验证。但是希望读者诸君，能看到我们11个人的共同努力，期待您与我们携手，一起走进宋朝，欣赏大宋往事，感慨世事变迁，回到大宋场景中，感受历史长河的孤独前行。

本人供职于坐落在千年古都的河南大学，日常所居之处，每日教学相长之所，就在开封的东北角，宋代遗存"铁塔"之下。这个位置，大概也是王诜的"西园"附近。无论雅集是不是真的存在，作为宋文化的象征，早已经名垂千古。在西园与宝绘堂旁，走在千年铁塔之下，不由得就会生发出思宋之情，悬想宋人生活之景之情，与二三同志研读宋史，更体悟得"雅集"之趣。也就是在这个宋文化与文明萌生的一处所在，在辽宁人民出版社蔡伟先生的盛情邀请下，本人虽不敏，但勇于任事，担下了组织撰写"宋朝往事"的工作，希望我们11个人的努力，以"轻学术"的方式，既有学术上的严谨厚重，又去掉严格脚注带来的束缚与阅读限制，能带给大家一点不一样的阅读体会。感谢陈俊达（吉林大学）、黄敏捷（广州南方学院）、蒋金玲（吉林大学）、刘广丰（湖北大学）、刘云军（河北大学）、刘芝庆（湖北经济学院）、王淳航（凤凰出版社）、王浩禹（云南师范大学）、张吉寅（山西大学）、赵龙（上海师范大学）等一众优秀青年学者（以上按姓名拼音排序）的鼎力支持，加盟此系列的撰述。

我们也知道，坊间已经有很多种宋史普及读物，我们新增这一丛小草，希望它也有同样的生命力。我们贡献全力，虽然通俗，但不媚俗，文字尽量有趣，但是绝不流于戏说，希望能为您的读书生活增添一点真正的趣味。当然，高人雅士，亦望教导指出书中不当之处。您开卷展读之时，希望我们11人没有辜负您，也没有浪费您的宝贵时间，更愿读者诸君与我们一起走进宋朝，知宋，谈宋，理解宋。

耿元骊

2021 年 5 月 20 日于河南大学铁塔湖畔

目　录

引　子

◎

大宋之兴

本书主角是寇准，但是我不想单刀直入去谈寇准，因为每个历史人物都生活在他的时代之中，尽管他有自己鲜明的个性，但时代也会为他打上深刻的印记。有趣的历史人物，往往离不开有趣的历史环境，而寇准所处之时代——宋初——恰恰是一个非常有趣的时代。这是大宋兴起的时代，是中国文化转变的时代。寇准出生之时，宋朝刚刚建立，一切还有很多变数。究竟宋朝能长久屹立，还是如之前北方五代那样昙花一现，都还是未知数。而在此之前，唐末五代又为大宋的发展奠定了什么基础？此后寇准主要经历的太祖、太宗、真宗三朝，又为中国的发展带来什么变化，尤其是为后来宋朝的发展定下了什么基调？可以说，寇准是时代的产物，但同时他也是时代发展的推动者。

一、怎一个唐末五代

中国伟大的历史，离不开汉唐，起码大多数中国人的第一反应就是这样。但同时，普通民众对于唐代的理解，大都基于盛唐景象；而在很多历史教科书里，又指出唐代自"安史之乱"后，即陷入藩镇割据的状态。诚然，"安史之乱"后唐朝中央对地方的控制的确有所减弱，尤其是河北地区卢龙、义武、成德、魏博等镇，几乎沦为地方节度使的领土，其中的人事任命与调动，朝廷都无从插手。但我们还应该看到，除河北地区外，其他地方的节度使基本是由朝廷任命的，而且朝廷可以随时对他们作出调度和任免。这种情况一直持续到"黄巢之乱"前后，尤其是之后。韦庄的名篇《秦妇吟》中"内库烧为锦绣灰，天街踏尽公卿骨"一句，道尽"黄巢之乱"后长安颓败的景象。但这场动乱所摧毁的岂止是长安的繁荣，更是唐朝的统治根基。自此之后，唐朝廷对地方的控制越来越薄弱，甚至唐朝皇帝经常被地方藩镇劫持。各藩镇之间兵戈不止，中华大地战火纷飞。在《唐书》及《资治通鉴》的记载中，经常会出现斩首多少级的记载，而这个多少，少则千计，多则几万，甚至十几万。从此之后，中国进入动荡时代，而"唐末五代"是继"魏晋南北朝"之后又一个被打上分裂印记的时代。

大唐天祐四年（907），唐哀帝李柷被朱温逼迫让位，曾经盛极一时的大唐王朝从此成为历史，中国则进入了"五代十国"时代。尽管五代时期一直被视为一个混乱的时代，但同时，它也是一个从乱世到治世的过渡时期。所谓的五代，指的是从公元907年至960年统治中国北方的五个朝代，分别是梁、唐、晋、汉、周。后梁时期，北方实际上没有统一，因为沙陀人的晋政权（不是后来的后晋）一直在跟梁朝争霸。除此之外，成德、义武、幽州、凤翔等地，依旧保持着相对的独立性，而最不稳定的魏博镇仍然是兵变的摇篮地。但这些问题随着沙陀后唐的建立都将得到解决：在梁晋争霸过程中，沙陀人逐步吞并了幽州、成德和魏博——但魏博依然不稳定；后唐建立后，唐庄宗李存勖即派军队攻灭前蜀；而身在凤翔的岐王李茂贞在后唐建立后，即奉表归顺，在其死后，尽管其子李从曮依旧为凤翔节度使，但在后唐明宗长兴元年（930）即被移镇汴州，凤翔不复为一家所有；魏博镇在后唐明宗李嗣源夺权庄宗李存勖的过程中起到至关重要的作用，可以说，没有魏州兵乱，则不可能有李嗣源的夺权之举。但明宗即位不久，即借"芦台兵乱"把魏州将士及他们的家属全部处死，至此，"魏之骄兵，于是而尽"；至于义武镇，其节度使王都本来乃庄宗的姻亲，但在明宗时期勾结契丹叛乱，被明宗派兵讨灭，至此，义武镇也失去了独立的地位。虽然明宗驾崩后，孟知祥在两川建立后蜀，但也无法干扰北方统一的进程。此后，北方只发生了两件丧失领土的事情：其一乃石敬瑭割燕云十六州与契丹，以求取援助；其二乃后汉灭亡时，刘知远的弟弟刘崇占据河东建立北汉。但即便如此，北方依然处于相对统一的状态，如唐末及后梁时期各藩镇互相攻伐引发大规模战争的现象，已逐渐减少了。

　　虽然如此，但北方的战争并没有止息，尤其是在改朝换代之际。梁晋争霸自不必多说，后唐本身可以说是一朝三姓，无论是李嗣源推翻李存勖，抑或是李从珂推翻李从厚，都脱离不了战争攻伐。而石敬瑭引契丹兵反唐，其所引发的战争规模又更大了。刘知远建立后汉可以说是兵不血刃，因为他只是带兵进入契丹人留下的空城，但此前契丹人的入侵，对中原带来的伤害是不小的。至于郭威反汉、赵匡胤"陈桥兵变"，都是属于武装夺权。然而，我们必须看到，自后唐开始，北方各个朝代，包括汉人建立的后周与宋朝，都是脱胎于沙陀集团，故此，他们尽管是改朝换代，但实际上是统治集团内部的夺权斗争。也正因为如此，他们的斗争并没有引起大规模战争，也没有引起北方地区的大规模分裂。即便是石敬瑭之叛，在契丹出兵之前，朝廷与叛军基本胶着于河东地区；至于郭威与赵匡胤，尤其是后者，所引起的动静就相对更小了。北方政权的内部战争减弱减少，但对外战争则时有发生，如后周世宗时期针对北汉的"高平之战"，以及三征南唐，而这些都是统一进程中所不能避免的。

与北方相对的统一相比，五代十国时期南方则是处于分裂状态之中。十国当中，只有北汉建立在河东地区，属于北方，其余各国均属于南方政权。而南方九国，只有荆南、南汉、吴越是从 907 年或更早时开始割据，并延续至宋朝建立。其余如两川地区，因后唐庄宗灭前蜀而导致统治中断，先后出现了前蜀与后蜀两个政权。而由杨行密开始割据的吴政权，在公元937 年被徐知诰篡夺，随后徐知诰自以为唐皇室之后，改名李昪，以唐为国号，史称"南唐"。南唐在十国中乃实力比较强大的政权，先后于 945 年与 951 年灭掉位于今福建地区的闽国，以及今湖南地区的马楚。尽管直至宋朝建立，南方依然没有实现统一，却为宋朝未来的事业打下根基。例如北方五代有三个朝代是由沙陀人建立的，故北方文化出现了胡风浸润的景象。而由于唐末北方动乱，大量士人家族迁居南方，汉人的传统文化也因而被带到南方地区，并得以保存。宋朝建立之后，很多典章制度的建设均需求助于南方人。此外，南方割据政权为了守土安民，也在辖区范围内进行有效的经济建设，从而促进了南方地区经济的发展，进而为宋代的经济发展打下基础。然而，南北的分野也为宋初政治带来了不和谐的因素，此即所谓的"南北之争"，北方士人在官场中往往瞧不起甚至排斥南方士人。

比如寇准在一次主持科考时就主张"南方下国，不宜多冠士"，亦即不应该录取太多南方的士人当进士。在这次科考中有两位出色的考生，山东人蔡齐和江西人萧贯，结果寇准推荐蔡齐为状元，并对外宣称"又为中原争得一状元"。而寇准在朝中的两位主要政敌，王钦若和丁谓，都是南方人。

五代的分裂最终被宋朝结束，这当中当然有宋太祖、宋太宗两代的励精图治，但五代十国给宋代留下的政治遗产也不容忽视。如上所述，北方经过五个朝代的经营，已渐趋统一，而南方虽然仍然分裂，但南唐一家独大的形势也逐渐形成。唐朝末年，最困扰朝廷的无疑是藩镇问题，但这个问题在五代发展的过程中，被各个皇帝一点一点地解决。这是一个很复杂的学术问题，其论证不宜出现在这本书中，有兴趣的朋友可阅读王赓武先生所著的《五代时期北方中国的权力结构》。我在这里不妨指出一个模糊的现象：从后唐开始，沙陀集团内部经常发生夺权政变，而夺权者，多数有禁军经历，并且在军中建立起重要的威望。虽然他们也大多有地方节度使的身份，但藩镇因素对于他们夺权的影响也逐渐减弱。至赵匡胤黄袍加身时，他的身份乃为殿前司都点检，是为禁军首领，虽也带有节度使衔，但实际上在朝廷任职。由此可见，五代北方地方藩镇对中央的威胁正逐步减弱，真正的威胁乃来自于军中的实权人物。可以说，唐末以来地方藩镇问题的解决，虽说是毕功于宋，却非由宋朝君臣在一夜之间完全解决的，这是五代各朝不断积累的结果。

当然，五代也给宋留下了一些难题，当中最典型的就是对外问题。众所周知，北宋在对外问题上一直处于弱势，尤其是面临北方强邻契丹时，难以恢复汉唐时期的气势。但这个问题确实不应归咎于宋人，因为这是五代遗留的历史难题。事实上,在整个后唐时代,中原政权对于契丹一直处于强势,以至于历史书写中往往用"来贡"来描述契丹使者进入中原的外交行为。后唐末年,石敬瑭为了引契丹兵为助篡夺政权,不但认比自己小十一岁的契丹皇帝耶律德光为父,同时把幽云十六州割让给契丹,从此以后,形势逆转,中原政权面对契丹时总处于弱势。无论是后唐抑或是后晋,都是沙陀人建立的政权。沙陀本身是游牧民族,其军队之强大乃因骑兵的强大。然而,幽云割地,除了丧失领土外,也丧失了养马之地。后晋时沙陀将领上书朝廷,欲与契丹一战,但当时的宰相桑维翰指出,马匹数量与骑兵质量都远不如人,如何一战?宋代对北方的军事一直处于弱势,很大程度上乃因马匹的缺乏,而在冷兵器时代,骑兵是军队实力的重要体现。但即便如此,宋辽的对峙也持续了五十多年,宋虽处下风,却没有丧失领土。

二、宋朝的统一

公元960年,后周殿前都点检赵匡胤发动陈桥兵变,黄袍加身,取后周而代之,建立宋朝。然而,此后的中国仍然处于分裂状态中,刚建立的宋朝内部也并不太平。建隆元年(960)四月,昭义节度使李筠谋反,到六月,"李筠赴火死",这场风波才算结束。在李筠谋反的同时,淮南节度使李重进也想一同谋反,与李筠南北呼应。赵匡胤利用李重进的使者翟守珣当说客,让李重进不至于立即谋反,削弱宋朝兵力。在平定李筠之后,赵匡胤又遣六宅使陈思诲带着铁券赐给李重进,以示安慰,意思是抚平内忧,集中力量对付外患。可是李重进似乎并不领他的情,就在建隆元年（960）九月，他正式宣布谋反。这场叛乱又持续了两个月，到十一月方才平息。有人认为，二李在某种程度上是被宋朝廷逼反的，而这也是朝廷逐步平定藩镇，实现统一的手段。藩镇尽管在五代时已被逐渐削弱，但他们依然各自为政，使乱世更加混乱，严重阻碍统一稳定的历史进程。宋初统治者也意识到这一点，故而在政治上进行了改革，此节容后再述。

内忧虽然平定，可宋朝的外患依然严重。当时宋朝北方面临着北汉和辽朝，这两国不断骚扰宋朝边界，北汉更是勾结李筠并支持其叛变。而南方还有后蜀、南汉、南唐、南平、吴越等五个国家和周行逢、陈洪进两个节度使割据政权，这使得宋朝离统一目标还很远。"卧榻之侧，岂容他人鼾睡"正是赵匡胤及后世宋朝统治者的理念，一统天下，也正是他们所追求的理想。在宋朝开国不久，赵普即献策说："位于太原的北汉正好为我大宋抵挡北方和西方两个方向的敌人，如果把太原打下来了，那么就得我们自己去抵挡了。既然如此，还不如先消灭南方诸国，之后太原也就是弹丸之地而已，还能逃到哪里去？"这就是著名的"先南后北"策略。赵普这一策略，来源于后周王朴提出的平天下之策，他认为，"平定吴国和蜀国之后，幽州也就望风而至了。唯有北汉必定是以死相搏之敌，不可以用恩信来引诱他们，必须用强兵把他们攻打下来，不过他们也不足以成为边境的祸患，可以以后再想，看什么时候方便再一举消灭他们。"可是，赵普似乎忽略了北汉与契丹的关系，北汉政权实力相对后周和宋来说是比较弱的，所以一直依附着契丹，后来宋朝几次进攻北汉，契丹都有派兵救援。如此看来，赵普指望北汉作为宋朝的屏障抵御契丹，这一办法是行不通的。另一方面，当时的契丹皇帝辽穆宗是一个极其昏庸的皇帝，史家对他的评价是沉迷喝酒和打猎，而且赏罚没有法度，且不理朝政，嗜杀不已。由此可见，在辽穆宗时期，辽国出现了极为严重的政治危机。辽穆宗死于宋开宝二年（969），此时应该是辽国初年最黑暗腐败之时。但宋朝并没有抓住这个时机，虽然在开宝元年和二年，宋太祖两次下令进攻北汉，可他这时还是按照先南后北的既定策略，把精力集中于后蜀、南汉和南唐，因此两次向北进攻都无功而返。

不过，宋初统治者集中精力对付南方政权还是取得了很大成效的。在太祖一朝，几乎所有南方政权都被消灭。到了太宗太平兴国三年（978），平海节度使陈洪进上表献出所管漳、泉二州。不久之后，吴越王钱俶上表献出所管十三州、一军，至此，宋朝基本统一南方。太平兴国四年（979）二月，宋太宗御驾亲征北汉，五月，北汉国主刘继元投降，北汉灭亡。

幽云地区始终是宋朝的遗憾，虽然后周世宗柴荣夺回瀛、莫二州，但终宋之世，却是未能再恢复故土。宋太祖虽然没有恢复幽云，但他始终把这当一回事。开宝九年（976），当众大臣请宋太祖上统一皇帝尊号时，他说："幽燕未定，何谓一统？"而早在建隆初年，他设立封桩库，以备作讨还幽云地区的军费。但辽自穆宗以后，景宗和圣宗都是出名的仁君，圣宗更是辽国诸位皇帝中在位时间最长、名声最好的一个，他们在辽国励精图治，迅速扭转了穆宗时政治腐败的局面，经济和军事力量都大大加强。可以说，这一时期是辽朝发展的黄金时期。宋太宗在太平兴国四年（979）和雍熙三年（986）两次对辽国发动进攻，意图收回幽云地区，可惜两次皆铩羽而归，这就是宋初有名的高粱河之战和雍熙北伐。这两次战役的失败，使宋朝军力财力大有耗损，辽国从此对宋朝占有心理上和实力上的相对优势，宋朝对辽国的战争也从主动进攻转变为战略防守。

到了真宗咸平年间，辽国对宋朝屡有侵扰，双方在边境拉锯，互有胜负，辽国也没有占绝对优势。宋真宗景德元年（1004），辽圣宗和萧太后率辽兵大举入侵，宰相寇准护持宋真宗御驾北征，此即澶州之役，而后所签盟约，即历史上著名的"澶渊之盟"。这次盟约对宋、辽两国都有重大意义。澶渊之盟使宋朝一方每年交纳岁币三十万，这显然是一个不平等的条约。但这次盟约对双方经济文化的发展都是有利的。单就宋朝而言，三十万的岁币是一个小数目，而且在这次盟约中，宋朝并没有向辽国割还周世宗所攻占的关南之地。最重要的是，这次盟约之后，宋、辽两国结束了宋开国以来的战争局面，达成了宋辽间百年无事的政治局势，中间虽时有磕碰，但局势大致平稳，一直延续到宋徽宗时期宋与金人缔结的海上之盟。因此，宋、辽双方对这次盟约都是非常重视的。

同在景德元年的早些时候，正月初二，一直滋扰宋朝的党项首领李继迁逝世，其子李德明继位，他在对宋政策上大异于乃父。景德三年（1006），李德明派牙将刘仁勖奉誓表请求结盟，并说这是其父李继迁的遗命，宋真宗对此加以接纳。从此，宋朝和党项的关系进入了稳定友好的黄金时期，这一关系一直到三十多年后元昊登位，建立西夏时才被打破。

宋初，经过太祖和太宗的努力，宋朝实现了中原的相对统一，而真宗在他统治前期谨小慎微，励精图治，又使宋朝与辽国和党项的关系相对友好缓和，宋朝的外部环境得以稳定。寇准作为那个时代的风云人物，不但见证了这一切的发生，甚至参与其中。澶渊之盟后，宋廷君臣产生了一种天下大治的幻象，志得意满的宋真宗在王钦若等人的蛊惑之下，与他的大臣们上演了一场"天书封祀"的闹剧，而在这场闹剧中，寇准也未能独善其身。此后，很大程度上影响真宗后期及仁宗初期政治的寇丁之争也随之而来。可以说，寇准虽然崛起于太宗时代，但却为真宗朝的政治打下了自己的印记。

三、崇文并不抑武

一般认为，宋朝军事羸弱，所以与汉唐相比，其疆域领土远远不如，由此，普通民众对宋朝的印象就是积贫积弱，远远不如汉唐的恢宏大气。而宋代羸弱的原因，很多人都认为是宋朝君臣奉行崇文抑武（或重文轻武）的政策，大力发展文治，甚至以文臣统驭武将，从而导致军威不振，而崇文抑武也成了宋朝的一个标签。

宋朝的很多政策都是"惩五代之弊"而制定的，也就是说在制定政策的过程中，总结了五代的经验教训，当中确实有对文武大臣职能的调整。一般认为，五代是一个武人主政的时代，文臣的地位相当低下。这个说法既对，也不对。对的是五代时期，北部中国确实是武将的时代，这一方面源于这个时代相对混乱，武功高强、兵强马壮者往往在战争中有决定作用；另一方面，由于胡风浸润，沙陀集团内部更是崇尚武力，有军功者才有威望，而有威望才能成为集团的领袖。所以后唐庄宗李存勖继位之初，就要进行三垂冈之战；周世宗柴荣即位之初，也一力获得高平之战的胜利，因为一旦他们失败，就很有可能失去统治地位。如后唐闵帝李从厚及后汉隐帝刘承祐，他们的败亡与在军中毫无威望不无关系。至于后周恭帝柴宗训，更是以七岁稚龄继位，结果没多久就被赵匡胤篡夺政权。此外，在五代朝廷中，一些武将甚至侵夺文臣的权力。如后唐明宗时期，武将出身的崔协与王建立，甚至一度担任文官之首的宰相之职。当然，宰相在五代朝中的地位也不算百官之首，他们往往需听命于主管枢密院的枢密使，而出任枢密使的武将比例则更加高了。至于身处各地的节度使，更是多由武将担任，尽管五代各朝均有政策逐步限制地方节度使的权力，但他们同样需要依赖节度使开疆守土，故节度使的问题一直至宋朝建立，都尚未解决。

然而，说五代文臣的地位相当低下，也是不正确的。首先，五代一直延续唐朝的科举考试，虽然局势动荡，但甚少停止科举（五代53年，只有5年停举）；虽然每榜录取人数不多，但起码保证了文人士子的晋升之途。其次，五代宰相大多依然由文臣担任，而且有些宰相一样能得到皇帝的器重。如从后唐开始历事四朝的冯道显然就是当中的佼佼者，而他在后唐明宗时期初任宰相之时，经常受到明宗垂询，而明宗对他也算言听计从。再如后晋时期的桑维翰，本身是后唐同光三年（925）的进士，后来得到石敬瑭父子的信任，在后晋朝中不但担任宰相，甚至兼任枢密使之职。其余如赵凤、和凝、苏禹珪等，也是五代文臣中的出色之辈。其实文官是国家建设中不可或缺的角色，故无论在哪个时代，他们都以不同的形式受到重视。即如五代时期武人主政，由于他们本身不懂礼仪典章，甚至目不识丁，故往往需要依赖文官来处理他们不能完成的事情。如后唐时期端明殿学士的设立，就是因为枢密使安重海不懂汉文，无法阅读各种文书，故需要文官加以辅助。

到了宋代，崇文的风气愈加浓厚。有个故事是这样讲的，宋乾德三年（965），朝廷刚刚平定后蜀，太祖赵匡胤在宫中看到一面镜子，上面写着"乾德四年铸"。太祖感到很奇怪，这不是才乾德三年吗，怎么就有四年铸造的镜子呢？于是他把镜子给宰相们看，宰相们也不明所以。后来，他找来翰林学士陶穀和窦仪，窦仪看了之后说："这肯定是来自蜀中的镜子吧，后蜀就曾经有这个年号。"太祖听了大为感慨，说："做宰相须是读书人。"记载这个故事的江少虞在最后说，从此之后朝廷重用儒臣。我认为这是江少虞自己想象的，因为太祖朝还没有达到重用儒臣的程度。宋初崇文，其实并非一步到位，太祖赵匡胤本身行伍出身，对文官多有利用，却未必达到崇文的境界。另外一个关于陶穀的故事是这么讲的，说他长期在太祖身边撰写各种文告，自以为德高望重，却得不到重用，所以颇有微词。太祖听闻后笑着说："我听说翰林学士的工作，不过是翻阅前人的旧文书，然后改头换面，依样画葫芦罢了，能出几分力？"陶穀听闻后，写了一首诗自嘲：

> 官职须由生处有，才能不管用时无。
>
> 堪笑翰林陶学士，年年依样画葫芦。

这个故事足以说明，太祖对于草制这种纯粹文官所做的事，并不感冒，甚至不以为然。也许在他眼中，这种事情需要有人做，却并不是很了不起的事情。还有一个故事，是太祖跟赵普的一段对话。太祖说："如果能得到像桑维翰这样的人来当谋士，那该多好！"赵普说："就算桑维翰在，陛下也不会用的，因为他爱钱。"太祖说："用别人的长处，就该回护他的短处嘛。读书人眼睛小，赏赐他十万贯钱，就塞破房子了。"上文说过，桑维翰是后唐进士，也算是文人出身，后来当了后晋的宰相。虽然他得到太祖的赏识，但言语中太祖对他也是不甚尊重。这个故事原文用的是"措大眼孔小"，所谓"措大"，指的是贫寒失意的读书人，太祖用这个词，就更显出对读书人的蔑视了。

当然，太祖看重桑维翰也是有原因的。五代时期还有一类官员值得注意，他们或是武将出身，但不能带兵打仗；他们或是文臣出身，但不事文学；他们更多是衙门底层出身，粗通文字，却不读诗书。然而，这部分人却精通人情世故，深通官场衙门各种各样的事情，处事精干练达，往往能为君主解决各种问题，故深受五代各朝皇帝的倚重。这类官员，可以称为"吏"。比如后唐的郭崇韬，本来只是沙陀集团内的一个小吏，是李克用的弟弟李克修的亲信，后来因为办事干练，得到了李存勖的赏识，当上了中门副使。后来他在梁晋争霸的战争中为李存勖出谋划策，最终助李存勖打败后梁。后唐建立后，他即被任命为统管朝政的枢密使。又如安重海，他是胡人武将家庭出身，但一生很少上战场，最终却因吏干得到后唐明宗李嗣源的赏识，成为枢密使。不过要注意的是，这两人后来都因皇帝的猜疑而死于非命。桑维翰之所以能当上宰相兼枢密使，也不是因为他多有文采，而是因为他通达吏事，往往能为皇帝出谋划策。不过桑维翰本人也是在契丹入侵时，被身为武将的突厥人张彦泽所害。由此可见，这一类人能被皇帝所用，但又不能对皇帝构成威胁。诚如赵匡胤所言，他们是"措大"，贫寒失意，唯一能依靠的就是重用他们的皇帝，一旦失去皇帝的信任，他们什么都不是。

　　赵匡胤是从五代走过来的，他当然也喜欢用吏来为自己服务，这就是他欣赏桑维翰的原因。事实上，尽管开国之初，他留任了前朝宰相范质、王溥和魏仁浦，但很快就让自己的亲信，小吏出身的赵普当宰相了。让自己最亲信的人从枢密使升任宰相，这是一个非常重要的信号，这意味着赵匡胤不愿意五代时期枢密之权侵夺相权的现象继续延续，他要恢复宰相为百官之首的地位。然而，小吏出身的赵普毕竟不熟悉典章礼仪，很多需要宰相来做的事情，他依然无法处理。所以赵匡胤让他读书，最终他读了半部《论语》，号称"半部《论语》治天下"。然而这不够，要让大宋走上正轨，必须有更多出色的文官，他们要通晓文章，精熟礼仪，所以从太祖开始，就对科举进行改革。在开宝六年（973），太祖亲自对举子们进行殿试，从此开创了殿试制度，保证进士出身之人都是天子门生。太宗即位后，即扩大科举录取人数，每榜平均录取人数从太祖朝的13人，扩大到了186人，从而拓宽了读书人进入官场的途径，宋代的崇文景象也逐步铺陈开来。寇准是太宗太平兴国五年（980）榜的进士，是太宗即位后的第三榜，寇准年纪轻轻即被录取，其实也是在科举扩招的背景下才能发生的。然而，这还不够。对太祖和太宗而言，他们更需要有政治才干的大臣。所以这两朝的宰相，大多数以吏干著称，而非以文学著称。当然，寇准也是其中一个。崇文之举也不止以上所列，而最出名的当然就是太祖誓碑的传说，而在这所谓的誓碑上，就有"不杀士大夫及上书言事者"一条。这毕竟是个传说，而且版本太多，是否真实也众说纷纭。然而，宋朝文官的处境，在中国历史上确实算是最好的。寇准是一个很率性的人，他的很多行为如果放到明清，就算不砍脑袋，估计官也不会做得很大。然而就是在宋朝，他在皇帝的包容之下，一路平步青云。

宋初开始有崇文的趋势，但是否抑武，恐怕需要再斟酌。宋太祖后来被认为抑制武人的举动，主要有三个方面的表现。第一个表现是解除地方节度使的权力。太祖与赵普曾经有过一段对话，太祖问赵普："自唐末以来，几十年间，皇族变换都有十次了，其过程中战争不息，生灵涂炭，原因是什么呢？我想停止战争，定下大宋长久的基业，又有什么办法呢？"赵普回答说："陛下说到这，真是上天与百姓之福啊。唐末以来，战争不息，家散人亡的原因无他，是因为藩镇节度使的权力太重，君弱臣强而已。现在想解决这个问题，唯有稍稍收回他们的权力，制约他们的钱粮，收回他们的精兵，这样天下就会安定下来了。"赵普在这里提到了三种策略。第一种就是逐步限制节度使的权力，不过如上文所述，这一步其实在五代时已经在做了，至太祖时期，主要是把地方行政权力进一步与节度使剥离，如设置县尉、通判等职务，让他们行使地方行政权。再如用文臣担任地方长官，进一步让节度使成为虚职。第二种策略，就是剥夺地方的财政权。朝廷在地方设立转运使司，把地方的收入除留一部分作为行政开支外，其余全部转运到中央。如此一来，地方失去财权，要兴兵谋反，恐怕就非常困难了。第三种策略就是改革军制，地方精兵全部编入朝廷禁军，地方只保留相对老弱的厢军，从而让地方失去军事优势，进而失去叛乱的可能。

第二个表现是对军权进行划分：由禁军三衙——即殿前司、侍卫亲军马军司与侍卫亲军步军司——负责统兵，主要负责日常训练；枢密院负责掌管兵符,有发兵调兵之权;而遇到战争,则朝廷临时指派将领带兵出征。此外,从太祖开始,驻守地方的禁军实行更戍法,每三年一调动,美其名曰不使他们舒服,因为舒服惯了以后无法打仗,但实际上是要做到将领与兵员分开,所谓"兵无常帅,帅无常师",这样军队就不容易造反了。这样的办法确实使军队的战斗力减弱,但算不算"抑武"呢?第一个表现是针对中央与地方关系的,而只不过节度使多为武将,故让人有"抑武"的感觉。但实际上,无论是五代还是宋初,依然有文官或吏出身的官员担任节度使,他们的权力也同样受到限制。至于第二个表现,则是一种制度建设,虽然有防止地方叛乱的目的,但实际上也是有针对性地矫正唐末五代武人专擅的现象。让武将负责带兵打仗,让文官负责制定战略,甚至在军中指挥作战,这本来就是中国古代的常态,而宋朝对军队分权的做法,也只是在某种程度上恢复这种常态而已。实际上,这种分权并不单纯针对武将,百官首领宰相的权力也被分薄,其原本的军事权力由枢密院掌管,而财政权力则属于三司。此外,言官机构、学士院、最高司法机构(大理寺、审刑院)等,都直接对皇帝负责,而不归宰相统属。而宰相之下又设参知政事,是为副相,其最初目的也是摊分宰相的权力。分权的制度最终在制度上让皇帝高度集权,从而把中国古代的专制主义推上新的顶峰。至于如宋太宗那样用"平戎万全图"来遥控军队,则属于其个人性格多疑的问题了,毕竟他连自己的儿子都信不过。

　　第三个表现,也可能是"抑武"最明显的表现,乃是著名的"杯酒释兵权"。故事的梗概是宋太祖约当时最著名的将领石守信、王审琦等人喝酒,席间感叹当皇帝不如当节度使。众大将感到很奇怪,太祖说:"很简单啊，我这皇帝之位谁不想要呢？"大将们纷纷表示，这是天命已定，谁敢有异心呢？太祖说："我知道你们是没有异心的，但你们的部下谁不想富贵呢？到时候把黄袍穿到你们身上，你们就算不想当皇帝，恐怕也不能自己做主了。"大将们纷纷拜倒，请求太祖指一条明路，太祖说："人生在世，如白驹过隙，很短暂。所谓富贵，不就是多得金钱，自娱自乐，并让子孙荣华富贵而已。你们何不放弃兵权，选择好田好地买下来，为子孙添置永久的产业；多买些歌姬舞女，天天吃喝玩乐，颐养天年。这样，我们君臣之间均没有了猜忌，上下相安，不是很好吗？"石守信等人对太祖的话心领神会，第二天一早就上表称病，请求解除兵权。而太祖也给了他们大量的赏赐，并与他们结为姻亲。这个故事有很多版本，许多细节也有待考证，但至少可以总结出两点：第一，石守信等人虽被解除兵权，却逃过了历代功臣的厄运，且获得很好的待遇。事实上，宋代的武将待遇一向不错，虽不掌实权，但与皇室结为姻亲，更加让他们成为了皇帝的亲信。第二，此次解除兵权的，是石守信、王审琦等资深武将，但赵匡胤并没有因此放弃对武将的信任。事实上，他的做法是任命资历较低的武将带兵，如李汉超、韩令坤、王彦升、潘美等，而当他们带兵在外时，太祖也能做到用人不疑。延至太宗、真宗两朝，武将在朝中的作用依然很大，故在这两朝中，武将出任枢密使或枢密副使的也不在少数。

综上，宋初确实有了崇文的趋势，却未真正抑武。事实上，整个宋朝并未有一道诏令明确提出崇文抑武或重文轻武的政策。就宋初而言，北方战事依然吃紧，故朝廷不会轻易生出抑武之心。而文臣士大夫与武将之间，也并非泾渭分明，他们依然有交往合作的行为。即如寇准，他曾在澶渊之盟中轻视武将曹利用，并使之成为毕生政敌之一，但同样，他跟武将高琼、马知节和曹玮却也交往甚深。由此可见，就宋初文臣与武将之间的关系而言，性格与脾气恐怕起着更为重要的作用。

第一章

◎

少年进士

　　笔者很小的时候就喜欢听粤语书评，其中张悦楷先生讲的《杨家将》，我从小到大听了应该不下五遍。故事里杨家众人的英雄气概，让我热血澎湃；潘仁美、王强等人的阴险狡诈，让我咬牙切齿；宋太宗和宋真宗两个皇帝沉迷女色、昏庸无能，让我扼腕叹息。不过还有一个人物穿插在整个故事里面，常常让我为他的聪明赞叹，也为他的诙谐忍俊不禁，他就是寇准。后来我又看过一部葛优演的电视剧，叫《寇老西儿》，主要是把杨家将里关于寇准的故事截取出来单独成剧，而葛优的演出，也让聪明诙谐的寇准形象跃然于屏幕之上。剧中寇准被称为"老西儿"，似乎暗示他乃山西人，而根据剧情，他进京之前应该也是山西太谷县的县令。不过电视剧毕竟是电视剧，有些历史错误也在所难免。其中有两个错误：第一个错误是宋代的山西还不叫山西，而是沿袭唐五代的习惯，被称为河东，太谷县隶属太原府，应该算是河东比较核心的地方。第二个错误是，寇准不是山西人，而且在他的政治生涯中，也没有到过山西做官。那寇准究竟是哪里人

呢？他家究竟是干什么的？本章的题目是"少年进士"，那他中进士的时候
又是多少岁呢？

一、寇准的家世

在《杨家将》故事中，寇准是从下邽县令任上被召入京审理潘杨案的，
但事实上，这不是寇准任官的地方，而是他的家乡。寇准，字平仲，华州
下邽人，这是现存几部关于寇准的传记里公认的有关寇准的基本信息，应
该是比较准确的。华州在今天陕西的华山脚下，而下邽则是在今天渭南市
的临渭区；所谓渭南，当然指的是渭水以南，但历史上的下邽，则是在渭
水以北。但无论如何，这妥妥地说明，寇准不是老西儿，而是一位老陕。

宋仁宗时，为表彰寇准在太宗、真宗两朝的功勋，皇帝亲自下令，由
翰林学士孙抃撰写了《寇忠愍公准旌忠之碑》，这应该是目前留存下来最早
的关于寇准的传记。在碑文中，孙抃写道：寇准的先世出于上谷昌平——
也就是今天的北京昌平区——他的始祖司寇"苏公"在春秋时有功于周王
室，因而以官职命名姓氏，故而姓寇。其后显赫之人辈出，如东汉时期的
寇恂，因"漕河内"，击溃苏茂，后来在云台画像，成为中兴功臣。寇恂的
曾孙寇荣乃东汉侍中，因"辨洁"而逃亡，族中人等在各地隐居避祸，因
此谱牒等物尽皆流失。几代之后，有族人徙居冯翊，编户籍于"三峰"之
下，于是成为华州下邽人。

这段记载大概记录了下邽寇氏的先世，不过文中有几处地方需要解释。
首先，所谓春秋时的司寇"苏公"不知是何人，但西周开国之时，确实有
一位叫苏忿生的司寇，乃周朝的开国功臣，据说他乃苏姓的始祖，但也有

说他子孙的一支以官为姓，故他也是寇姓的始祖。至于寇恂（字子翼），乃是汉光武帝刘秀麾下大将，文武兼备，在光武兴复汉朝的过程中被任命为河内（今河南沁阳）太守，此所谓"漕河内"。在河内任上，他击溃了绿林军苏茂，保证了光武帝顺利登基，因而被认为是东汉的复兴功臣。汉明帝永平年间，明帝追忆当年功臣，于是命人画下光武帝麾下二十八位武将的画像，安放在洛阳南宫的云台，此即"云台二十八将"，而寇恂也在其中。至汉桓帝时，寇恂曾孙寇荣为侍中，因家族势大，但洁身自好，甚少与权贵交往，因而得罪权贵，遭受陷害，逃亡数年后因上书陈情而遭桓帝诛杀。从此之后，寇氏逐渐衰落。碑文所记，下邽寇氏乃冯翊寇氏的分支，而冯翊寇氏，则是寇荣后人逃亡至三峰山下所建。所谓"三峰"，乃华山的别称。虽然宋代冯翊隶属同州，而下邽隶属华州，但两地相隔很近，故下邽寇氏与冯翊寇氏有所关联，是有可能的。

孙抃的碑文把寇家的先世写得十分高大上，如单凭这篇碑文，可以说寇家乃世家大族之后，有着显赫的出身，更彰显寇准的高贵。然而必须注意的是，中国古代墓志和神道碑的书写，本身就有扯虎皮拉大旗的成分，反正无论如何都要把志主的身份抬高，更何况这是皇帝御旨下令撰写的神道碑。而另一方面，五代以前的谱牒编写都要经过非常精密的考证，故通过族谱可以考察出一个士人的家庭出身。但到了宋代，由于世家大族的瓦解，大量传家谱牒流失，而重修的谱牒也再难以考证家族的先世了。就寇家而言，冯翊寇氏有时人陈彭年的《钜宋广韵》为证，应该可信，但所谓与苏忿生、寇恂、寇荣等人关联的先世，恐怕就需要存疑了。或许这是真实的，但更大的可能是寇家对名族的攀附，毕竟这在当时是一种潮流。

　　苏忿生和寇恂是不可考了，但根据孙抃碑文，我们可以追溯到寇准的曾祖父一代。根据碑文记载，寇准曾祖父叫寇宾，祖父叫寇延良，二人皆没有当官。寇准自己曾写有《述怀》一诗，里面有"吾家嗣儒业，奕世盛冠裳"的句子，似乎也在暗示先世乃衣冠之族，且一直以儒学为业。但我怀疑寇准自己是否见过祖父寇延良，至于曾祖寇宾就更难说了，所以他对家族先辈的事业以及家族背景的了解，有可能是来自他父亲的忆述。当然，我们不能排除寇家先祖有研习儒学之人，因为寇准父亲是后晋状元，家中有饱学的长辈对他进行教育是极有可能的事情。但必须注意的是，在中国古代，没有发展起来的家族如果想培养一位进士，得倾全家之力。毕竟读书是不事生产的活儿，所以家里总得有人干营生的工作来供给这位专事读书的族人。所以，寇家很有可能在下邽老家有一亩三分地，家里有人干农活，也有人读书，这大概也是唐中期以后中国古代普通士人家庭的常态。尽管寇宾和寇延良都没当过官，但他们死后分别被追封为燕国公和陈国公，赠官至太师，其原因乃是后来寇准显贵，当上了宰相。中国有所谓"光宗耀祖"之说，而在唐以后，最光宗耀祖的事情，无外乎中科举当大官。虚构的先祖最多只能装点一下家族的门楣，在宋以后几乎没什么大用；而子孙荣显追封三代，甚至封妻荫子，让族人在恩荫制度下进入体制当官，让整个家族跻身名门之列，这才是实实在在的利益，也是唐宋以后众多家庭倾尽全力培养科举人才的原因。

　　寇家培养科举人才的努力，终于在寇准父亲寇湘那一代收获成果。据孙抃的碑文记载，寇湘"博古嗜学，有文章名"，用现在的话说，那就是在文科里是一个百事通，而且非常喜欢学习，特别是文章写得特别好，在当时很有名气。后晋开运二年（945）的科举考试中，一共有15人被录取，而寇湘则是当时的榜首状元。如前所述，五代虽然武人专擅，但文人并非全无发展空间，尤其是通过科举考试进入官场的文臣。在寇湘中状元前后，其他科举进士在后来或多或少都有所作为，比如在他之前的窦仪，在宋太祖时是翰林学士；程羽后来更成为寇湘儿子寇准参加科举时的主考官；而在寇湘之后的贾黄中、李昉、王朴、王溥等，更是成为五代至宋初的名臣。然而寇湘若非有个后来当了宰相的儿子，恐怕他在历史记载中连名字都找不到。状元不出名的原因有很多，但就寇湘而言，恐怕是因为他生不逢时。历史上没有记载寇湘在中状元后是否有在后晋朝廷担任职务，或者说他已经来不及担任任何职务，就在第二年，后晋因出帝石重贵与契丹皇帝耶律德光交恶而被后者带兵覆灭。这对中原而言是一段不光彩的历史，对寇湘而言也许也是一样的。据《莱公遗事》记载，寇准在参加科举考试之前，曾经给驻跸大名（今河北大名县）的宋太宗上书，其原因则是"以父陷蕃"。虽然我很怀疑这个记载的真实性——因为当中寇准的年龄与所记时间不符——但寇湘很有可能曾有"陷蕃"的经历，甚至曾经为契丹在中原的短暂政权服务，这是当时很多中原士人都有过的经历。而这个经历，也许成为了寇湘毕生的心病，以至于他之后一直不愿意在朝廷任职。在寇准年幼的时候，寇湘就去世了，而孙抃在碑文中说"知人者惜之"。为何可惜？应该是因为寇湘本有大才，却未能实践儒家入世的理念，为朝廷效力，更不能因此而光宗耀祖，从而改善家庭环境。如此，诚为可惜！

当然，身为状元的寇湘不可能完全不做事，据《宋史·寇准传》记载，寇湘在晋开运年间就成为魏王府记室参军。这不算一个正式的职位，而是一个幕职，相当于当魏王的幕僚。魏王是谁呢？五代北方被封为魏王的有6人，分别是后唐时期的张全义、朱友谦和李继岌，这三位都跟寇湘没有关系；另外三位分别是早已随养父赵德钧投降契丹的赵延寿、后汉高祖刘知远的长子刘承训以及周末宋初的名将符彦卿。不过根据孙抃碑文的记载，寇湘是死在魏王记室任上的，而寇准好友王禹偁又在一篇序文里提到，寇湘当幕僚的地方正是大名，故此可以推断，这位魏王应该是符彦卿，因为只有他符合既被封为魏王，又在宋初时镇守大名的条件。但符彦卿是在后周时被封为魏王的，这并不符合《宋史》说寇湘在开运中成为魏王府记室参军的记载；不过孙抃碑文写的是"后应辟为魏王记室"，这个"后"没有具体的时间，当然就可以后到后周时了。不过还有另外一种可能，就是寇湘先后服务过随耶律德光消灭后晋的赵延寿（符合"陷蕃"的记载）、随刘知远进入开封的刘承训（符合《宋史》的记载），以及后来后周至宋初的符彦卿（符合碑文和王禹偁的记载）。

寇湘在大名多年，似乎并没有给下一代留下什么财富。有宋代的笔记小说记载说，寇准母亲去世的时候，家里想买块像样的布料来给寇母做寿衣都买不起。当然，这个记载肯定是有问题的，因为根据众多档案类文献记载，寇准母亲去世的时候，寇准已经当官多时。但如果这个野史记载把对象搞错了，把寇湘去世时的情况误用到寇母身上，这也许就能说得过去了，毕竟作为魏王府一个小小的幕僚，寇湘可能真的没有积攒到多少财富，而这也正说明，寇家家境并没有因为寇湘高中状元而得到多少改善。

二、童年的往事

宋太祖建隆三年，亦即大宋建国的第三年，也就是公元 962 年的农历七月十四日，寇湘的家庭迎来了一个新的生命，他就是寇准。按照民间习俗，农历七月十五日是中元鬼节，各地均会有祭祖活动，祈求祖先保佑。而正因为寇准的出生，这一年的中元节也被记录在案，此即魏野所记："何日生宰相，明日是中元。"从诗中可以看到，这一天对大宋来说，也是非同寻常的一天，因为它意味着大宋未来一段伟大的历史。据孙抃碑文说，寇准一出生，就"风骨峻爽，与常童不类"，按现在的话说，就是骨骼清奇。不过这种说辞，是为了突出寇准与常人不同罢了。虽然寇准是华州下邽人，但如前所述，寇湘乃终于大名魏王府记室任上，故寇准出生时，寇湘一家应该还在大名；换言之，寇准的出生地在河北的大名而不在陕西的下邽。寇准字平仲，按照古代兄弟间"伯、仲、叔、季"的排行，寇准应该上有兄长，这一点在孙抃的碑文中可以得到印证。但现存文献中我能找到的关于寇准兄弟姓名的记载，只有其弟寇雍一人。不过无论如何，寇准并非独生子女，他的童年应该不会孤单。

与一般士人家庭一样，寇湘在寇准很小的时候就开始教寇准读书认字，期望为家族进一步培养出科举人才，从而振兴家声。有个故事记载说，寇准八岁的时候就被送到了学校里读书，一次老师让孩子们以华山为题写诗，寇准写道：

只有天在上，更无山与齐。

举头红日近，回首白云低。

老师一看，拍案叫绝，后来跟寇湘说："你儿子将来怎么能不当宰相呢？"这个故事在我看来有点牵强附会的嫌疑，首先是因为这首诗没有收录在寇准的诗集里面，而是记录在时人的笔记小说里。此外，古人也喜欢为名人们创作一些逸事，用以说明他们有伟大的成就是早有预兆的，说白了，这不过是大家茶余饭后的谈资罢了。不过这则逸事也能说明，时人眼中的寇准是有大志向的，而他后来的成就也恰恰说明了这一点。而我们也可以相信，寇湘就是循着这个方向去培养寇准的。

这首诗吟诵的对象是华山，似乎暗示着寇准读书的地方不在大名，而在陕西老家。那么寇准童年的时候，有没有去过下邽呢？我认为是有的，因为在寇准的诗集里面，有大量缅怀下邽故里的语句。如他中进士后在巴东担任第一个职位时，就有诗云："却思清渭北，烟柳掩柴关。"后来又有诗句云："秦川不得却归耕，奉诏年来在楚城。"后来又有"看重汉浦月，独忆杜陵人""雨艇愁天末，烟蓑隐渭滨"等句。"清渭""秦川""杜陵""渭滨"这些词语，都是对陕西渭水一带的描述，充满了思乡之情。那么，寇准是什么时候回到下邽生活的呢？我认为应该是寇湘去世之后。寇湘是终于大名魏王府记室任上的，而符彦卿自后周时起一直镇守大名，直到宋太祖开宝二年（969）才离开赴洛阳休养。这一年，寇准才8岁，而寇湘应该在此之前就已经去世了，这也符合王禹偁说寇湘去世时，寇准尚且年幼的记载。家里的顶梁柱去世了，寇准一家在大名无所依靠，于是寇母带着一堆孩子回下邽老家投靠寇氏族人，这是合乎情理的。

尽管寇准后来成了宰相，在宋朝乃至整个中国的历史上都留下了自己的痕迹，但小时候的寇准并不是一个很乖的孩子，跟大多数孩子一样，他也有调皮捣蛋的时候，尤其是父亲去世，家里缺乏管教之人。司马光的《涑水记闻》是北宋时期一部比较靠谱的八卦小说。之所以八卦，是因为里面记录了大量关于当时皇帝与大臣的逸事和趣事；而之所以靠谱，那是因为他记录的这些故事基本上都有来源，甚至成为一些经典历史著作（如李焘的《续资治通鉴长编》）的史料来源。在《涑水记闻》里，司马光记载了寇准的一个故事，说小时候的寇准不拘小节，不好好读书也就算了，还喜欢那些飞鹰走狗之类的玩意儿，可谓玩物丧志。结果寇母赵氏夫人看在眼里，非常生气，一怒之下拿起一个秤砣就往寇准身上砸去。赵夫人显然对寇准是有期待的，怎么说丈夫是个状元，孩子总不能长大了没出息，当个放鹰遛狗的二世祖吧？更何况寇家现在的环境并不太好，那是连当二世祖的资本都没有啊！但各位读者请注意了，这个动作不宜提倡，毕竟现代是文明社会，我们更加提倡科学文明的教育方式。而且这砸秤砣可是技术活儿，如果当时赵夫人不小心把秤砣砸到了寇准脑袋上，那大宋就少了一位名相，多了一宗母亲失手杀子案了。此外，这秤砣砸了之后，孩子能不能变好还是两说。不过赵夫人这门砸秤砣的手艺还是很不错的，她没有砸中寇准的脑袋，而是砸到了脚上，砸得寇准血流如注，从此痛定思痛，收心养性，努力学习。据说他后来显贵之后，还经常摸着脚上的疤痕流泪——可能当时确实太疼了，但我想他更多应该是在怀念自己的母亲。这个故事还给我们透露出了一个信息：我们历来都认为父亲在教育中的角色是更加严厉的，而母亲则会表现出慈爱的一面；然而，当父亲去世之后，本该慈爱的母亲就不得不扮演起严父的角色，否则孩子没人管了，容易误入歧途。这种现象，在中国古代的家庭里面是非常普遍的。

　　寇准在母亲的严厉教育下，开始认真学习了。那他学些什么呢？古人读书纯粹以做学问为目的的不是没有，但自唐宋以后，科举逐步发展起来，士人读书的主要目的恐怕就是"学成文武艺，货与帝王家"了，更何况寇准的父亲是后晋状元，家学如此，他更会为走上科举的道路而读书。另外，寇准也确实生在一个好的时代，如果在唐朝，科举考试是十分困难的，进士科每年的录取人数大概也就几人到几十人，平均一榜是 28 人；五代时期进士科每榜平均 14 人，加上诸科录取人数可能多一些，但也多不到哪里去。如前所述，宋太祖朝每年录取的人数也是十几人，但到了太宗朝，基本每榜录取人数都会达到上百人之多。尽管这个录取人数跟庞大的考生队伍相比还是比较少，但比起前代已经翻了好多倍，录取机会大大增加。而按照寇准的年龄，他恰好应该在太宗朝考试，事实也是如此。当然，寇准开始认真读书的时候，太祖尚未驾崩，其后之事一切未知，所以他也只能按照宋初进士科考试的内容准备。现在我们说，高考是根指挥棒，其实在科举时代也是如此。宋初省试考诗、赋、论各一首，策五道，帖《论语》十帖，对《春秋》或《礼记》墨义十条。后面两项非常简单，只要会背书就可以了，故真正显示出水平的，是前面几项，尤其是诗、赋、论三首，在后面的殿试中还得重新考一次。寇准基本就是按照这些内容去准备考试的，所以他从小诗文就写得非常好，就像我们今天高考的高分学生，必定能写出一手高分作文一样。

　　除了正常应对科举的学习外，寇准对《春秋》三传，亦即《左氏传》

《公羊传》《谷梁传》特别感兴趣。孙抃碑文中说他对此三传不需要老师讲解，不需要看注释，三家对《春秋》解说的异同之处，他提笔直书，就可以分析得清清楚楚，而且文辞通畅，逻辑清晰，就像出自大师手笔一样。虽然诸科中有《三传》科，但他显然不会考这一科目，而是考他父亲曾经考过的进士科。而进士科尽管也有对《三传》的墨义，但只是最基本的背书默写。所以，对《春秋》的研读，乃是他的学术兴趣所在。无独有偶，《春秋》在五代宋初之时，是很受欢迎的儒家读本，尤其是五代进入中原的胡人，他们欲了解中原文化，往往也是从《春秋》入手。所以，像李克用、李存勖、李从厚等沙陀统治者，往往都有略通《春秋》大义的记载。寇准作为宋初之人，爱研读《春秋》三传，应该是受到时代的影响，更有可能是曾经受到过其父寇湘的影响，毕竟寇湘是从五代过来的人。而《春秋》三传虽然是儒家经典中偏于历史的著作，但当中有大量的内容对于吏治大有裨益，这也为后来寇准的吏干打下了基础。除了《春秋》外，寇准应该也学习了一些佛学知识。他的母亲赵夫人曾跟他说，他刚出生的时候两边耳垂都有肉环，几岁后才慢慢长合拢。事实上，在寇准的一生当中，确实与佛有缘，他常常与朋友或僧人探讨佛学真义，此乃后话。而他对佛学的喜爱，应该是受到母亲的影响。

三、年少的进士

宋太宗太平兴国四年（979）的秋天，寇准学业有成，回到大名，参加了当年的乡试。宋代科举，从太祖开宝六年（973）起即分为三级，分别是乡试、省试和殿试。乡试又被称为发解试，按照宋朝的规定，发解试应该在籍贯所在地考试，这一点在宋太祖时已有规定。寇准家乡在下邽，父亲去世后又可能回到了下邽居住，此时为何千里迢迢跑到大名去应试呢？尽管太祖有所规定，但宋初科举移民的事情还是时有发生的，原因倒不是后来所说的各地名额分配不均问题——这在宋真宗之后才慢慢凸显出来——主要是有些考生不符合考试条件，故要跑到别的地方去，以隐瞒自己的家世与过往，从而获得考试资格。所以宋太宗淳化三年（992）曾再度下旨禁止这种行为。但寇准并没有什么好隐瞒的，至少就目前所见的资料看应该如此。唯一合理的解释是，寇准本来就在大名出生，在大名长大，所以他本就应该在大名考试。事实上，他父亲寇湘去世后，遗体一直安放在大名属下的成安县，直到寇准显赫后才把父母的遗体迁葬到洛阳，而寇家的墓园也从此定在洛阳。这也能说明，下邽只是寇准的老家，而他的户籍所在地应该是大名。

同一年与寇准一起在大名考试的还有张咏，他比寇准大 16 岁，但与寇准是"布衣之交"，显然早已认识。在寇准的一生中，张咏扮演着老大哥的角色，对寇准的错误经常直接批评，毫不客气；而寇准对张咏一向非常敬重，这种敬重与寇准后来使气的性格不太相符，应该是发自内心的尊敬。张咏是在五代时期出生的，由于幼年学剑，剑术高超，早年经常行侠仗义。19 岁开始，他发奋读书，写得一手优秀的文章和诗歌，可以说是文武全才，早就名震河朔地区。一年前，也就是太平兴国三年（978），他就曾经赴开封参加礼部的省试，但由于对偶失当没有考上，一气之下就想从此入道，于是跑到华山找陈抟拜师，结果被陈抟劝回，说他的功业还是在官场，应该入世。于是第二年，他又跑回大名，从乡试考起。可以说，张咏的名声早就被广泛传播，而这一年的乡试他也不负众望，考官们商定之后，决定他为大名发解试的第一名，也就是"解元"。不过张咏并不注重名利，也懂得谦让。当地有一位叫张覃的老儒生，文章也写得不错，不过估计是比不过张咏和寇准的。他考了十几年都没考上，而这一次他还是继续参加考试。张咏得知自己将会被推荐为解元，于是就给主考的大名府通判上书，要求让张覃当解元。除了张咏上书外，寇准也一同上书，把解元之位让给了张覃。有些材料用了"共"字，也就是说寇准和张咏一起署名。但张咏所上之书至今保留在其文集当中，故所谓一同署名，应该是不可能的。而也有史料说张咏"率"寇准上书，这应该比较准确。一个"率"字，至少透露出两个信息：其一，寇准在这次考试中排名不低，甚至有可能是第二，否则就没有上书让解元的资格了；其二，寇准乃听从张咏之言上书，这也说明了他确实把张咏当作自己的老大哥（兄事之）。

尽管寇准与张咏把解元的头衔让了出来，但他们还是顺利通过了乡试，而且还在当地获得很好的名声。当年冬天，他们被送到京城开封，准备参加来年开春的省试，而这届科举的主考官是礼部侍郎、文明殿学士程羽。程羽大家可能不熟悉，但他的后代程颢与程颐可是大名鼎鼎的理学家，当然，后来的二程跟寇准是没有什么关系的。除此之外，程羽本人还是后晋天福七年（942）的进士，比寇准的父亲寇湘早了三年，他们也许曾经有过交集。程羽跟寇湘的关系如何，以及他在这次科举考试中对寇准有多大作用，我们并不清楚，但很明确的一点是，寇准和张咏都通过了省试，而此时，张咏是 35 岁，寇准只有区区 19 岁。中国古代的进士科是非常难考的，与明经科考默写不一样，进士科的诗、赋、论三首，考的是才华。所以在唐代，有所谓"五十少进士，三十老明经"，也就是说，五十岁才中进士，都算年轻的。所以，无论是张咏还是寇准，尤其是寇准，此时绝对算得上是青年才俊。

但问题是，并不是每个皇帝都喜欢年轻人的，比如说刚即位的宋太宗。宋初无论是太祖还是太宗，都奉行黄老之道，不喜欢谈改革谈变化的官员，所以他们在选官上更重视那些老成持重的人，而年轻人嘛，应该多磨炼几年。寇准通过省试后，就有人提醒他说，殿试的时候，皇帝是要亲自面试的，看见你年龄这么小，肯定要把你拿下来。这可不是开玩笑的话。殿试在唐五代大多数时候是没有的，可到了宋太祖开宝六年（974），由于有考生投诉主考李昉不公正，于是太祖亲自在讲武殿复试考生，从此成为定制。到了宋仁宗的时候，殿试只排名不黜落，但在太宗朝的时候，还是有人在殿试中挂科的。就比如太平兴国五年（980）这次考试，寇准与张咏的好友王禹偁就在殿试的时候被太宗挂了，辛辛苦苦披荆斩棘地走到这一步才棋差一着名落孙山，个中滋味可想而知。王禹偁是等了三年才考上进士，这还是比较好的结果，据说有人被黜落之后，一辈子再也等不到殿试的机会了。那寇准怎么办呢？那人给他提了个建议：要不这样子吧，你改一下年龄，虚报一下岁数，也许能过关。这也许还真可以，毕竟当时没有测骨龄的技术，也没有互联网共享每个大宋子民的户籍信息，这人多少岁，还不是靠一张嘴来说？可寇准是有大志气的人，不愿做这种欺上瞒下的事情，他说："我是准备考中进士后去当官的，怎么可以让我欺骗天子呢？"于是19岁的寇准，用自己的真实年龄走进了讲武殿。

寇准的决定是非常冒险的，既然有人跟他提起可以这么做，那就意味着之前这样做的大有人在。可这就是寇准，他一生光明磊落，只要自己认为对的事情——有些不一定是对的——不管别人怎么说，也不管后果如何，他都会坚持到底，甚至可以说是一意孤行，类似的事情在他后来的官场生涯中屡见不鲜。不过寇准是幸运的，在这一榜中，太宗皇帝锐意取士，年轻人录取了不少。比如这一榜的苏易简，也只比寇准大 4 岁，时年 23 岁，洋洋洒洒写了三千多字的文章，太宗看了之后拍案叫绝，亲自点为状元。其他如王旦 24 岁，马亮 22 岁，都是属于比较年轻的。在寇准高中后，有善于看相的人就说他像卢多逊。而卢多逊后来虽然因牵涉赵廷美之事而被远贬，但那是两年之后的事情了，此时他正是太宗的宠臣，当朝的宰相。寇准样子像卢多逊，不知是不是太宗不计较年龄将他录取的原因。本榜一共录取了 119 人，其中寇准排名 35，属于乙科——当年从第 24 名开始都是乙科。由于这一榜中名人辈出，不但有寇准和张咏，也有后来位居宰执的苏易简、王旦、李沆、向敏中、宋湜等，以及闻名于史的马亮、晁迥、谢泌、乐史等，故这一榜又被称为"龙虎榜"。

古语有云：大登科高中进士，小登科洞房花烛。根据孙抃碑文的记载，寇准有两任妻子。其原配妻子许氏，乃许仲宣之女。许仲宣何许人也？他是后汉乾祐元年（948）进士，与寇准一样，中进士的时候只有 19 岁。入周后，许仲宣曾担任过淄州（今山东淄博）团练判官，不知是否与寇湘有交集。而入宋后，许仲宣的活动范围基本在南方，但在开宝九年（976）他曾经短暂担任过永兴军（即京兆府，今陕西西安）的长官，与寇准当时所在的华州下邽颇近。宋代士人的婚姻大多不问门阀，老丈人选女婿多看重对方的才华与人品，尤其是身负才学能参加科举考试之人，更是未来的潜力股。寇准父亲乃后晋状元，他本人的诗词文章也相当了得，故极有可能是许仲宣在知永兴军时即认为他未来前途无限，因而把女儿许配给他。许老先生的眼光无疑是非常独到的，可惜许小姐没有福气，寇准还在宦海游历，未及显贵之时，她就撒手人寰了。

寇准的继室，也就是第二任妻子是宋氏，是左卫上将军、邢国公宋偓的女儿。宋偓是真正的皇亲贵族，他是后唐庄宗李存勖的外孙，而自己本身也是后汉高祖刘知远的女婿，至宋太宗时，他位居使相，可谓十分显赫。宋偓一共有 15 个女儿，在王禹偁为他写的神道碑中，一一记录了这些女儿的去向，但未提到有女儿嫁给寇准。王禹偁是寇准的好友，如果此时寇准已娶宋氏，那他不可能不写在碑文中。换言之，寇准娶宋氏，应该在该碑文的撰写时间，也就是宋太宗端拱二年（989）之后。从中也可以推断，寇准之妻，应该是宋偓的小女儿。从王禹偁的碑文里还可以发现，跟宋偓联姻的家庭，基本都是武将之家，寇准乃是一个例外。那是谁撮合了寇准和宋氏的呢？我认为有两个人最有可能。一个是宋氏的姐姐，宋太祖的宋皇后，此时她被太宗尊为开宝皇后。她极有可能看中了寇准的才华以及未来的发展空间，想为家族联合一位未来的朝中重臣。另外一个可能则是为宋偓写神道碑的王禹偁。寇准与王禹偁是好友，而王禹偁跟寇准的老大哥张咏又是儿女亲家。端拱之后寇准在朝中冉冉上升，俨然一颗政治明星，王禹偁看寇准丧妻单身，为他做媒，也在情理之中。无论如何，他与宋氏成婚，成为开宝皇后的妹夫，宋太祖的连襟兄弟，这妥妥地是外戚。在宋代有一个不成文的规定，那就是外戚不能给予大权，以防前代的外戚干政之事在本朝发生。但寇准是个例外，一方面随着太祖和宋偓去世，宋家早已失势，开宝皇后在宫中也是处于半软禁的状态；另一方面，寇准的才华更干十分突出，他坚持原则，对大宋皇帝忠心耿耿，让太宗十分放心，故太宗愿意重用寇准，尤其在一些重大决策中，愿意听取他的意见。还有一个可能，就是宋代这个不成文的规定一般只针对武将，而文官外戚如果凭真本事，也可以得到重用，因为北宋文官外戚位至二府的，也确实不止寇准一个——这个问题值得进一步研究。不过，开宝皇后妹夫的身份，后来也一度为寇准带来麻烦。

当然，以上这些都是后话了，登科之后的寇准会按照大宋惯例，先到地方当官，然后一步一步地从地方走向朝廷，成为大宋政治的明日之星。

第二章

◎

宦海之途

宋代的科举跟唐代有很多不一样，其中一点就是释褐。什么叫释褐呢？一般而言，平民百姓穿的粗布衣裳都是褐色的，所以一旦当官，就不需要再穿这些衣服了，而是穿上官服。所以所谓的释褐，就是要当官了。那么，当官穿的是什么衣服呢？按照宋代的规矩，低级别的官员穿的是绿色官服，叫青衫；之后升官到一定级别了，皇帝会赐绯，也就是可以穿红色官服；再后面成为高级官员了，皇帝又会赐紫，也就是可以穿紫色官服。唐代也是要释褐的，但唐代科举之后再到释褐当官，还需要经过吏部的考试，考身、言、书、判四个科目，及格了之后才能当官。如果总是考不及格，那不好意思了，只能到节度使那里去当幕僚，干得好再由节度使推荐，成为正式的官员。比如著名的韩愈，走的就是这条道路。不过宋代，尤其是北宋前期，进士释褐就不需要再参加吏部考试了，只要考中，就可以立即授官。

那么，士子们考上进士后，会当什么官呢？最近有一部关于宋代的电视剧非常火，叫《清平乐》。我留意到里面有一个细节，就是文彦博、韩琦、苏舜钦等人考上科举之后，基本都留在京城里当官了，而他们在剧中的轨迹，也大多在京城里。作为电视剧，这当然是可以理解的，毕竟如果人跑到外地去，这剧情就没法展开了。但如果作为历史的话，这却是不正确的，因为在宋代，读书人考上进士后第一个职位肯定是在地方。毕竟没有基层的历练，如何能处理好朝廷的事务呢？在太宗朝，尤其是前期，尽管科举录取人数有所增加，但朝廷提供的地方职位还是足够的，所以考得比较好的进士，往往就会到各州去当通判，这就相当于副州长了；而名次稍低的进士，则会去当县令。寇准在太平兴国五年（980）的考试中排35名，尽管在119人当中不算太差，但也说不上特别好，属于乙科进士，所以他的宦海生涯，也就从县令开始了。

一、小小地方官

寇准刚释褐，被授予的官职是"大理评事、知归州巴东县"。不熟悉宋史的读者可能会觉得奇怪，这大理评事难道不是应该在大理寺审案吗，怎么跑去巴东当知县了？其实这跟北宋前期的官制有关。在宋神宗的"元丰改制"之前，宋代官员的职位主要分为官、职、差遣三个部分。所谓官，乃是这位官员的高低级别（阶官），主要是拿工资用的，所以也可以理解为工资级别（寄禄官）。而拥有某一头衔的官员，他往往不会从事这个头衔所指示的工作，而是被皇帝指派处理其他工作，这就是"差遣"。比如此时寇准是大理评事，这是官衔，但他实际上不需要到大理寺上班，而是带着这个头衔以及相应的工资，到巴东去当知县，而知县才是他真正要做的事情。

至于职,乃属于荣誉头衔,用于抬高大臣的身份,比如某某学士、某某待制等,而刚刚进入官场的寇准,当然是没有这种头衔的。

寇准离开开封城后,应该就马不停蹄地往巴东赶了,中间可能他也顺路回了一趟家乡下邽,拜别自己的母亲。关于寇准去巴东上任,有一个八卦故事,说当时归州知州唐谓有一天晚上做了个梦,梦里有人告诉他说,宰相要来了,你还不去迎接?唐谓醒来后就想,最近好像没有听说哪个宰相出镇地方啊。早上他到了衙门办公,下面的人告诉他说,朝廷新任命的巴东寇知县已经进入归州地界了。唐谓听了非常惊喜,马上跑出城去迎接慰劳,结果一看寇准,"风神秀伟",用现代的话说,就是帅啊,神采奕奕,一看就是了不起的人物。唐谓立即把寇准奉为上宾,并让自己的儿子们出来拜见。寇准准备离开归州城登船去巴东时,唐谓的一个儿子唐拯告诉他说:"刚才寇叔叔盯了老爸你放在大厅左边的那套马具好几次呢,你要不送给他吧。"唐谓听了之后,如言照做,让寇准大为惊讶。

寇准肯定是惊讶的,此时的他只有19岁,既不是官二代又不是富二代,值得一个知州这么去做吗?我很怀疑这个故事的部分真实性,因为所谓梦中有人告知云云,应该都是后人在寇准显贵之后,牵强附会上去的,不能当真。同样类似的故事,也被用来描写过寇准的另一位同年,后来也当上宰相的王旦。我猜故事的原貌,可能是唐谓出于礼节,确实到归州城外迎接前来报到的寇准。但唐谓有心结交寇准,倒可能是真的。为什么呢?其实很好判断,那就是寇准太年轻了,只有19岁。想想现在19岁的孩子会干什么?估计才刚通过高考,准备过一个无忧无虑的暑假,然后进入大学学习,而寇准却已经是一个实实在在的县长了,这是一件很了不起的事情。今天的孩子如果走运，最快估计也得29岁才能干到这个位置，而放在宋代，大多数人也要年过三十才能做到。所以在唐谓心里，寇准将来能不能当上宰相不好说，但在官场里上升的空间肯定非常大。到城外迎接、让孩子拜见、送一副马具，等等，这些对于唐知州而言都是举手之劳，但由此交好一位将来有可能出将入相的青年才俊，为自家孩子将来的发展先处好人际关系，的确是一件极为划算的事情。而作为寇准，交好唐知州也是非常重要的，毕竟自己在巴东任上的评价是要由唐谓写的，而如果自己将来想进一步升迁，恐怕也离不开这位顶头上司的推荐。事实上，寇准跟唐谓的关系很好，在他的诗集里有一首《书怀寄唐工部》，里面就写道："多谢明公知贱节，每贻清句缓牢愁。"这是宋代官场文化的一种缩影：官职有高低，交往无等级。这话当然是有点夸张的，因为影响士人交往还有很多因素，比如性格、志趣等，但若决意相交，所谓阶级、等级并非障碍，毕竟在这种摒弃门户的社会流动之下，谁知道将来谁会在谁的头上呢？

寇准在巴东县一待就是三年，而三年也是宋代一任地方官的期限，换言之，三年之后，官员经过考核，或升迁，或调到别的地方去，不过也有少数会继续留任。在这三年里，史料告诉我们寇准所做的事情并不多，在我看来，大概也就这么两件。第一件是收税征役。无论是哪一朝哪一代，地方税收都是中央财政收入的重要来源，所以中央对地方官考核的内容当中，能否完成任期内税额将是非常重要的内容。但税不是这么好收的，普通老百姓还好，有一些豪门大户是变着法子逃避赋税，从而导致地方税额不能完成。这样一来，无论是县长还是州长，压力都会很大，如果他们没法向这些大户要来税钱，那就只能对普通百姓进行压榨了，官民之间的关系也会由此变得越来越紧张。除了交税之外，中国古代的老百姓每年还要为官府义务劳动一定的时间，这叫作"役"。而在义务劳动期间，不但不发工资，而且耽误日常农作，如果在劳动过程中犯了错误，还会受到官府的惩罚。所以，不要说富家大户了，连小老百姓都不太愿意服役，想方设法推脱，实在推脱不去，甚至有些百姓会因为赋役过重而逃田，也就是放弃土地，跑到山里或外地去躲着。

寇准作为一县之长，也有收税征役的压力，但寇准的办法很简单，每到收税和征役的时候，他便把每家每户该交多少税，该服役多少天，清清楚楚地用文榜贴在衙门外面，老百姓们就争先恐后地来交税服役了，从来不用动用官府文书去抓人。寇准是神仙吗？显然不是。那他是怎么轻易完成其他普通官员难以完成的任务的？史料上给出了一个答案：恩信——这是寇准管治地方的基本方法。史书上没有告诉我们寇准如何对老百姓施以恩信，所以我也不清楚他具体是怎么做的。但从字面上理解，所谓恩，应该就是积极地为老百姓排忧解难，让老百姓感恩戴德；而所谓信，那是言出必行，让老百姓容易捉摸、容易遵循。再加上在中国古代的观念中，老百姓本来就把地方官员当作父母，恩信并用，老百姓肯定也不好意思不交税、不服役、让"父母"难堪了。当然，如果寇准所处的是一个有几万人口的大县城，估计光凭恩信也是很难顺利完成任务的，毕竟一种米养百种人，老百姓里也会有奸猾之徒。但寇准第一任县长所在地巴东，乃是在今天湖北恩施州境内，与蛮人的聚居地接壤，当地人口稀少，而且民风淳朴，这也是寇准能够顺利施行恩信的重要原因。寇准在巴东县衙中，曾经亲手种了两棵柏树，他离任之后，当地民众依然对它们十分爱护，并把它们称为"莱公柏"。"莱公"就是后来寇准的爵位"莱国公"，由此可见，巴东百姓对这位少年县长念念不忘，更足以证明寇县长对巴东百姓的恩信非同一般。

小小巴东县对寇准来说确实是屈才了，连最难的赋役之事，他都是张榜了事，其他事情对他来说根本就不足挂齿。所以他在巴东做的第二件事，就是游山玩水，而文人寄情山水当然少不了吟诗作对。据记载，寇准在巴东任上所写的诗歌达到156首，他自己把这些诗歌编为《巴东集》出版，不过这本书现在已经不存在了，而在《寇忠愍公诗集》里所保存的巴东诗，大概也就几十首而已。然而，这几十首诗大多是借景抒怀的，而且是愁怀，细细品味，几乎都充斥着悲观的情绪。如他的一首《感兴》诗如此写道：

忆昔金门初射策，一日声华喧九陌。

少年得意出风尘，自谓青灵无所隔。

主上论才登桂堂，神京进秩奔殊方。

墨绶铜章竟何用，巴云瘴雨徒荒凉。

有时扼腕生忧端，儒书读尽犹饥寒。

丈夫意气到如此，搔首空歌《行路难》。

这首诗分为上下阕共12句。上阕回忆当年高中进士，意气风发，得到皇帝接见，奔赴远方为官，准备大展拳脚；下阕则感怀巴东荒凉，自己空有大才却无所作为，哪怕饱读诗书，依然腹中饥寒。从诗中我们可以看到，寇准在巴东过得一点都不快活。为什么呢？人不多，事不多，山水游来游去也就那么多，太寂寞，太无聊了。堂堂一位才子，自问有宰辅之才，却屈居于偏僻小县城里，前途似乎不是一片光明，而是幽暗未卜啊！

太平兴国八年（983），寇准在巴东任满，被调往大名府成安县担任县令。大名府离京城开封府很近，比起巴东来说，不但不偏僻，而且也接近权力中心，更重要的是，这里是寇准父亲寇湘曾经奋斗过的地方，也是寇准出生及早年成长的地方，这次调动，应该说寇准是荣归故里了。然而要注意的是，寇准这次尽管在官职上有所升迁，由大理评事升为著作佐郎，算是上了一级，但差遣依然是县令，相当于平调。到达成安后，他写了一首《成安感秋》，诗云：

> 蝉噪木叶下，远客忽惊秋。
>
> 凝恨悲晚候，万绪皆如抽。
>
> 芳时同梦幻，急景如奔流。
>
> 念我何为者，年来生百忧。
>
> 贫居负胜事，壮岁伤羁游。
>
> 临民惭墨绶，垂钓思沧州。
>
> 达则济天下，穷当守一丘。
>
> 胡能效时辈，觍冒随沉浮。

全诗下来，依然是一个"忧"字。此时才22岁的寇准，究竟忧从何来？其实最后一句"胡能效时辈，觍冒随沉浮"，就已经揭示出他忧愁的原因。这句话翻译成现代汉语，就是"怎么能像当下一些人那样，厚着脸皮在宦海中沉浮，随遇而安呢"。他是寇准，当然不能如此。可是三年过去了，他依然是个小小的县官，这也不由得他不焦虑啊。当年同一榜考中的进士当中，已经有人崭露头角了。也就在太平兴国八年（983），跟寇准同榜的状元苏易简被任命为知制诰，这是专门负责给皇帝写诏书的官，相当于皇帝的秘书；而另一位同年李沆则做直史馆著作郎，相当于参与宋朝的历史编写，而且还被太宗赐予了五品官服。更重要的是，这个职位往往都是通往其他重要职位的跳板。

　　寇准来到成安县，依然用恩信管治百姓，依然很顺利地收税和征役。不过在成安县里，寇准却也做了一件让时人及后人相当佩服的事情。之前就说过，寇湘死后遗体一直放在成安县，此时寇准当了成安县令，兄弟们就来跟他说：爹的葬礼还没搞吧？他老人家生前在大名这里当幕僚，你现在又在成安县当县长，要不干脆把老爹安葬在这里算了，也算让他入土为安啊。但寇准不同意，他说："老爹的葬礼是还没搞，按照礼法，儿子是大夫，父亲是士，那么祭祀父亲可以用大夫的礼节，可安葬就只能用士的礼节了。我们老爹的文章品德都是人中龙凤，也是前朝的状元，因为遭逢乱世而始终屈居人下。我现在尽管是个正式的朝廷命官了，但还不够格封赠先人啊。如果这样就把老爹葬了，那他一辈子都是幕僚的身份，无法改变，我于心不忍啊。这绝不是我向老爹尽孝让老爹显贵的办法啊！"旁人听到后，纷纷赞叹寇家有后。这个故事说明，寇准确实是胸怀大志之人，他不当官则已，既然当官了，就要当到能让父母先人获得封赠的职位。而且从他的施政看，他绝不是志大才疏之人。不久之后，他的父亲就因他的升迁而被追赠为少卿，后来更被追封为晋国公，赠官尚书令。有如此大志，却屈居县令，这如何让寇准不焦虑？但他当时没有想明白的是，宦海人生，哪有这么一帆风顺，他才 22 岁，年轻有为，只需要蛰伏等待，机会一定会来。事实上，不到一年，这个机会就来了。

公元 984 年，太平兴国的时代过去了，宋太宗在是年改元雍熙，宋朝从此进入新的时代。早在两年前，党项首领李继捧入朝进献五州之地，欲归顺宋朝。其族弟李继迁知道后，心生不忿，并在当年策划攻打夏州（其地大约在今陕西靖边县），从此带领党项走上与宋朝对抗的道路。至雍熙元年、二年之交，宋朝西线跟党项之间的战争正如火如荼。所谓三军未动，粮草先行，朝廷需要有人为前线筹措军粮。金子在哪里都能发光，寇准在巴东和成安的政绩，有很多官员看在眼里，故此时有人向朝廷推荐寇准，让他担起筹措并运输军粮之责。我们现在已经不知道推荐寇准的究竟是谁了，但他在推荐书中，把寇准比喻为汉代的鲁恭与卓茂，这两位无论是道德品行还是为官政绩，都是当时的佼佼者。由此可见，寇准在其推荐人的眼中，也是一位才德兼备的好官。不过筹运军粮可不是一件美差，如果搞不好分分钟是要掉脑袋的。然而在寇准看来，这就是一个足以让他翻身扬名的机会。

运粮不容易，可对于寇准来说，这难道比征收赋役还难吗？如果他只把筹运军粮的事完成交差，那后面也就没他什么事了。从西边前线回来之后，寇准终于得到升迁，乃是通判郓州（今山东郓城县西），成为一个大州的副州长，而这一干又是三年。我小时候听过这么一个故事：有个大学生毕业后找到了一份市场营销的工作，但工资很低，而他的一个同事没有大学文凭，工资却比他高。他很不服气，于是问老板为什么。老板说，你去一趟城东的市场，回来我告诉你。大学生去了，回来之后，老板问他看见了什么，他说啥也没有看见啊，不就是个市场吗？老板于是让另一个人也去城东的市场跑一趟，回来之后老板也问了同样的问题，但这个人把市场里面哪个地方卖些什么，价格多少，卖同样商品的店铺价格与质量的差异等，如数家珍地讲了出来。老板对大学生说，你现在知道为什么他的工资比你高了吧？如果按照今天的学历，寇准作为科举进士，绝对够得上大学文凭，但他却没有故事中的大学生那么呆板，反而像另一个工资高的员工一样，用心留意前线的每一个细节。在郓州的三年里，史料没有记载他的事迹，但我想他一定很用心地整理过他在西北前线的见闻。三年任满，他回到京城接受新的任命，而这一次，太宗皇帝召见了他，并跟他聊起了西北的战事，而且越聊越起劲，后来甚至当场让他写一篇关于西北前线的报告。三年的准备终于有了结果，寇准立即把自己在前线的所见所闻，再加上自己的分析、见解和思考，写出一篇《御戎策》交给太宗。太宗读了之后大为赞赏：好小子，这次就不要到外面去了，就留在京城里吧！于是太宗授予寇准右正言的官职，让他当直史馆，也就是跟五年前的李沆一样，去修国史。此外，皇帝还赐予寇准绯袍和银鱼袋，这意味着寇准正式进入中级官员的行列。[1]

---

[1] 寇准有没有去过郓州，不同的史料有不同的记载，所以并不确定。大多数学者根据孙抃碑文，认为寇准是没去的，而是在辞别皇帝的时候被留下了当直史馆。但《宋太宗实录》却明确指出，寇准拜右正言直史馆是在端拱元年（988）闰五月，如此一来，若寇准没去郓州，那这中间三年干什么就不好解释了。《宋太宗实录》几乎是杨亿写的，属于档案性文件，而且杨亿是寇准的好友，所以我在这里采信了里面的材料。不过这个问题并不能最终定论，可以继续探讨。

二、叱咤开封城

我上面就说过，直史馆是通往其他重要职位的跳板，所以没过多久，寇准就被调任三司任度支推官，然后又马上转任盐铁判官。三司是盐铁、户部、度支三个部门的总称，从后唐明宗开始，就把三司合而为一，由三司使统管，相当于财政部。宋初的时候，朝廷沿用五代制度，由三司总领财政，直接向皇帝汇报，并且不需要向中书负责，所以三司使的权力乃独立于中枢（中书和枢密院）之外，号称"计相"。但在太平兴国八年（983），宋太宗废三司使，又重新把三司拆分为盐铁、户部、度支三个部门，分别设正使、副使，其下就是判官。所以，寇准担任盐铁判官，就相当于中央盐铁部下面的一个司长了。不过寇准的运气还没有结束，第二年，也就是端拱二年（989）正月，太宗召集群臣讨论边境防御之事，这一次寇准又再一次侃侃而谈，把边防的利弊分析得头头是道，再次让太宗刮目相看。太宗是下定决心要重用这位年轻的大臣了，于是他问宰相，像寇准这样的人才，应该封个什么官？宰相想了想，说道："要不就让他当开封府推官吧？"太宗听了非常生气，说："这个差事怎能配得上寇准这样的人才！"宰相又想了下，说："那就当枢密直学士吧？"太宗犹豫了好一会儿，才说："那就先当着吧。"于是在当年七月，寇准被拜为虞部郎中、枢密直学士、判吏部东铨。

以上是史料上明确记载的寇准拜枢密直学士的过程，但有些细节还是值得玩味的。比如宰相首先提出的开封府推官，是个什么官呢？开封府我们知道，就是北宋东京开封的衙门，相当于现在的北京市政府。长官当然是开封府尹了，但在宋初，这个职位往往是给皇位继承人留着的，而若以其他人当开封府长官，则是权知开封府，以谓临时之意。其下有开封府判官，相当于副市长，而判官之下，就是推官，其职能主要是审理开封境内案件，同时也承担一些府内事务。可以说，开封府推官，就相当于今天北京市高级人民法院院长兼北京市长助理。这个差遣在北宋的时候地位并不很高，但权力却很大，所以宰相提出让寇准出任此职，已经是相当高的提拔了。可是太宗还是觉得不够，于是宰相才又提出枢密直学士这个位置。到了北宋的中后期，枢密直学士跟其他学士一样，都是荣誉头衔，但在宋初可不一样。北宋的枢密直学士可以说是由五代时期的端明殿学士演变而来的，此前我就提到过，五代时期的枢密使们都不怎么认字，所以必须得找文臣来辅助他们。宋初的枢密直学士同样是枢密院与皇帝的顾问大臣，而到了太宗朝，在寇准之前，担任枢密直学士的人几乎都是太宗没当皇帝前的亲信，而且他们的下一个职位，往往就是枢密院副职，成为朝廷核心的宰执大臣。比如石熙载在太平兴国四年（979）被任命为枢密直学士，仅仅六天之后，即以此身份签署枢密院事，成为宰辅。由此可见，枢密直学士是一个相当重要的职位了。但即便如此，太宗依然觉得这个职位配不上寇准。那还能给什么职位呢？再往上提就是枢密副使了，可寇准此时才28岁，还没有特别突出的贡献，说白了就是资历不够，就这样提拔为宰执，恐怕难以服众。所以太宗犹豫了很久，最后才决定先让寇准干着，以后再说。以往的枢密直学士是不带兼职的，但从寇准开始，除了要在枢密院处理机务外，还兼有其他差遣。跟寇准一同拜枢密直学士的温仲舒是知三班院，而寇准则是判吏部东铨。判吏部东铨也就是吏部流内铨，负责选调州县以下的幕职官，掌控着很多基层官员的命运。记得在《杨家将》的故事里，寇准刚入京的职位是双天官，所谓"天官"，实际上就是吏部尚书的指称，也可以用来指代在吏部工作的官员。所以说寇准是天官，确实是有历史依据的。

在拜寇准为枢密直学士的同时，太宗还给他赐金紫，也就是赐予金色鱼袋和紫色官服，这就意味着寇准进入了高级官员的行列，而此时离寇准高中进士也才九年时间。按理说这正是寇准平步青云直上云霄的好时机，然而命运似乎给他开了个玩笑，差点让他在高速前进的仕途上急刹车。就在这一年，寇准的母亲赵氏夫人去世了。按照中国古代的标准礼节，官员若父母去世，必须丁忧守孝三年，在这三年里，不能担任任何职务，以表示对父母的孝心。官员如果拒绝丁忧的话，后果可能会很严重。比如五代时期，后唐明宗就把一个隐瞒母亲丧事的官员杀掉了；而到了南宋理宗时期，因为传闻宰相史嵩之在父亲去世后谋求起复，舆论一时哗然，最后他也因而罢相。但丁忧同样存在政治风险，尤其对于本来正处于上升期的大臣来说，一次丁忧，可能就把一辈子晋升的机会都错过了。比如宋神宗时期的张方平，本来神宗正打算用他来主持变法，结果他丁忧了，变法之事就交给了王安石。但如果皇帝很看重或依赖某位大臣，不想他因为丁忧而离开朝廷的话，可以行使夺情的权力，让他起复，重新出来当官。所谓夺情，顾名思义，就是剥夺孩子对父母尽孝之情，毕竟忠孝不能两全，当皇帝需要你的时候，孝心也就只能先放一放了。太宗显然非常看重寇准，所以他行使了夺情之权，让寇准继续留任。

太宗如此看重寇准，难道就是因为寇准对边防之事了如指掌吗？也许这是其中一个原因，但更重要的是，他看准了寇准的性格。起码年轻时的寇准，是一个急公好义、刚正不阿而又公正持平的人，只要他认为是对的事情，无论如何他都会据理力争，而无所偏私——事实上这也为他后来的政治生涯带来非常不利的影响，此乃后话了。淳化二年（991）三月，也就是寇准当上枢密直学士两年之后，整个宋朝境内发生了蝗灾和大旱，太宗着急得不得了，可宰辅大臣们依旧束手无策。这个时候，寇准站出来说："根据《洪范》所言，天人之际，报应就像影子和声响一样，来得很快。现在之所以大旱，那是因为刑罚不公！"太宗听了之后很生气，他立即起身回到宫中。过了一会儿，他把寇准召入宫中，问他刑罚就怎么不公了。寇准说："请陛下把两府（即中书和枢密院）大臣都找来，我再说。"两府大臣都到了之后，寇准就说了："晋州知州祖吉因为贪赃枉法被砍了脑袋，这没问题。但王淮所贪污的赃款都超过千万了，因为他哥哥王沔是参知政事（副宰相之称），就只在家里打了几下板子，贬为定远军主簿。这难道不是刑罚不公吗？"太宗闻言后，立即讯问在场的王沔，王沔也供认不讳，于是被太宗狠狠批评一番。可问题来了，王沔是谁任命的？太宗自己啊！事实上，王沔的名声一向很差，据说他只是因为会拍太宗马屁才上位的。现在寇准揭露王沔徇私枉法，岂不是打了太宗的脸？于是没过多久，太宗就给宰执们送去一道手诏，说："天谴如此，是朕的道德有亏啊。你们在文德殿前面建个祭台，朕就坐在上面暴晒几天，如果三天后还不下雨，那你们就把我烧了，以应天谴吧。"宰执们是肯定不敢烧掉皇帝的，所以他们偷偷把这份手诏藏了起来；而太宗当然也不会想自焚，所以他这份手诏，可以看作是对宰执的一种警告：你们办事这么糟糕，置朕于何地？太宗尽管有时候也会偏私，但他绝不是一个糊涂皇帝。我认为，他对这一届的宰执，尤其是王沔，应该是早有不满了，此时是要趁机敲打一下他们。据说这事情处理完之后，老天真的下起大雨了。太宗是不知道后来会不会下大雨的，寇准也肯定不知道，他用《洪范》的灾变之说来揭发王沔兄弟，估计是憋了很久的大招，只是瞅准机会发难而已。四月，寇准和张逊、温仲舒一起被拜为枢密副使，后来又改为同知枢密院事，封上谷县开国男，正式进入宰执大臣的行列。尽管寇准的举动让太宗丢脸，但他并没有故意打压，反而非常欣赏寇准——这就是大领导胸怀，他必须站得高，看得远。那太宗欣赏寇准什么呢？就是寇准的刚正。这件事中被举报的王淮可是寇准的同年进士，一般而言，同年进士会互相援引守护，感情甚好。事实上，寇准跟张咏、王旦、李沆、向敏中等同年的关系确实是很好的，不过这仅限于志同道合者，像王淮如此贪墨之人，寇准是除之而后快的。不过这在太宗看来就是不结党，不营私了。此外，通过王淮来举报王沔，这又显示出了寇准的胆量，要知道，王沔是副宰相，尽管不是寇准的顶头上司，但也是比寇准高出几级的。这种不偏私、不畏上，只一心一意向着皇帝、向着社稷的大臣，只要皇帝不算糊涂，都会欣赏的。后来寇准并没有因为升官就放过王沔，他继续对王沔穷追猛打，直到后者在当年九月被罢免参知政事。据说王沔被罢之时，还哭着跟太宗说不愿意离开朝廷，几天之内须发皆白。

　　不过寇准的敢言、直言并未因王沔被罢而止，在枢密副使的任上，他有更大的舞台去实现自己的理想，同时对于他不喜欢的人与事，他也有了更多的话语权。王沔被罢后，寇准把矛头对准了王沔的大舅哥宋白，后来更是轻慢自己的顶头上司枢密使王显，并导致王显被罢枢密。寇准当时风头正盛，又喜欢直言，只要有可言之事，他从来无所畏避，所以当时传闻说："寇某上殿，百僚股栗。"只要看见寇准上殿奏事，文武百官都战战兢兢，生怕他弹劾自己。寇准这样做，说没有私心是假的，他本来就是一个不甘人后的人，如果他的上司不能让他服气，他肯定会直指其问题所在。但他并非无的放矢，王显被寇准轻慢，主要是因为他是武将出身，在政务上有太多不懂的东西，故此显得庸碌，若能换一个让寇准心服口服的上司，寇准是不会发难的。但话说回来，以寇准的才华和心气，能让他心服口服的又有几人？后来能跟他共事的上司，也就是真宗时期的毕士安、李沆和向敏中而已，而既是同年，又跟他关系很好的王旦，反而经常被他攻击，此乃后话。所以，此时的寇准，给人的感觉就是踩着上司上位的人。此后，枢密副使张逊被升为知枢密院事，是为枢密院长官。寇准乃北宋初期典型的文臣，他不一定会故意歧视武官，但如张逊这样的武将，只凭与皇帝的私人关系上位（张逊乃太宗的藩邸旧臣），完全没有真才实学，与之共事对寇准来说简直是耻辱。因此，当张逊跟寇准平级的时候，寇准就已经跟他不和了，此时张逊成为上司，寇准更加不服。故此，两人经常在太宗面前忿争，让太宗不胜其烦。

淳化四年（993）某日，寇准与温仲舒一同从宫中出来，走在大街上时，有个疯子朝着他们所骑的马匹山呼万岁。这种事情可大可小，若然皇帝不觉得是个事，那就无伤大雅，比如后来寇准在真宗景德二年（1005）被举报谋反，真宗把举报者杀掉了；再后来寇准又违规穿黄色道服，这次真宗是真发火了，但最后还是放过了他。再如仁宗朝张耆儿子张得一谋反，也没见牵连张耆。但如果皇帝把这事当作一回事，那可是要抄家杀头的。

比如仁宗朝枢密使曹利用的侄子曹汭喝醉酒，也是违规穿黄色衣服，还让人对自己喊万岁，结果不但自己被处死，也连累叔叔曹利用被罢官贬死。当然，曹汭事件是当时主政的刘太后推倒曹利用的借口。那么回到寇准这次事件，太宗介不介意呢？我认为太宗是不介意的，但有人想借此机会整死寇准，因为他在开封锋芒太露，得罪的人太多。这次想整他的人就是张逊，他指使好友王宾向太宗举报寇准。王宾当时是右羽林大将军、判左金吾，相当于开封市巡警大队长，发生了这种事，他向太宗报告，也是他的职责，可他就只报告了寇准一人。太宗立即把寇准等人找来讯问，寇准很着急，说："当时温仲舒也在，但张逊只让王宾来告我！"这是张逊好不容易才逮到的机会，哪肯放过寇准，于是他立马拿着王宾的奏书斥责寇准，声色俱厉，两人就这样在大殿上互相揭发阴私。本来太宗对这种事情就不太在意，当时也想糊弄过去算了，结果两人越吵越厉害，太宗烦不过，当场宣布把二人同时罢免。不过同样是罢免，寇准跟张逊的待遇是不一样的。张逊的罢枢密诏书里面列举的罪名是"结置朋党，交构是非"，而寇准的则是"交构是非，烦渎公上"，而在这句话之前，皇帝还夸了一下他在枢副任上的贡献，说他"颇彰于勤瘁"。此外，根据史料记载，太宗是"贬逊而罢准"。张逊是贬官降级了，而寇准虽然罢枢副，但却是"守本官"，没有降级。由此可见，太宗非但没有以谋逆罪责怪寇准，在待遇上还对寇准稍有偏护，不过他对寇准在朝廷上不识大体，公开与张逊互相攻讦非常反感，这一点，正是寇准性格使然，也是他重要弱点之一。

寇准罢枢副是在淳化四年（993）六月，但他并没有立即离开朝廷，太宗还是让他在开封多待了4个月，其间还让他举荐过人才。由此可见，太宗依然很在意寇准，但他纠结啊，寇准太难控制，搞不好又在朝廷上闹一顿，还得让自己头疼。经过了四个月的犹豫，太宗还是决定让寇准到外面历练一下——寇准还是太年轻了，才 32 岁，在外面磨磨性子，以后回来才能堪大用。于是当年十月，寇准以左谏议大夫的官职出知青州（今山东益都）。

　　寇准在青州的记载不多，尤其突出的是他经常在青州宴饮。出任过枢密副使的寇准，已非当初在巴东凄风苦雨的状况能比了，所以他性格中的"豪侈"在此时体现得淋漓尽致。不过这一性格特点除了让他喝酒太多误事之外，实际对他没有多大的影响，反而成为他洒脱人生的表现。这里也顺便谈一下，《宋史》寇准本传云："准少年富贵，性豪侈。"他喜欢饮酒，且喜欢与他人共饮，每每花费都很大。据叶梦得记载：寇准性格豪侈，每次搞宴会，常常要喝够三十盏酒，而且必须安排大型歌舞表演，尤其喜欢《拓枝舞》，用二十四人，每只舞跳完，酒都喝完几盏了。与饮宴相关联的花费，寇准也从不减省。他因为少年富贵，从来不点油灯，尤其喜欢通宵达旦地饮宴，就算在卧室里也是通宵点蜡烛。每离开一个地方，后面的官员到来，往往发现官邸厕所里满是一堆堆点过的蜡。而他在藩镇做生日时，曾"造棚大宴，又服用僭侈，为人所奏"。这件事触怒了真宗，以为他效仿自己，幸亏当时的宰相王旦解围说："寇准是很贤能的，只不过做事像个傻子。"关于寇准豪侈好饮的记载很多，这里不再一一详述了，而寇准的好饮后来也为他惹来麻烦，此乃后话。

　　然而，也有记载说寇准生平节俭。如孙抃的碑文说，寇准从来没有购置自己的房产，也没有自己的田庄，所得的俸禄赏赐，都分给了族中亲人和故交好友，去世的时候家无余资。后来朝廷允许他迁葬回洛阳，家里也就仅仅凑够护送他棺木回去的费用。《五朝名臣言行录》引《莱公遗事》说寇准尽散金帛，终身不蓄财产。表面奢侈，实则节约，并没有声色歌舞之类的娱乐，卧室就一床破蚊帐，还用了二十几年，经常破洞了就修补一下。《邵氏闻见录》也有相近的记载，且引用了魏野赠给寇准的诗句："有官居鼎鼐，无宅起楼台。"并且认为，寇准的豪侈，源于公务应酬繁多。

有人根据以上资料，为寇准分辩豪侈之说。其实这并没有必要。姑不论以上记载是否是后人的溢美之词，即使属实，也不能证明寇准不豪侈。寇准好饮，这是一个不争的事实，而他的豪侈也正体现在饮宴上。不私田宅，不留积蓄，也不能否认他在宴饮上的大量花费。再者，他的豪侈，也体现了他豪爽的性格，让人感受到他的真性情，感受到他对待人生洒脱不羁的态度。如果非要说寇准不豪侈，企图把他打造成为一个完美的人，那反而不是一个真实的人。事实上，寇准有很多优点，但他一点都不完美。人本来就不可能完美，更何况那是一个政治人物。

寇准在青州的宴饮一度传到太宗的耳朵里。自从寇准离开开封后，太宗时常想念他，且常常因此闷闷不乐。他经常问身边的人："寇准在青州开心吗？"侍从们回答说："寇准能去一个好地方当知州，本来就应该开心。"过了几天，太宗又问同样的问题，左右之人还是这么回答。后来太宗问得多了，左右之人大概也猜到他想起用寇准了，于是对他说："陛下您是天天想着寇准，可臣等听说寇准在青州天天喝酒饮宴呢，不知道他有没有想念陛下呢？"此话诛心，可见朝中有人不想寇准回来。但太宗确实很想念寇准，而且有一件事，他需要有人来帮他谋划，甚至帮他决策。他思前想后，觉得只有寇准才能担当此任。

三、谁来当太子

太宗有什么事情需要寇准帮忙决策呢？其实对于皇帝来说，最重要的事情无外乎就是皇位了，而皇位问题，可以说是贯穿整个太宗朝的政治问题。这个事情得从太祖与太宗的传承说起。对于宋太宗如何继承太祖的皇位，有两种说法：第一种就是流传已久的"烛影斧声"的故事，说太祖有一天晚上把弟弟赵光义找到寝宫说事，并且屏退了身边的宫女和宦官。大伙儿都不知道他兄弟俩在里头说什么，只看到烛影摇曳，后来又传来太祖玉斧敲打地板的声音，然后听到太祖喊了两句"好做、好做"，没多久，赵光义跑出来，说太祖驾崩了，然后他自己就当上皇帝了。另一个故事则是"金匮之盟"，这是后来赵普说的。他为了谋求恢复相位，跟已经当上皇帝的宋太宗说了一段往事，说杜太后（太祖和太宗的生母）在世的时候，曾经跟太祖说，你是怎么当上皇帝的，你知道吗？那是后周柴家的皇帝太小了，孤儿寡母，你才能黄袍加身当上皇帝。所以呢，你万岁之后，就把皇位传给二弟，你的孩子才能安然。讲完这番话后，她就让赵普把这事记下来，存放在宫中的一个金柜子里。此时赵普把这事说了出来，太宗立即跑回宫中，果然找到了那份记录。这两个故事真真假假，谁也说不清楚，不过正规史书上所记录的，则是太祖晏驾之后，开宝皇后曾经想把太祖的儿子赵德芳找来，结果来的却是赵光义。不过杜太后确实指出了一个事实，在五代时期，年幼没有经验的皇帝往往会被轻而易举地推翻，这不只后周恭帝柴宗训一个，还有后唐闵帝李从厚，以及后汉隐帝刘承祐，都是这样。

宋朝想成为一个稳定持续的王朝，而不想成为五代之后的第六代短命王朝，"国有长君"确实是一个非常重要的条件。

尽管杜太后的话里没有明确提到，但让太祖的皇位让给弟弟，而把自己的儿子晾在一边，太祖无论如何都是不同意的。所以我认为，杜太后的意思是，老大当完老二当，老二结束了之后就给老三，老三之后又还给老大的孩子们。所以，赵光义即位后第一件事情，就是把弟弟赵廷美封为齐王、开封府尹。前面说过，开封府尹不是随便封的，从五代开始，开封府尹基本就是储君的标志，而太宗自己也干过这个位置。这似乎说明，太宗要遵循母亲的遗训，把皇位传下去。可谁又愿意把皇位传给外人，而不是留给自己的孩子？所以太宗也慢慢动起了小心思。他即位不久，就打下了北汉，尽管后来由于目标过于远大，想乘胜拿下幽云失地，结果被契丹打得落荒而逃，但好歹也是消灭了境内的其他政权，稳固了宋朝的内部统治。此时就算是自己的儿子继位，也没有人能打他们的主意，更何况自己应该还有几十年好活。但问题是，得先把自己儿子继位的障碍清除掉啊。所以不久之后，太祖的长子赵德昭被逼死了，然后赵德芳在太平兴国六年（981）也暴病而亡，此时唯一的障碍就只剩下赵廷美一个。太平兴国七年（982），枢密副使柴禹锡揭发赵廷美阴谋夺位，经过一番操作之后，赵廷美先是被罢开封府尹，后来被剥夺王爵，贬为涪陵县公，房州（今湖北房县）安置。第二年，赵廷美就在房州忧愤而死。

赵廷美死后，太宗传位于子的障碍基本扫清，但他有八个儿子，该传给谁呢？太宗的儿子尽管不少，但他原来最喜欢的是长子元佐。据说元佐13岁的时候就跟着太宗去打猎，当时有只兔子从太宗的马前跑过，太宗于是就让元佐把兔子射杀掉。兔子是跑得很快的，而且目标也不算很大，元佐当时只有 13 岁，这对他来说不是一件容易的事情。可他就是一矢中的了，把当时在旁边的契丹使者都吓了一跳。后来他又跟随太宗出征太原和幽州，应该说也算有过军中的历练。按道理说，太宗把赵廷美等人都铲除掉后，最大的受益者就是元佐了。不过有些人并不把利益放在第一位，而是把亲情看得更重，元佐就是这样的人。他是跟赵德昭和赵德芳一起玩到大的，叔叔赵廷美估计也没有少抱着他逗弄，但如今这三人都因权力斗争而身死。话说当时赵廷美获罪被贬的时候，就只有元佐一人为叔叔发声求救，可是父皇一片"苦心"，怎么会理会孩子幼稚的声音。赵廷美身死的消息传到元佐耳中后，他就开始精神失常了——一般认为这是赵光义一脉的遗传病——动不动就拿刀子捅伤身边的侍从。一直到雍熙二年（985），他的病稍稍好了一些，太宗大喜过望，还因此大赦天下。可好景不长，当年的重阳节，太宗在宫中跟家人饮宴，元佐因为病刚好没多久，所以没有喊他。兄弟们回来之后经过元佐的府邸，他发狂大喊道："你们都去赴宴了，就我没有去，父皇这是不理我了！"于是他自己喝了很多酒，喝醉后狂性大发，烧了自家的王宫。其实从记载中看，太宗对元佐是有期待的，但元佐的行为实在让他非常失望。他之后把元佐贬为庶人，于均州（今湖北丹江口）安置，后因大臣们的请求，才把元佐召回京城居住。

元佐就这么废掉了，那接下来该谁来当继承人呢？从大小顺序看，那自然是排行老二的赵元僖。元佐放火烧宫，据说也是元僖挑拨的，在《续资治通鉴长编》（下称《长编》）的记载中，一众兄弟饮宴完回家，经过元佐的府邸，李焘就特别点了元佑的名字，而这恰恰就是元僖的旧名。元僖这样做也是有理由的，毕竟储君就只有一个，哥哥不倒，无论如何都轮不到自己。而元佐被废掉后，太宗立即任命元僖为开封府尹，尽管没有正式把他册立为太子，但立储之意已经非常明显了。然而正所谓"名不正则言不顺"，没有太子之名依然让元僖惴惴不安，毕竟大哥还在啊，而内宫与外朝支持大哥的人也不少，自己的嫡母，主持内宫事务的李皇后就是其中一个。至淳化二年（991）的时候，元僖的开封府尹已当了四年，所以他和他的支持者们谋划着如何让父皇尽快立自己为太子。宰相吕蒙正的妻舅宋沆等人揣度太宗是有立储之意的，于是在这一年纷纷上书，请求皇帝立元僖为太子。可这一投机行为，却触碰了太宗心中的底线，他是一个疑心极重的人，现在一众大臣要求自己立太子，那将处朕于何地？太宗大为震怒，把宋沆等人的上书斥为"词意狂率"，此事甚至牵连吕蒙正被罢相。当然，太宗对外宣称不立太子并不是为了自己，而是诸子尚且年幼。然而元僖等不到了，次年十一月，他被小妾张氏误毒而死。太宗非常伤心，本来想追封元僖为太子，但知道他家里乱七八糟的事情之后，便打消了这个想法，只以一品官的礼仪草草安葬了他。

太宗的八个儿子，一疯，一死，尽管是够让人伤心的，不过日子还得继续。他还有六个儿子，立谁为太子，本来还可以再等等、再看看，然而，多年前的一次受伤，让他不能继续等下去了。前面说过，太平兴国四年（979）的时候，太宗御驾亲征，先灭了北汉，又想着乘胜收回幽云十六州。如果他真能够做到的话，这可是不世的功业，宋朝北方也就有了足够的屏障。可惜，想法是美好的，但最终还是失败了。在逃亡途中，他被辽军弓箭射中大腿，而由此造成的箭伤在他的余生中反反复复发作，一直不能治

愈。淳化五年（994），他的箭伤又发作了，估计这一次发作得有点狠，他
自知时日无多，不得不考虑立储的事情了。可这么多儿子中，究竟该立谁
为太子呢？他需要找一个可以商量的人，而这个人不能跟自己的儿子们有
任何瓜葛，否则会影响他的判断，更有可能跟某个皇子结党营私，毕竟元
僖的事情距此时尚且不远，当初五大臣上书要求立储之事，依旧历历在目。
想来想去，他只想到了寇准。

为什么是寇准呢？《长编》里，李焘在注中记录了一个故事，说太宗
曾让寇准参与到元僖的事件当中，并且让寇准出主意，把元僖的谋反之举
消弭于无形之中。这个故事是完全不符合事实的，因为当中的记录，包括
寇准的职位、时间，以及元僖的举动等，都有很多谬误。所以李焘在书中
两次把这个故事写在注文中，没有录入正文，并且直斥其荒谬之处。不过
淳化年间，寇准是在京城里的，但他当时正专注于与王沔、张逊等人的争
斗，而没有主动向元僖靠拢，这在太宗看来，寇准并非元僖一系，所以找
他谈过太子元僖的问题，也很有可能。而寇准在元僖问题上立场如何，今
天就不得而知了，但显然他并没有因元僖之事而被罢免。如前文所述，寇
准尽管总是弹劾这个弹劾那个，但他所弹劾之事都是实实在在的，并非凭
空捏造、无的放矢，所以尽管他得罪的人很多，但在太宗看来，这就是孤
直之臣。孤者，不结党；直者，敢说话。也就只有这样的大臣，才能够真
正为他决策大事。因此，尽管有人想阻止寇准回朝，但在淳化五年（994）
九月，也就是寇准离开开封后不到一年，太宗还是把他召回京城了。

寇准回京后，太宗立即召他入宫觐见，《长编》对这个场景的描述非常
传神："入见，上足创甚，自发衣以示准，曰：'卿来何缓？'""上足创甚"，

意味着皇帝腿上的箭伤已经惨不忍睹了。我们可以脑补一下，太宗的伤口当时甚至在化脓流血。他主动掀开衣服让寇准看伤口，就意味着要告诉寇准：朕快不行了。但他没有直接说，而是貌似责备地问了一句，你怎么才来啊？这动作和话语，足见太宗的焦虑情绪，其潜台词可能是：你再不来，如果朕有个万一，那江山社稷该交给谁呢？寇准非常聪明地回了一句："如果不是您召见，臣是不能回京城的。"这句话可以有两层意思：第一，我一切听从您的吩咐，您不召唤我不敢来；第二，我是您召唤才能回来的，所以我一定会向您效忠。经过了十几年的官场历练，此时的寇准已经十分老练。太宗听了之后，说道："朕这么多儿子，谁可以传承江山社稷呢？"寇准听到此问后，作出了一个非常聪明的回答："陛下您是为天下选择皇帝啊，跟妇人、宦官商议，是不行的；跟近臣商议，也是不行的。唯有陛下选择可以承担天下臣民期待的人。"寇准此语，似乎有所暗示，认为太宗已经找一些人商议过了。妇人，有可能是李皇后，她一向是长子元佐的支持者；宦官估计是王继恩，在太祖和太宗的传承中，他起了至关重要的作用，而在此后真宗即位的过程中，他也想有所谋划。近臣，可能性太多，甚至有可能包括寇准自己。反正寇准的意思是，这件事，皇帝不能听其他人的意见，只能选自己最满意的。太宗听了，低头想了很久，屏退左右，问寇准："你觉得元侃可以吗？"寇准回答说："这不是臣所知道的。"太宗低头想了很久，说明他对此事犹豫不决，而屏退左右，则是对此事非常谨慎。但寇准的回答看起来有点滑头，好像就在说：只要陛下您觉得可以的，我都可以。滑头的寇准当然不是太宗所欣赏的，所以在《莱公遗事》的记载中，二人的对话并未结束，太宗继续说道："我就是看你人聪明而又不阿谀奉承，所以才问你如此重要的事情，你怎么就推三阻四呢？"寇准于是下拜说："臣看陛下的儿子都很优秀，比如寿王，很得人心啊！"这里的记载是有误的，因为元侃此时还是襄王，而我也觉得寇准应该不会直接说出他心目中的人选，毕竟谁知道皇帝此时在想什么呢？但元侃当储君，其实也不是什么绝对机密了。首先，李皇后没有儿子，所以太宗不存在立嫡子的问题，按照长幼顺序，老大疯了，老二死了，排到老三也是天经地义。其次，在此之前其实已经有人请立元侃为太子了，那人叫王得一，是一个布衣方技，几次被召入宫觐见，估计是一个为太宗治疗箭伤的医生。所以，就算寇准提出让元侃当储君，也是顺势而为。《宋史》寇准本传跟《长编》所记一样，是太宗自己把元侃提出来问寇准的，但在《宋史》里，寇准的回答更加坚决，他说："知子莫若父，陛下觉得可以的话，那就请立即决定吧。"这就是寇准的"定策之功"。

这番对话后，元侃立即被任命为开封府尹，改封寿王，这就意味着他被视为储君。可这毕竟只是"意味着"，太宗并没有立即把他册封为皇太子。不但是元侃，之前的元佐、元僖都没有被册封过，元僖还一等五年，至死都搞不清楚为什么。是太宗想磨炼一下孩子们的性情吗？也许有这个考虑，但这肯定不是最重要的因素。是太宗怕立了太子之后，大臣里面有党附太子的，从而对自己不利？他确实有这个顾虑，但这个问题他是迟早都要面对的。其实还有一个因素他是必须考虑的，那就是时机还没到。开宝宋皇后尚且在世啊，此时如果立太子，将如太祖何？当初"金匮之盟"的承诺还算不算数？事情不能做得太难看啊！可到了至道元年（995），时机终于来了。当年四月，开宝皇后去世，同年八月，元侃被立为太子，改名赵恒，也就是后来的宋真宗。自唐末天祐年间以来，天下战火纷飞，至此已经差不多一百年没有立过太子了，所以消息一传出来，天下人等都欢欣雀跃，认为这是太平盛世的标志。而开封的人见到太子，纷纷竖起大拇指说："真是社稷之主啊！"本来儿子受欢迎，作为老爸的太宗应该高兴和放心才对，这证明他选对人了。可是此时，太宗的疑心病又犯了，他连忙把寇准找来，说："全国上下都归心太子了，那我怎么办？"这完全是糊涂话，但不能否认，老人多多少少都有害怕被夺权、不受重视的心理，尤其本身就是位高权重的老人。比如五代后唐时，有大臣请求明宗李嗣源立储，他就说过："大家都想着要立太子了，我要回太原老宅了。"寇准听了之后，跟太宗说："陛下是要选择可以传承皇位的储君啊，现在找到了社稷之主，那是我大宋千秋万世的福气啊！"这其实是显而易见的道理，太宗一点就通，这一次的疑心就消去了。不过这次对话，对太子来说是一次极大的风险，太宗尽管疑心重，但并不糊涂，显然是有人在挑拨他与太子之间的关系。那是谁呢？根据史料记载，太宗听了寇准的话之后，高高兴兴地跑回后宫去，把寇准的话告诉皇后和众位嫔妃，而后宫不想让赵恒当太子的，也就只有李皇后了，她一直想扶持患有心疾的赵元佐。寇准一句话，就把太子的危机化解了，李皇后估计要恨死他了。

四、专断的参政

我认为寇准这次回朝，太宗不但让他帮忙决策立储大事，更重要的是，他把寇准看作托孤之臣，毕竟太子年幼，必须有经验丰富的大臣保护和指导。而综合来看，寇准有几个优势：其一，他有丰富的基层经验以及在中央朝廷为官的经验，也懂得边防之事，能够很好地辅导太子；其二，他人聪明，有吏干，对朝廷内外各种政事均有独到的见解，能够为大宋王朝开创更好的局面；其三，他年富力强，此时才三十几岁，辅助新君来日方长，而不至于因年龄问题导致王朝过渡不稳；其四，在太宗看来，他是孤臣，不党不群，能够尽心辅助太子，在关键时候还能保护太子。之前提到太宗疑心之事，他回宫给后妃们释疑后，就跑出来跟寇准痛饮，并且大醉而归，可见他对寇准的解释是非常满意的，也认准了寇准这位托孤之臣。事实上，寇准在与太宗商定储君之事不久后，就在淳化五年（994）被拜为参知政事，即副宰相，之后中书的人选，基本是围绕寇准来任命的。如与寇准同年的苏易简被罢参政，换上了他推荐的张洎，后来又任命了表面上对他唯唯诺诺的李昌龄为参政。宰相方面，先是吕蒙正在至道元年（995）罢相，而新任命的宰相，乃是与寇准交好的吕端。吕端比寇准早拜参政，但官阶比寇准低，所以寇准拜参政后，他主动提出排班在寇准之后。不过太宗照顾老同志，故意把吕端的官阶提到寇准之上，继续让他排班在寇准之前。而吕端拜相后，怕寇准不服气，于是跟太宗说："我大哥吕余庆当参知政事的时候，一切礼仪都是跟宰相一样的，请陛下恢复旧制吧。"太宗于是做出了一个临时决定，让宰相和参知政事分日掌管中书印玺及押正衙班——即上朝时率领一众大臣，此外，还可以跟宰相一起到都堂办公及商议军国大事。之所以说是临时决定，是因为这个决定专为寇准而设，其他两位参政基本以寇准为马首，不会多生事端；而后来寇准罢参政后，这种安排立即被取消了。可以说，在太宗的安排下，寇准虽无宰相之名，但已经有宰相之实。那么，太宗为什么不立即拜寇准为相呢？我认为原因有三。第一，还是年纪太小，资历还不太够；第二，应该是怕寇准进用太快，难以控制，而现在的安排，起码名义上还有一个真宰相能压得住他；第三，他也许是想把拜相之恩留给儿子赵恒，到时候寇准就更会死心塌地地为新皇帝服务了。

太宗对自己这种安排应该是非常满意的，在寇准拜参政之时，他就对当时的宰相吕蒙正说："寇准办事聪明敏锐，现在再次提拔他，想来他也会更加尽心了。朕已经跟他说过，要与同僚同心同德，凡事要从长计议，这样上下之间就没有相处不好的。"由此可见，太宗欣赏寇准的能力，而又对他的缺点了如指掌，只要寇准不再犯浑、事事面折廷争，抑或跟同僚闹矛盾，那他应该是能完成太宗托孤之任的。这一次寇准是真没跟中书同僚闹矛盾，但刚直本来就是他的性格，面折廷争的毛病依然是改不了。有一次寇准奏事，太宗不同意，甚至都已经生气地站起来要回宫中了，寇准一着急，把太宗的衣服扯住，非要他留下来听自己把话说完，把事情办了，才肯罢休。这样的事情如果发生在明朝，大臣可能要挨板子；而如果发生在清朝，那分分钟是抄家杀头的罪名。然而，宋朝的政治文化对于这种实际上有利于朝廷的事情十分宽容，至少太宗忍下来了，并且对寇准大加赞叹说："此真宰相也！"之后他又对身边的人说："朕得到了寇准，就像唐太宗得到了魏徵一样。"尽管太宗此时还不知道自己的庙号，但作为大宋的第二位皇帝，他当然是想当能媲美李世民的宋太宗。然而，在皇帝的纵容，以及中书同僚的迁就之下，寇准刚直的性格让他慢慢变得专断，甚至可以说在整个中书里面，几乎就是他一个人说了算。尽管他的专断并不是为自己谋私利，但却也让很多人心里不痛快，尤其是在加官晋爵的问题上，因为这涉及很多官员最实际的利益。

其实寇准上次被出知青州前，并不是只进行政治斗争，在一些材料里面，也记录了他推荐人才的事情。但寇准推荐人才的标准跟别人不太一样，他不看资序，而看品行和能力，尤其看重寒门士子。后来到了真宗朝他当了宰相，依旧保持着这种标准。有一次按例给官员们升级别加工资的时候，同僚们拼命让小吏把资序本拿给寇准看，寇准说："宰相是干吗的？那是要提拔贤能者，屏退不靠谱之人的，什么都要按照资序惯例，那跟下面打杂的人有什么区别？"但问题是，贤与不贤的标准，那就只能随寇准的好恶了。比如他在枢密直学士任上推荐过的李仕衡，曾经因为父亲的罪过而被连累丢掉编制（除籍），但寇准不管，他觉得李仕衡有才华，于是一意举荐。除此之外，有能曲意奉承寇准，又对他胃口的，他也会大力推荐。比如张洎之所以能当参政，就是寇准推荐的。张洎是南唐降臣，名声不是太好，但很有才华。寇准在判吏部东铨的时候跟他是同事，估计他也看好寇准后来会有很好的发展，所以拼命巴结。寇准当时年少，有个老学究天天给自己鞍前马后，当然非常受用，所以他跟张洎关系十分好，可事实上，在张洎的问题上，寇准的眼光十分糟糕。至于自己不喜欢的人，寇准会尽力打压，而且不会听不同意见，因此史书对他这种行为的评价是"举措多自任"，而同僚们对他也非常不满意。

本来这种事情在太宗眼里无可无不可，只要不让自己心烦就好，可寇准这种事情干多了，终会碰到硬茬，而这个硬茬，就是冯拯。冯拯是太平兴国三年（978）进士，且是当年最年轻的进士。有记载说他早年曾与寇准把臂同游，后来究竟如何交恶，现在已不甚明了，或者如何冠环先生所说，寇准不喜欢冯拯到处投机的行为。冯拯在淳化二年（991）因为上书请立元僖为太子而被贬到端州（今广东肇庆），到至道年间，他以左正言的官阶担任广州左通判。至道二年（996）南郊大祭，又到了各级官员提级别加工资的时候了，本来这是一件非常简单的事情，宰相们拿出资序本给每个官员往上加一级就可以了。不过之前说过，寇准就是一个不喜欢看资序本的人，他非要按照自己的想法去做。这一次提级别，冯拯被提为虞部员外郎，而原先级别比他低的广州右通判彭惟节则由太常博士提升为屯田员外郎，刚好比冯拯高半级，可见这是寇准有意恶心冯拯的。不过彭惟节还算会做人，本来排名就比冯拯低，现在公文署名的时候，也没有因为官高半级就得意忘形，还是把名字署在冯拯后面。结果公文送到中书，寇准一看署名就勃然大怒，立即用中书扎子纠正了这个署名顺序的错误，并且狠狠地批评了冯拯。冯拯本来就憋着一口恶气，看到批评他的扎子，即刻暴跳如雷，说："圣上日理万机，哪能看得出这种细节，肯定是寇准在弄权！"于是他连夜写了一封奏章揭发寇准，还谈到了广东这边几次升迁不公的事，连同中书的扎子通过特快专用道发给了太宗。更糟糕的是，寇准的同年、岭南东路转运使康戬也上书太宗，说寇准弄权，而吕端、张洎、李昌龄等人都是寇准援引的，吕端感谢寇准，张洎逢迎寇准，而李昌龄怯懦不敢言，于是由得寇准在中书胡作非为，扰乱制度。太宗收到冯、康二人的奏章时，寇准正好代表皇帝去祭祀太庙，吕端等人立即撇清关系，说一切都是寇准所为。吕端还说："寇准性格刚愎自用，臣等虽然是宰执大臣，但不敢跟他争辩，怕有伤国体啊！"寇准回来之后，太宗问他冯拯的事情，他显然不知其他人已经跟他撇清了，说加官的事情都是跟中书其他同僚商量好的，怎么就只怪我一个呢？其实，这种事情对太宗而言根本不算个事，如果寇准认个错，可能就扯过去了，但寇准的犟脾气一上来，谁都拉不住，太宗很生气，说："这是朝堂啊！在这里争辩是非，有失宰执大臣的体面啊！"但寇准不听，非要把事情争辩清楚，太宗说："麻雀老鼠都懂得看人的脸色，况且是人呢？"其实太宗态度很明确，你消停一下就好了。可寇准就是个不消停的人，第二天，他干脆把中书的文书本子都搬到了朝堂上，非要辩个是非曲直。太宗此前已经有点讨厌寇准了，此时更是既愤怒又失望，于是立即下旨，罢免了寇准的参知政事。

在用人的问题上，寇准非要把是非辩清楚，是因为他不觉得自己有错，他认为这是光明正大理所当然的，这并不违背他光明磊落的性格。但他真的没错吗？显然不是。为官专断，本来就是宰执大臣的大忌，更何况明明是违背既定的制度与程序，却矢口不认，太宗能忍一次两次，但却无论如何无法永远地忍受下去。此外，寇准做人做事极不谨慎，也是他这次被罢免的重要原因。如前文所述，太宗已经有点讨厌寇准了，为什么呢？《长编》没有记载具体原因，但在《宋史·张泊传》里面可以看到端倪，里面提到，当张泊看到寇准失势的时候，立即倒打一耙，说寇准曾经在私下里诽谤过太宗。据说此话一出，寇准立马脸色大变，不敢再自辩。我估计张泊这话不是当着寇准讲的，而是太宗诘问宰执的时候，他为了撇清自己而讲的，后来太宗是对寇准的廷辩烦不胜烦，才把这话撂出来，让寇准哑口无言。张泊本是南唐李家旧臣，博学多才，但在他人生历史上，对恩主倒打一耙的事情就没少干。从寇准不敢自辩可以看出，他的确曾经在背后说过一些宋太宗的坏话。诽谤的话出自寇准并不奇怪，但却不应该出自参政之口，寇准既为参政，就当注意自己的言行，这是他不谨慎之一。其二，即便要发牢骚，也应该注意谈话的对象，以寇准的聪明，不应该不了解张洎的为人，理应知道什么话不可以对他说。可寇准就是这样子，他喜欢的人，无论过往如何劣迹斑斑，他都不放在心上。康戬作为同年攻击寇准的原因，其实也是因为张洎。一年前苏易简罢参政，就是因为张洎的攻击，而此后，寇准却反过来推荐张洎当参政，这在同年们看来，背后的始作俑者就是寇准。

那么寇准究竟说了什么，能惹太宗讨厌呢？史书上没有明确记载，不过我猜有两个可能。至道元年（995）四月开宝皇后驾崩，但却丧不成礼，也就是没有按照皇后的礼仪下葬。寇准是开宝皇后的妹夫，很有可能私底下对此颇有微词，从而吐槽了一下太宗。另一个可能也是跟开宝皇后的丧事有关，虽然寇准没有吭声，可他的好友、时任翰林学士的王禹偁却是上书论奏的，结果被太宗以"讪谤朝廷"的罪名贬出京城，而寇准很有可能私底下为好友打抱不平。寇准好酒，估计这是他酒后失言。这种任性而又不谨慎的行为，后来成为他致命的弱点。

太宗当然是非常失望的。他本来想培养寇准做自己的托孤之臣，可寇准刚直、使气、专断，如何是自己儿子能驾驭得住的，更何况他还对自己有抱怨之心。权衡之下，也许老成持重的大臣更适合担当托孤的重任。寇准在中书专断独行，作为宰相的吕端难道一点责任都没有吗？但是太宗没有罢免吕端。在吕端拜相之前，就有人说他办事糊涂。吕端确实糊涂，他跟过赵廷美，也跟过赵元僖，他们两位出事后，他都被太宗责罚过。可此时，太宗却说吕端"小事糊涂，大事不糊涂"。有野史说吕端拜相还是寇准推荐的，当时寇准跟太宗说："像吕端这样的人才，都这么老了，陛下您还不用，就没机会再用了。"因此，康戬说吕端是寇准援引的，也并非空穴来风。然而，在一些重大问题上，吕端并不迁就寇准。李皇后的哥哥李继隆在西线战场上擒获了李继迁的母亲，太宗想把她杀掉，当时只找了寇准去商议。寇准回中书后，吕端问他，是不是皇上说了这件事宰相不能过问，寇准说不是。吕端说："一般边境之事，我可以不过问，但如果是军国大事，我吕端身为宰相，就不可以不过问了。"寇准说出实情，说太宗准备杀掉李继迁的母亲，而显然，寇准本身并不反对。吕端立即入宫觐见太宗，力劝太宗让李继迁之母安享晚年。太宗后来接受了吕端的建议，并且说："若不是卿你的话，差点就耽误了我的大事。"由此可见，吕端确实大事不糊涂。

吕端确实不负太宗所望。至道三年（997）三月，太宗驾崩，宫内李皇后、宣政使王继恩，宫外参知政事李昌龄、知制诰胡旦谋废太子而立楚王元佐。当时吕端入宫向病危的太宗问安，见太子不在，于是马上在笏板上写了"大渐"二字，命人送出宫外，让太子入宫。之后太宗驾崩，王继恩到中书请吕端入宫商议立新君之事，吕端把王继恩骗到一个房间锁了起来，然后才入宫。李皇后见到吕端后，说："皇帝驾崩了，我想呢，立嗣以长，这是顺序，现在相公觉得该如何处置呢？"她似乎胸有成竹，可吕端立即回应道："先帝立太子，不就是为了今天吗？"皇后还想说什么，就这么被吕端给怼回去了。在新君即位的仪式上，太子被帘子遮住，吕端死活不肯率群臣下拜，一定要太子把帘子卷起来，因为谁知道里面那个是不是真的太子呢。如果是假的，大臣们都下拜了，就既成事实，无可挽回了。吕端认清楚垂帘后面的确是太子赵恒后，才率文武百官下拜，确认新皇登基，这就是宋真宗。这种种细节说明，吕端在大事上确实一点都不糊涂。可惜的是，吕端老矣，真宗即位一年后，他就去世了。当初太宗选择年轻的寇准，其实就是有这种担心。

真宗即位的过程，寇准注定是看不到了，他被罢参政之后，被赶出京城，到邓州当知州。临走前，按照惯例，是要去见皇帝，接受训示的，而这一次见面，却成了他与太宗的永别。太宗对寇准有知遇之恩，可惜寇准过于刚直，辜负了太宗的好意。他再次回到朝廷的时候，就要为新皇帝服务，那时他将处理北方边境非常棘手的问题。

第三章

◎

澶渊得失

不熟悉宋史的读者，对于寇准的了解可能仅限于杨家将的故事，甚至我有学生连寇准是什么人都不知道。而对宋史稍有了解的读者，对寇准印象最深的，恐怕就是他在"澶渊之盟"中的作为，毕竟这是宋初外交中最重要的事件，对北宋的影响非常深远。正如王安石的咏史诗《澶州》所言："欢盟从此至今日，丞相莱公功第一。""澶渊之盟"中的寇准当然不是他的全部，但既然这本小书是寇准的传记，"澶渊之盟"是无论如何都不能绕过去的。然而，寇准在澶州一役中的作为，并非受到所有人肯定，即便后世正面评价者居多，但负面评价者也不乏其人，其中尤以明朝学者为多，这主要是因为明朝也发生过皇帝御驾亲征之事，但他们的"土木堡之变"是惨败的，连皇帝都被抓走了。然而，拿寇准跟明朝权阉王振作比较是非常不公平的，正如全祖望所言，寇准是一心为公，抵御外侮；而王振促成明英宗亲征，则是为了大军途经自己的家乡，让自己衣锦荣归。但不得不说，寇准的行为依旧是非常大胆，甚至可以说有些冒险。那他为什么会这样做呢?

要回答这个问题,恐怕首先要了解寇准的思想。对于中国古代的士大夫而言,他们大多崇奉儒家入世的思想,毕竟治国与平天下,是他们毕生追求的目标。寇准也是如此,他的主要思想,正是"以天下为己任"的入世思想。他在进士及第之前,曾有《塞上》一诗,诗云:

　　　　春风千里动,榆塞雪方休。

　　　　晚角数声起,交河冰未流。

　　　　征人临迥碛,归雁别沧州。

　　　　我欲思投笔,期封定远侯。

这首诗已充分表现出他早期对功名的渴望,当然,这也是中国古代一般士子的心愿。中进士后,寇准在知巴东县任上,又有一首《春日登楼怀归》诗,其中两句非常出名:

　　　　野水无人渡,孤舟尽日横。

这两句诗写的是眼前之景,但他的胸怀大志也寓入诗中,时人根据这两句诗,认为他必定会得到重用,后来果不其然,在太宗一朝,他三十出头之时,就两度位居宰执了。

一、回朝拜相

如前所述，太宗驾崩，真宗即位，朝廷里正上演着一出出波谲云诡的政治大戏，但这一切已经跟寇准没有关系了，因为他此时正在开封西南大概四百公里的邓州过着非常悠闲的生活。如何悠闲？一如之前我们提到的他在青州的生活，天天饮宴。前面我们说过，寇准在喝酒的问题上非常奢侈，甚至因喝酒通宵达旦地点蜡烛。而在邓州，为了把蜡烛点好，他甚至改良了蜡烛的制作工艺，从而让邓州蜡烛名满天下，连开封生产的都远远不如。但可以想象，堂堂一位副宰相，闲到要去琢磨怎么生产蜡烛，如果放在今天，可能还可以说是为了促进农副产品生产，推动当地经济发展，但在古代，这是纯属闷得慌。此时的寇准当然是苦闷的，小小邓州之地，如何能容得下他这条蛟龙，所以他在《南阳夏日》一诗中写道：

> 世间宠辱皆遍尝，身外声名岂足量？
> 闲读《南华》真味理，片心惟有许蒙庄。

三十多岁，两为宰执，两被罢黜，确实是"世间宠辱皆遍尝"了，按理说，他也应该知足。从诗文看，他又读《南华经》，又心许蒙庄（就是庄子），似乎看破了一切，但其实这也是他思想的一种反映。一般而言，中国古代的士大夫们虽以儒家入世思想为主导，但他们往往是儒释道三教兼修的。寇准也不例外。之前提到，寇准既有豪侈的行为，也有很多节俭的事迹。这两种行为同时发生在寇准身上，不得不说他是受到禅宗思想的影响。

事实上，与僧道交往，是宋代士大夫的风尚，寇准一生与僧人打交道的机会颇多，他曾对人说过："我母亲说，我刚生下来的时候两只耳朵都垂着肉环，几年之后才长合拢。我经常怀疑自己是要当和尚的，喜欢参观佛寺，遇到一些挂纱窗的静院，就只喜欢跟和尚谈论佛法真义。"而他本身在开封没有买房子，当入朝觐见皇帝的时候，往往就住在僧舍里。常与和尚谈经论道，又寄居僧舍，这样耳濡目染，寇准从中吸收禅宗思想也就不足为奇；同时这也表明，他与僧人的关系应该非常不错。

　　寇准的道家思想虽不如儒、释二教那么明显，但也可以找寻一些蛛丝马迹。首先，他并不拒绝道教的占卜问卦。寇准19岁中进士的时候，就去看过相，后来张士逊中举之时，也曾与寇准一起到相国寺问过卜，而两次都是寇准主动而为的。其次，以后我们也会谈到，他并不反对真宗在"天书封祀"中的某些行为，比如封禅泰山的时候，他是主动要求随驾而行的。最能体现寇准身上有一点点道家思想的，是他与其他大多数士大夫一样，被贬在外时表现出的无为。史书关于寇准在青州、邓州、陕州等贬所终日饮宴的记载很多，而他在知凤翔府时写下的《岐下西园秋日书事》一诗，也能很好地说明这一点。诗云：

　　　　　　务简群吏散，披襟幽兴长。

　　　　　　松篁经晚节，兰菊有清香。

　　　　　　水净澄秋色，山高见夕阳。

　　　　　　身闲心自泰，何必濯沧浪。

这首诗清楚地表现了他失意之时，恬退归隐、孤芳自赏的心情，也正是他在此刻道家无为思想占据心灵的深刻写照。

然而，寇准的心是绝对安定不下来的。对他来说，朝堂之上才是真正的舞台。可真宗即位之后，并没有立即召他回开封去。按道理说，真宗之前能当上太子，就是寇准的"定策之功"。这件事写在很多史书上，说明太宗知道，很多大臣也知道，真宗没理由不知道，他应该感激寇准才对，哪怕不让寇准重新当宰执，也应该把他召回朝廷啊。可从至道三年（997）真宗即位，至咸平五年（1002）寇准知开封府，真宗足足让寇准在外面浪了五年。我想原因有两方面：一方面，朝中有人不想寇准回来，因为他性格脾气太难相处。比如此时的宰相吕端，当初对寇准是处处忍让，难道心里就没有一点气？吕端做事四平八稳，与寇准专断独行的性格完全不相符，此时当然不愿意寇准回朝了。吕端罢相之后当宰相的是张齐贤和李沆，后者跟寇准是同年进士，关系也不错，但张齐贤跟寇准的关系就不太好了。在《宋史·张齐贤传》里就说到他与寇准有矛盾，尽管《长编》认为张齐贤拜相的时候，寇准正在外地，不知如何产生矛盾，但矛盾不一定是这时候产生的。寇准在端拱二年（989）拜枢密直学士的时候，张齐贤几乎在同一时间拜枢密副使，换言之，他们俩曾经是上下级的关系，以寇准的性格，同张齐贤产生矛盾太正常了。

另一方面则是真宗自己的原因了。尽管真宗后来大搞"天书封祀"，貌似荒唐，但我从来不认为他是一个糊涂的皇帝，相反，他十分聪明，也懂得权谋之术。他从皇子到太子，到最后登上皇位，在这整个过程中，少一点隐忍，少一点智慧，都会万劫不复。真宗感激寇准吗？应该说是感激的，至少他能感受到寇准对他的忠心与诚意。寇准年轻、能干，这些他肯定知道；但同时，寇准的臭脾气，他也一清二楚。尽管史书上没有记载太宗时期真宗与寇准的私人交往，但作为之前的皇子，后来的太子，真宗肯定对朝中众臣有所观察，尤其是对于推戴自己成为太子的功臣，必定多加留意。他心里很清楚，寇准可以大用，但却不太好用。我们之前就说过，宋代地方官一般是三年一任，寇准出朝一共六年，刚好是两任，可他却当过邓州、河阳（今河南孟州）、同州（今陕西大荔）、凤翔府（今陕西宝鸡）四个地方的长官。他被从同州调到凤翔府，乃是因为同州通判刘拯告他，个中原因不详，估计还是忍受不了他的脾气。而其他调动是否也有类似的原因，就不得而知了。在地方都不能跟同僚相处好，这让真宗如何敢立即把他调回朝廷再入二府，搞不好又在朝堂上大吵一顿，最后君臣又闹得不欢而散。不过寇准在外的几年里，真宗并没有忘记他，咸平二年（999）至三年（1000）间，真宗曾经御驾北征，驻跸大名，这一次他也把寇准喊到自己的身边。真宗是想用寇准的，但何时用，需要一个契机；如何用，需要合适的方法。

这个契机在咸平五年（1002）的时候终于到来了。该年五月，知开封府温仲舒提出，开封府事务太繁忙了，而自己年纪也不小了，实在是有心无力，要求换个舒服点的位置养老。开封府有什么繁忙的公务呢？在此之前，开封府发生了一个案子。话说这一年刚好是科举年，有个考生考完之后在客栈等结果。有一天，有人说朝廷放榜了，于是考生跑出去看，把他太太留在了客栈。不久又有人跑来跟那位太太说，你父母从远方来看你了，这位太太立马租了头驴去看她的父母，结果路上遇到一个酒疯子把她打了。她当然生气啊，于是马上到开封府告状。可告状需要证据，租给她驴的人怕在公堂里作证耽误自己的时间，就偷偷跑了。后来开封府审案，说酒疯子也被这位太太抓伤了，于是各打四十大板。太太回到客栈，越想越伤心，就哭起来了，刚好丈夫又从外面回来，刚得知自己落榜，看见妻子哭，他也跟着哭。后来问清楚缘由后，又跑到相关部门去申冤，结果不被受理。夫妻两人觉得走投无路，就一起"举身赴清池"了。这件事不知为何传到了真宗耳朵里，他勃然大怒，把开封府从知府到普通吏员都狠狠批评了一顿。而此时的开封知府，就是温仲舒。不久之后，皇城司第二指挥使马翰提出说，京城里面有强盗，自己愿意毛遂自荐去抓贼。本来作为京城公安局第二刑警大队队长，提出这个要求也是分内之事，可真宗却觉得马翰这个人不靠谱。他说马翰抓贼的时候收受贿赂，往往只交够任务就算了，不把盗贼抓完，更过分的是他还蓄养了一帮地痞流氓来当临时侦察兵，比他自己本人还更加扰民。这一番描述下来，马翰哪像个刑警队长，俨然就是一把黑社会保护伞，只不过他做的事情还没有充分的证据，真宗不好拿掉他而已，但抓贼的事情真宗可不想让他干了。可刑警大队不抓贼，谁抓呢？真宗把这个任务交给了开封府。这下温仲舒可麻烦了，审案没审好才刚挨了批评，现在又摊上一个麻烦的差事，他于是干脆要求调职。温仲舒离开开封府，谁接任呢？寇准！

真宗其实早就想用寇准了，之前北征把他喊到身边，估计就是想亲自考察一下这位定策功臣，不过碍于当时的形势，尤其是张齐贤还在相位上，他并没有立即把寇准调回京城。然而到了咸平五年（1002）的时候，中书为相者，除了吕蒙正外，向敏中跟李沆都是寇准的同年，他们关系都很好，寇准回朝的阻力已经没之前那么大了。再加上，这一年边境又不太平，除了北方契丹虎视眈眈外，西北党项李继迁也在调兵遣将，准备跟宋朝大干一场。此时的宋朝可谓外患不息，而朝廷上能够迅速解决问题的大臣，是少之又少。吕蒙正为人宽厚；李沆忠厚老实；向敏中人聪明，善于明哲保身，也识大体。但他们的共同问题是能力不足，不能处乱不惊决断大事。因此，真宗想到了寇准。可寇准能力是够的，但脾气臭，难相处啊。因此，真宗并没有立即把他安排到二府去，而是让他在开封府先干着，并且让自己能够近距离观察一下。

寇准在开封府的日子并不长，史书上对他在任上所做的事情也并未详细记载，大概也就两件事。一件是疏导开封城内的丁冈古河，从而解决开封城的积水问题；另一件则是上奏要求朝廷差遣开封府的军巡判官，估计是跟开封府要负责抓捕盗贼有关。这两件事都得到了真宗的同意，想来是办得不错的。咸平六年（1003）六月，寇准离开开封府，担任三司使。之前就说过，太宗在太平兴国八年（983）把三司分为盐铁、度支、户部三个部门，而寇准在太宗时期就担任过三司的盐铁判官。此后三司分分合合，可谓制度混乱。到了这个时候，真宗想把三司再度合而为一，由一位三司使总领。但显然，此时的三司是一个烂摊子，而三司使更是一个烫手的山芋，并不是谁都能够做好的。最终，真宗选择了寇准。为什么是寇准呢？有记载说，真宗本来是想选老臣张佖，但张佖说他自己不行，真宗于是问他："你不行，那谁行呢？"张佖回答说："说理财的话，朝廷上下都找不到合适的人选，但如果想找一个有名望能压服众人的官员，那寇准是可以的。"这个记载我认为就是一段野史，因为张佖在真宗即位之前就已经去世了，不可能在此时还跟皇帝有这段对话。但对话的内容，有可能是张冠李戴，把其他人的话套到张佖身上去了。其实早在两年多以前，长期在三司任职的陈恕被调到其他职位去，当时真宗就问陈恕谁可以代替他，陈恕就推荐了寇准。所以说寇准能压服众人的，可能就是陈恕，而这也说明寇准的能力在同僚中也是得到认可的。寇准并不是财政专家，他很熟悉边防之事，也很熟悉朝廷内政，但涉及到财政问题，他的经历其实并不多。但这并不妨碍寇准在三司任上的成绩，因为他不懂，可以去请教专家。专家是谁？当然就是在三司干了十几年的陈恕。据说寇准一上任，立即把陈恕在三司工作时的各种做法编成小册子，而陈恕的一些工作便签他也命人整理好，雕版成书，然后拿到陈恕家一一请教，并让陈恕签名落实。自此之后，三司的工作基本就按照陈恕时期的办法来开展，一切有条不紊。真宗看在眼里，肯定觉得寇准也并不是那么难相处，起码他懂得请教专家，懂得尊重老领导。但我认为这是个巧合，寇准对于让自己服气的人，是能不耻下问、虚心求教的，而陈恕刚好就是那个能让他服气的人。

知开封府和三司使的工作，都说明寇准不但是一个能做事的人，还是一个善于啃硬骨头处理难事的人。他的经历，他的能力，再加上他当初的定策之功，大家都认为他再入二府，甚至拜相，都是必然的事情。他自己也许也能感受到这一点，所以在开封府的时候，他跟老友王禹偁的儿子王嘉祐有一段十分精彩的对话。

有一天，寇准问王嘉祐："外面的人是怎么议论我的？"

王嘉祐说："外面很多人都说老叔您很快就要拜相了。"

寇准说："那你觉得怎么样呢？"

王嘉祐回答说："依我看啊,老叔您还是不要拜相好,一旦拜相,声誉和名望都得毁了。"

寇准问："为什么呢?"

王嘉祐说："自古以来的贤相,为什么能够建功立业,造福苍生呢? 那是因为君臣之间相处和谐,如鱼得水,于是皇帝对宰相才能言听计从,宰相才能功成名就啊! 现在老叔您背负着天下的厚望,一旦拜相,朝廷内外都希望您能让天下太平,可老叔您跟皇帝,能像鱼跟水那样相处吗? 所以我才担心您会毁掉自己的声望啊。"

王嘉祐可谓一针见血,当初太宗也很想重用寇准,结果最后是怎么收场的? 以寇准的性格,如何能跟皇帝相处得好呢? 在专制时代,与皇帝相处不好,不要说建功立业,能全身而退就很不容易了。其实有类似看法的不独王嘉祐一人,后来寇准拜相,他的老大哥张咏在成都听说后,就说:"寇准是真宰相啊! "然后又说:"苍生无福。"门人听了之后很奇怪,张咏说:"别人要说一千句话才能说清楚的问题,寇准一句话就说清楚了,但他当官太早,被重用太快,还来不及学习呢。"张咏是最了解寇准的人之一,他认为寇准是真宰相,是对寇准能力的认可;但认为寇准拜相"苍生无福",乃是对他情商的否定。寇准做事了得,但却没有好好学习做人的道理。人说宰相肚里好撑船,他的作用往往是要对各方政治势力作出平衡,而不是只认对错,事事分个是非黑白,这样的话不但折腾皇帝,还会折腾百姓,当然就苍生无福了。根据史书记载,寇准听完王嘉祐的话后,说:"元之(王禹偁的字)老哥的文章冠绝天下,但说到深谋远虑,那是比不上你这孩子啊! "他显然是认同王嘉祐的观点的,可他并不会退让。谋求相权，在政坛上一展才华，永远是寇准的政治理想。

咸平五年（1002）向敏中罢相，第二年吕蒙正罢相，中书只剩下李沆一位宰相，可到景德元年（1004）七月，连李沆也死了。此时中书连一个宰相都没有了，可真宗依然没有再任命新的宰相，他想用寇准，而且边境形势紧张，他也必须起用这个能断大事的大臣了。但他还在犹豫，或者说，他在想一个能用寇准的办法。这个办法其实也很简单，就是找一个人来抗衡寇准，可找谁呢？真宗想到了毕士安。毕士安是太祖乾德四年（966）的进士，淳化五年（994）真宗被封为开封府尹后，他就被任命为开封府判官，后来又成为太子右庶子兼给事中，可以说他是真宗的潜邸旧臣，而真宗也十分信任他。从年龄上说，他此时已经 67 岁，乃三朝元老，应该能够镇服寇准；但从资历上说，他从来没有进入过二府，这一点就比不上曾两入二府的寇准了。李沆去世后，为了解决毕士安的资历问题，真宗先把他拜为吏部侍郎、参知政事。参知政事一职，是让毕士安在资历上能与寇准匹敌，而吏部侍郎的官阶，则比寇准此时的兵部侍郎高半级。换言之，真宗就算拜寇准为相，也不能让他当首相。

按规定，毕士安拜参政后就去拜谢真宗，真宗对他说："你的任命还没完，我马上要拜你为相的，你觉得谁可以跟你一起当宰相呢？"真宗此话乃是试探，毕士安已经活了 67 年了，对人情世故了如指掌，朝廷内外对寇准的呼声这么高，真宗如何想他哪会不明白。他立即回答说："寇准天资忠义，能断大事，我不如他啊！"真宗说："可我听说寇准的性格太刚直了，而且意气用事，你说怎么办呢？"毕士安说："寇准把国家利益放在第一位，而不顾自身，遵循正道，嫉恶如仇，所以不被世俗之人喜欢。现在天下百姓，虽然蒙陛下恩德，能够休养生息，但北方敌国如跳梁小丑般还未被征服，像寇准这样的人正应该现在用了。"这话说得非常得体，不但指出了寇准的优点，更是解除了真宗心里的顾忌。真宗最后又补充了一句说："是这样，但还是要用像你一样年纪大且有德行的人来镇服他。"就这样，一个月之后，毕士安与寇准双双拜相，其中毕士安是吏部侍郎、同平章事、监修国史，是为首相；寇准是兵部侍郎、同平章事、兼集贤殿大学士，是为次相。寇准拜相，可以说登上了宋代文官权力的顶峰，但权力越大责任也越大，接下来，他就要面对宋朝北方边境的问题了。

二、辽军压境

从地理上来说，古代中国是一个相对封闭的国度，东、南、西南和西北几乎都因为地理原因而与外界隔绝，唯独正北方和东北方，分别是茫茫的草原和原始森林。这两个地方生活着以游牧和渔猎为生的民族，而他们也能形成自己的文明和政权。因此，中国历代所面临的外部威胁，往往就来自这两个方向。也正因为如此，历代都会修缮长城，以抵御来自北方的侵略。宋朝同样也面临着来自北方的威胁，与其他朝代不同的是，宋朝是先天不足的。在引言中我就提到过，五代后唐末年，石敬瑭为获得契丹的支持，让他能夺得中原皇帝的宝座，把幽云十六州割让给了契丹。"幽"就是幽州，也就是今天的北京；"云"则是云州，是今天的大同。所谓的幽云地区，指的就是今天河北北部和山西北部之地。山西北部的应、寰、朔、云四州就算了，毕竟在代州（今山西代县）北部依然耸立着巍峨的雁门关，可河北北部地区的丧失，则意味着长城防线的丧失，意味着中原面对契丹时几乎无险可守，一旦契丹铁骑渡过黄河，几乎就可以直捣开封。宋太祖曾想迁都洛阳，这样起码还有虎牢关作为保护，然而这个提议却遭到朝臣们的反对。太祖说，现在是迁到洛阳，以后我还要迁到长安去的。长安作为京城，尽管交通并不方便，但东有潼关，西南过了大散关之后就是两川之地，紧急时朝廷可以随时进入四川避险。因此，汉、唐两代最初选择都城时，都首先考虑了长安。然而，宋朝毕竟是在五代的基础上建立起来的，很多大臣将领的根基都在开封，比如后来的太宗赵光义，所以他们强烈反对，以至于迁都之议没有实现。可以说，幽云十六州是宋人的痛，尽管后周世宗柴荣收回了瀛、莫二州，但宋朝的皇帝依然把收回其他十四州作为自己的目标。宋太祖时，就曾想过用赎买的方式要回十四州，但这并不现实；而到了北宋末年，宋人之所以跟女真达成"海上之盟"，共同消灭契丹，其目的也是为了收回幽云地区。

宋太宗时对辽战争主要有两次，第一次在太平兴国四年（979），太宗在消灭北汉后，亲自率兵继续北伐，企图乘胜收回幽云地区，结果在高梁河遭遇惨败，铩羽而归。第二次则是在雍熙三年（986），当时辽景宗驾崩不久，新登基的辽圣宗耶律隆绪还未成年，由他的母亲承天太后萧绰摄政，这位萧绰，就是杨家将故事里大名鼎鼎的辽国萧太后萧燕燕了。宋太宗以为此时的辽国孤儿寡母当政，正好欺负，于是派兵北伐，再次企图收回幽云地区。然而萧绰并非寻常妇人，她带着辽圣宗亲自到前线指挥作战，结果在岐沟关大败宋军，杨家的老爷子杨业（故事里的杨继业）也就死在这次战争中了。在此之后，太宗再也不敢派兵征讨契丹，但契丹却经常南下骚扰，局部战争时有发生。他们的目的乃是关南之地，也就是瀛（今河北河间市）、莫（今河北任丘市）二州。宋朝既然不能收回幽云地区，已经到手的关南之地自然不可能奉上，所以双方冲突一直不断。

真宗即位后，这种冲突依然在继续。景德元年（1004）寇准当上宰相后没多久，边关就传来辽军大军压境的消息。根据《辽史》记载，契丹方面有南伐意向是在九月，当时他们把这个决定告诉了高丽国。然而，宋朝在八月份就接到了边境大臣关于契丹入寇的报告，可见契丹方面尽管没有正式宣布，但动向已经非常明显。很多史书都认为，真宗能决议亲征，是寇准的功劳。根据《宋史·寇准传》的描述，边关告急文书发到中书的时候，刚好是寇准在值班。当晚一连五封急报抵达中书，但寇准全部扣住，没有上报，喝酒说笑一如平常。第二天上朝，同僚把此事上报给皇帝，真宗大惊，问寇准怎么回事。寇准说："陛下想了结此事，也就五天时间而已。"于是他请皇帝御驾亲征，到澶州指挥作战。同僚们听到后大惊，随即就想走人，寇准拦住他们说，皇帝都没走你们走什么呢？真宗也面露难色，于是也起来想回后宫去了。此时，寇准的老毛病又犯了，他跟当年扯着太宗的衣服一样，拦住真宗说："陛下走了，臣就再也见不到您了，那就大势去矣！所以还是请陛下留下来先把事情给定了吧。"真宗于是才留下来，决议亲征，并让大臣们商讨方略。

这是《寇准传》的记载，对寇准是有所美化的。诚然，寇准是主战的。在他上任不久，边关即传来战报，说契丹又再派小股骑兵劫掠深州（今河北深州）与祁州（今河北安国），稍有不利立即退却，似乎没有战意。但寇准指出："这是他们要让我们轻敌，请朝廷派遣精兵良将，分别驻守各处要害，以防备他们的进攻。"可以说，寇准的准备是非常必要的。然而，《寇准传》所述，似乎把真宗描述成一个懦弱畏战的皇帝，若非寇准一力促成，澶渊之盟难成。寇准的功劳当然不能抹杀，我们后面会详细地讲，但这种描述却是抹杀了其他大臣的贡献，弱化了真宗在这次战争中的作用。真宗真的如此不堪吗？我看未必，起码在即位之初，他还是想有所作为的。其实景德四年（1004）的澶州之战，并不是真宗第一次亲征，早在咸平二年（999）与三年之交，真宗就曾御驾亲征，并在大名驻跸。促成那一次亲征的是他的藩邸旧臣王继英，而寇准也奉召随驾。如果说雍熙北伐是太宗欺负契丹孤儿寡母，那咸平二年（999）契丹南侵，则是欺负宋朝新君即位，主少国疑了。而那一次，也是契丹皇帝与太后御驾亲征，规模不比景德元年（1004）的这一次小，而同时，真宗对于亲征非常爽快，至少我在历史记载中没有看见太多的争论。其实真宗的压力非常大，尽管他即位的时候已经30岁了，并非少年天子，却是五代以来第一个以太子身份即位的皇帝。更关键的是，五代以来似乎形成了一个传统：新君即位若无军中威信，必不长久，这一点我们在引言中已经讲过。太祖的江山是打下来的，太宗也曾御驾亲征，而且消灭了北汉，形式上统一了中原。而真宗此时是宋朝的第三代皇帝，宋朝是五代后的第六代短命王朝，还是成为一个基业稳固的王朝，恐怕要在他这一代才能见分晓。他急需军功，也急需在军中建立威信，所以，咸平二年（999）他御驾亲征了，尽管那一次的御驾亲征更多是形式上的，但也足够让他对外宣布：朕不怕打仗，朕能打仗。

既然五年前真宗不怕打仗，五年之后的景德元年（1004），我认为真宗也是不怕的，毕竟已经有过一次经验了，只要战前布置稳妥，风险其实并不大，至少他应该是这么认为的。其实从二府的结构看，真宗还是偏向于对契丹采取强硬态度的。中书里，毕士安与寇准是宰相，而参知政事则是王旦与王钦若；枢密院里，枢密使是五年前促请他亲征的王继英，两位副使是冯拯和陈尧叟。从人事上看，二府长官应该都是主战的，而从后来的讨论中，唯有王钦若和陈尧叟可能是主张避战的，至于王旦和冯拯，则态度不甚明朗，但起码没有明确反对，王旦甚至还短暂担任过东京留守，算是在战争中有所贡献。应该说，如果真宗畏战，在中枢二府中绝对不是这样的人事安排。更何况，真宗拜寇准为相，本身就是为了"决大事"的，因此在和战问题上，起码景德元年（1004）八九月间的真宗是非常清晰的。九月十六日（丁酉），真宗对辅臣说："连日来得到边关的奏报，契丹已经在谋划南侵了。国家重兵都布置在河北，但我们也不能轻敌，朕应该亲征决胜，卿等都讨论下，我们该何时出发。"这是《长编》的记载，而从这个记载看，亲征是真宗提出来的。当然，作为宋朝的官方史书，这当中恐怕有美化真宗的成分。大多数史料都认为是寇准促成澶渊之行的，估计提出亲征的还是寇准，但真宗此时应该不至于怯懦。此外，必须指出的是，真宗御驾亲征的地方是澶渊，这并不是寇准提出来的。

根据《长编》记载，真宗让辅臣们商议，首先发话的是毕士安，他说："陛下已经任命将领带兵出战了，把军事委托给他们负责就可以了。如果陛下一定要亲征的话，那驻跸在澶渊比较合适，可澶渊的城池不太大，几十万大军长期驻扎在那里，我很担心不容易办到。况且离冬天还早着呢，出发的事情，请再慢慢计划。"由此可见，驻跸澶渊是毕士安提出来的。而在其他材料，如刘挚的《毕文简公神道碑》及毕仲游（毕士安的曾孙）的《毕文简行状》里，毕士安明确要求到了冬天再出发。接下来发言的是寇准，他说："大军在外，必须有劳陛下暂时驾幸澶渊，所以出发的日期不可一拖再拖。"最后发言的是王继英，他说："侍卫禁军大多把重兵布置在河北，所以陛下确实应该亲自到那里以壮军威，并且督促各路进军，有什么事情也可以随时裁决。但千万不能越过澶州，这样既合时宜，又不失慎重。至于何时出发，还是应该慢慢策划。如果一下子就到了澶州，必定不能长期驻扎在那里。"由此可见，这三位二府长官在亲征与否，以及亲征地点上意见比较统一，那就是应该亲征，并且只到澶州。而意见不太统一的，则是出发日期，寇准认为要立即出发，而毕士安和王继英则认为应该先经过周密谨慎的策划。那么为什么是澶州呢？澶州的位置在今天的河南濮阳，但实际上它是河南河北的分界处，被黄河一分为二，所以有南城和北城。这里离真正的边境还有七八百里，再加上有黄河天险，相对比较安全。而且从地理位置看，如果澶州保不住，那北军到开封基本就是一马平川了，换言之，皇帝待在开封跟待在澶州，在人身安全问题上并没什么太大的区别。然而澶州毕竟是前线，皇帝到了澶州，其意义绝非待在开封可比，起码就军心和士气而言，御驾亲征无异于一剂强心针。此外，皇帝御驾到了澶州，其他各路军队肯定就不能怠慢，这也能让参战的军队更具积极性。最后就是决策问题了，毕竟澶州离开封还是有一定距离的，而宋代又不让武将在外有自主权，皇帝亲自到了澶州肯定会让全军决策更加迅速果断。正是有这么多好处，而风险又几乎与在开封无异，寇准才希望真宗能尽快出征，毕竟对方每次来，都是皇帝和太后一起来的，在军威上就胜宋军一筹。不过毕士安毕竟老成持重，王继英在前线也有经验，他们必须保证皇帝的绝对安全，所以要求仔细策划——事实上，后来确实是采取了毕士安的方案，在冬天的时候出发。其实非独二府大臣，外朝之臣如王显、田锡者，也纷纷上奏，请求皇帝御驾亲征。这说明至少到此时为止，宋朝君臣对于亲征一事并无异议。

为了让边疆之事得到更好的处理，真宗还赋予了中书新的权力。他每次收到边关奏报，必定先送去中书。他对毕士安和寇准说："军队的事情，虽然由枢密院掌管，但中书总览文武大政，是发号施令的地方。以前李沆没死的时候，如果对军中之事有什么意见，往往会另外写下来告诉我。你们应该详细阅读边关奏章，一起参议利害得失，不要因为事关枢密院就有所保留。"北宋惩五代之弊，为防止某些大臣权力过大，危及皇权，中央权力基本是分割的。中书宰相等主要管理政治事务，而军事则由枢密院掌管。此时让寇、毕二相参议军务，实际是以后中书与枢密权力合而为一的前奏。不过就此时的实际情况看，真宗此举更多是为了备战，全力支持寇准等人谋划抵御契丹侵略之事。

接下来就是调兵遣将了，包括赏赐河北禁军钱粮，让河北注意防止有奸猾小民趁乱打家劫舍，以及让河东军队随时候命，从土门关（在今河北鹿泉）进入河北，到镇州（今河北正定）与大军会合，等等。闰九月十二日，契丹正式起兵，分两路大军南侵。他们大概从威虏军（今河北徐水）进入宋境，一路长驱直入，在十九日抵达望都（今河北望都），并且在二十二日，萧挞览军与萧绰合兵进攻定州。据《长编》记载，宋军在多数地方能够坚守，而根据《辽史》，契丹兵几乎所向披靡，可见当时战况双方互有胜负。战报很快就来到朝廷，敌方号称二十万大军，这使朝中一些大臣感到震惊与害怕，当中甚至有人劝真宗放弃开封逃跑到其他地方去。比如参知政事王钦若乃江南人，他劝真宗驾幸金陵；枢密副使陈尧叟是四川人，他劝真宗驾幸成都。真宗以此事询问寇准，寇准心知肯定是这二人提出的馊主意，于是装作不知，当着他们的面对真宗说："不管是谁为陛下出这种下策，二话不说，先把他们的脑袋砍掉！陛下现在英明神武，朝中大臣与前线将帅同心协力，如果御驾亲征，敌人就会望风而逃。如果他们不跑，那我们就用出其不意的计策来打乱他们的部署，坚守城池来让他们的军心涣散，我们以逸待劳，形势对我方有利，我方的胜算自然就高了。既然如此，若还要抛弃宗庙社稷逃到江南或西川去，那我方就会人心崩溃，敌军就会乘势深入中原腹地，陛下的江山还能保得住吗？"真宗之前是否有所动摇我们不得而知，但寇准一席话，肯定让他的信心更加坚定。其实这个道理非常容易明白，从五代开始，只有自焚的皇帝，而没有逃跑的皇帝，唐末是有逃跑的皇帝或节度使，但基本下场都不太好。况且御驾亲征的诏令已经传下去了，各项准备都在进行，如果此时皇帝说不去，那军心真的就完了。我认为，一直到寇准说出这番话来，才能说他是决策澶州之行者。王钦若在真宗当开封府尹的时候，曾经为真宗说过话，从而让尚为太子的赵恒免遭谗言中伤，所以真宗一直很感激他。咸平年间有人告发他受贿，真宗还一力维护。寇准当然知道这些掌故，所以也很担心王钦若在真宗身边蛊惑圣听。刚好真宗此时想找大臣到大名打前站，准备御驾亲征的事宜，于是寇准就推荐王钦若，目的就是要把他调走，而最好就是把他调到前线。王钦若此时估计也已经知道得罪了寇准，他审时度势，同时也为了向真宗表忠心，于是也自己打报告申请到前线去。三方少有如此默契。二十四日，王钦若就以参知政事的身份判天雄军府（今河北大名），并且兼任都部署、提举河北转运司。这个任命，实际上也是真宗对大臣们宣示了自己亲征的决心。

当然，寇准并不是只会耍嘴皮子的人，更不会光说服皇帝亲征，其他就啥事不管。没几天，他就上了一封《议澶渊事宜》的奏章，向真宗清晰交代自己的部署。他首先分析了河北军队的部署，认为东路深、赵、贝、冀、沧等州兵力比较薄弱，为防止敌军绕道南下，应从天雄军抽调一定的兵马到贝州（今河北清河县）防守，若见敌军侵扰，则乘便掩杀，同时让莫州（今河北任丘）的石普与身在雄州（今河北雄县）的阎承翰从北面往南掩杀。此外，应募集强壮之士深入敌境烧杀抢掠，从而扰乱敌人后方。如此做，既可以安人心，也可以振军威，更加可以与邢（今河北邢台）、洺（今河北永年县）二州形成掎角之势。其次是亲征事宜安排，作为扈从的军队不得随意与敌人交锋。而如果敌军真的绕路南下至贝州以南，则必须从定州（今河北定县）调兵三万，由呼延赞率领结阵，南下镇州（今河北正定），而河东雷有终部队则从土门关进入河北，与定州兵会合，审时度势，南下邢、洺，如此御驾方可出发亲征。而一旦车驾发动，假借皇帝的天威，数路并进，最终与定州军及河东军会合，皇帝就可以到大名亲临指挥了。第三，万一定州军被敌军阻拦在镇、定之间，不能及时南下与河东军会合，则敌军就可能会在邢、洺以北地区劫掠，如此天雄军东北的百姓就会受到惊扰。在这种情况下，须定州兵分三路，灵活机动，设法与河东将帅会合，而北方杨延朗等率兵向东，牵制南下的契丹铁骑，让他们有后顾之忧，不敢深入。最后寇准强调，皇帝必须亲征，否则敌军就会到处掳掠，生灵涂炭；而皇帝亲征，必须"过大河，幸澶渊"，就近与诸路兵马会合，这样才能扼守要津，稳操胜券。同时他也指出，契丹远道而来，粮草不继，必然畏首畏尾，不敢深入。总而言之，寇准这道奏章深入浅出地分析了河北战局的形势以及用兵方略，而且指出了契丹劣势之所在，同时也让真宗知道，他并不是拿皇帝的性命开玩笑，而是真正有策略保证皇帝的安全，从而坚定皇帝御驾亲征的决心。

就在真宗把王钦若派去天雄军的当天，即闰九月二十四日，一封来自边关的神秘信件出现在真宗手上，而写信的人，乃是王继忠。王继忠是真宗的藩邸旧臣，在一年前的望都之战中他失踪了，可谓生不见人死不见尸。当时朝廷以为他在前线牺牲了，结果他被契丹俘虏，并且得到了萧太后的重用。此时，他正是代表萧太后致信给真宗，请求讲和。萧太后和辽圣宗如此劳师动众南下入侵，怎么突然就想讲和呢？其实契丹这次南下跟咸平二年（999）时大不一样，那一次是欺负真宗刚即位，想打宋朝一个措手不及，而这一次，他们是想以战求和，达到要回关南之地的目的。尤其是，此时的萧太后年纪已经不小了，也产生了厌战的情绪，但作为经验丰富的政治家与军事家，她深知以和求和并非正理，只有在战场上把宋军打败，才能在谈判桌上为契丹争取到最大的利益。所以，她这次跟辽圣宗一起带兵南下，但却也不拒绝王继忠求和的建议。然而真宗并不糊涂，他看了信之后，直接就跟辅臣们指出，这封求和信的内容"要未可信"。他的理由很简单，自古以来北方戎狄都是中原的强敌，不是"怀之以至德，威之以大兵"，怎么可能降伏？换言之，和平是建立在"萝卜与大棒"的条件之上的，现在双方主力都还没开打，对方的肉还没被打疼，我们也没给他们什么好处，他们怎么可能求和？反而毕士安认为："近来契丹归附我天朝的人，都说国中畏惧陛下英明神武，本朝实力雄厚，财富充足，常常害怕我们发兵恢复幽州，所以先发兵深入我方境内。但如今他们兵锋受挫，又耻于自己退兵，所以王继忠请和是可信的。"真宗立即说："你们只知其一不知其二。他们南下没有收获，又不想拖下去，从而求和，这固然说得过去。但请和之后，他们必然有所要求啊。如果只让我委屈一下，丢些脸面，从而让老百姓安宁，那我们派个使者去讲和，给他们点金银财物，这没问题。但朕担心的是，关南之地曾经是他们的，如果他们以此作为求和的条件，那就什么都不用谈了，朕必须亲自带兵讨伐。"从真宗的言论看，他深知契丹真正的目的，也清楚知道自己的底线，所以他并没有因为来了一封非官方的求和信件就打消亲征的念头。不过他也没有关上求和之门，随即给王继忠回了信，让他可以继续推动和谈工作。不过当王继忠要求宋方先派遣使者时，真宗拒绝了。

另一方面，亲征的工作并没有停止，朝廷继续调兵遣将。在此期间，河东的岢岚军（今山西岢岚），河北的保州、莫州、威虏军、北平寨等均传来捷报。然而，攻打这些地方的均非契丹主力，十月初六，萧太后亲率大军攻打瀛洲（今河北河间），这一战一打就是大半个月。据《长编》记载，辽军昼夜不停地攻城，击鼓声、伐木声从四面而来，震天动地。知州李延渥、冀贝巡检使史普等率兵拒守，甚至募集城中壮丁，拼死抵抗。十几天的拉锯战，辽军久攻不下，死伤甚众，辽圣宗及萧太后甚至亲自擂鼓以振奋士气，辽军箭矢像下雨般射向城头，城中战死者三万余人，而受伤者则更有双倍之多。最终，辽军还是不能攻下瀛洲城，于是引兵退走。但从描述看，此战于双方而言，均是非常惨烈。瀛洲自开战以来，便与朝廷音信隔绝，故朝廷一直不知道瀛洲方面的情况，还一度以为其已经陷落。一直到十一月初一，朝廷才接到从瀛洲传来的捷报。后来王继忠再次给真宗写信，当中就提到了辽军包围瀛洲之事，更说关南之地（包括瀛、莫两州）本就属于契丹，劝真宗不要固守，还是尽快遣使议和为好。真宗在十月二十六日收到这封信，他对瀛洲的城防有信心，认为此战不足为虑，不过遣使议和亦无不可，于是就派遣毛遂自荐的曹利用前往议和。

三、护驾亲征

一切准备就绪，到该决战的时刻了。景德元年十一月二十日（1005年1月3日），真宗车驾正式从开封出发，踏上征途。在此之前，他已经安排四弟赵元份为东京留守，如果他有个万一，元份可能就会成为新的皇帝。当然，这事情没有发生，不过元份的孙子赵宗实后来确实当了皇帝，就是宋英宗。而在大军准备出发之际，天象发生了异变，"太白昼见"，也就是太白星（即金星）在太阳刚升起的时候出现了，而且特别亮，看上去就像两个太阳一样。但天无二日，民无二主，所以当时就有人说天象指示皇帝不宜北征，或者有大臣要就此殒命。当时毕士安已经卧病在床，他本想带病随军出征，有鉴于此，他于是写信跟寇准说："如今大计已经确定下来，一切就有劳你了，我就留在京城里用自己的命来应验这次星变吧，只要有利于国事，就是我的心愿了。"在宋朝，星变不是小事，因为这是上天的警示。至少在毕士安的信里，寇准有能力决大事，就应该陪在真宗身边，而自己就只能用残躯来为皇帝、为国家挡灾了。

两天之后，也就是二十二日，真宗车驾来到韦城（今河南滑县东南）

就不走了，也就在这里，真宗萌生了退意。在韦城驻跸期间，又有人重新提及南巡金陵之事，真宗于是喊寇准来商议。据说寇准在进入皇帝的房间前，听到里面有人说："那些大臣想把皇帝怎么样？为什么还不快快返回京城呢？"寇准入对，真宗立马问他："要不我们不要到北方去了，南巡如何？"真宗不是有过北征的经验吗？之前商议的时候，一切都是好好的，为什么这个时候他才胆怯要回去呢？首先，我们必须知道，咸平二年（999）真宗北征，是象征意义大于实际意义的，他当时人在大名，前线却在四百公里以外的边关地区。这一次他本来也是这么安排的，到澶渊去鼓舞士气，并离远指挥作战。然而计划赶不上变化。辽军攻瀛洲不下，于是转而绕道东路南下，围攻天雄军，也就是大名。不过在王钦若和贝、冀等州钤辖官孙全照的配合之下，大名城总算是保住了，但辽军却绕过了大名直接攻打德清（今河南清丰）。王钦若派兵去追堵辽军，却中了辽军的埋伏，后来孙全照带兵解围，才堪堪救回百分之三四十左右的军队，援救德清更是无从谈起了。最终，就在真宗出发的那一天，德清陷落，知军张旦及其子等14人全部战死。而德清离真宗要去的澶州，只有不到30公里的路程，骑兵快的话不用两个小时就能杀到。换句话说，契丹铁骑可能比真宗车驾会更早到达澶州。事实也是如此，当真宗车驾才到韦城的时候，契丹军已经到了澶州北城下，一旦北城城破，契丹大军渡河，开封也就朝发夕至，更不用说此时已经出发北征的真宗大军了。而让局势变得更糟糕的是，定州军主帅王超在此时又掉了链子。早在一个多月之前，真宗就下令让他移师行在，也就是皇帝将要去的澶州，结果走了一个多月，他竟然没到，朝廷大军一下子孤立无援，状况十分尴尬。这一切跟战前的部署完全不一样，而这也意味着，真宗要面对面跟契丹大军战斗，这对一个从来没有真正上过战场的皇帝来说，不可谓不是巨大的威胁。所以，真宗怕了——这是完全可以理解的——他生出了逃跑的心思。

可是皇帝怕了寇准不能怕。当听到皇帝问出"南巡如何"的问题后，寇准立即回答说："那些大臣怯懦无知，说的话跟乡村里的老头和女人说的有什么不同？现在敌军已经逼近，四方人心惶惶，陛下您只能进，不能退，一寸都不能！河北诸军盼星星盼月亮，就盼着陛下的御驾到来，到时候士气就会百倍增加。如果现在陛下往后退几步，那军心就会不稳，大军就会瓦解，到时候敌军乘胜追击，陛下连金陵都去不了！"这话已经分析得非常清楚，御驾亲征是箭在弦上，不得不发，一旦车驾回銮，恐怕宋朝就会重蹈当初后晋的覆辙，被契丹灭国。可真宗还是怕啊，一时之间拿不定主意。寇准退出房间，刚好遇到禁军首领，殿前司都指挥使高琼守在门后，他立即对高琼说："高太尉你受到了国家的厚恩，今天可以回报吗？"高琼立即说："我高琼是武将，愿意用命来报效主上和国家！"寇准当时心里肯定在想，我不要你的命，只要你帮我说几句话就可以了。于是他再次走进皇帝的房间，高琼也跟了进来站在一旁。寇准说："陛下如果觉得臣说的不对，可以问问高琼他们！"于是又把前面的话再说了一遍，语气慷慨激昂。高琼抬起头说："寇准说得对！"他继续说道："随驾军士的父母、妻儿都在京城，他们肯定不愿意抛弃亲人跟着陛下南下到金陵去的，在途中他们就会逃跑。所以，还是请陛下到澶州去吧，臣等拼死一战，要打败敌军一点都不难！"接着寇准说："机不可失，陛下还是赶快上路吧！"当时侍卫王应昌带着兵器在旁边伺候，真宗看着他，可王应昌却说："陛下是带着诸将代天讨伐的，肯定所向披靡，如果逗留在此不前进的话，恐怕敌军的气势就会上涨了。或者先驻扎在黄河南边（即澶渊南城），然后发诏令让王超他们进军，敌军就会退走了。"

读完这段，不知大家有何感想？这活脱脱就是马嵬坡的翻版啊，就差一个可以被逼死的杨贵妃了。寇准这一出，已经不是普通的进谏，完全可以说是兵谏了。真宗打仗不行，历史书是没少读的，此时他更害怕了，不是怕契丹大军，而是怕高琼率领禁军威迫自己，所以他才盯着侍卫王应昌，想他来保护自己。可那王应昌竟然被高琼的话洗脑了——估计他的妻儿老小也在京城——反过头来劝真宗继续前进。史书里说"上意遂决"，可很明显，他是被迫下这个决定的。然而高琼他们说错了吗？没错，而且很有道理。此时还是宋初，真宗只是第三代，军队还没有到抛弃家庭跟着皇帝逃跑的地步。换言之，五代遗风犹存啊，如果真宗真的逃跑了，那他在军中肯定威信扫地，军心涣散，军队解体，如此一来，历史上的宋朝就再不是宋朝，而是"六代十国"里的第六个了。再看寇准，语气激昂，显然老毛病又犯了，而且连同武将一起兵谏。可契丹大军逼近澶州，寇准有没有把握退敌，我们并不清楚——这种形势之下，谁都很难说有绝对的把握，但后退肯定是一败涂地的结局。此时此地，只有他这种威逼皇帝的气势，才能够一锤定音，才能迫使皇帝作出有利于整个宋朝的决定。所以说，寇准能决大事，太宗没看错，毕士安也没看错。

真宗在韦城待了两天，二十四日一早又继续出发上路，晚上驻跸卫南（在今河南濮阳西南），这里离澶州已经非常近了。而就在这一天（若据《辽史·本纪》，应在二十二日），契丹大军抵达澶州北城，三面合围，直接攻城。尽管王超不行，镇州节度使李继隆却是非常给力的。他出自武将世家上党李氏，父亲李处耘在太祖时有赫赫军功，而他自己也是一代名将。此外，他还是真宗名义上的舅舅，明德皇后的哥哥。尽管他跟真宗没有血缘关系，但对大宋确是忠心耿耿。九月份的时候，明德皇后才刚刚驾崩，他从镇州到京城祭奠，听说真宗要御驾亲征，就主动请缨护驾，于是真宗就派他带着先头部队先到澶州驻扎。契丹攻城，李继隆早已安排好防守之事，在城头上埋伏好了床子弩。辽军以萧挞览为先锋攻城，他旗帜鲜明，身先士卒，但同时也是目标太大。城头上威虎军头张瑰已经准备好了，看到萧挞览出现，暗中瞄准，一根大箭直射过去，贯穿了萧挞览的脑袋，当天晚上，萧挞览就一命呜呼了。

出师未捷身先死，这对于辽军来说是一个坏消息，但对宋朝一方而言却无异于在无尽的黑暗中看到天边初露的曙光。二十六日，真宗收到了李继隆告捷的奏章。在奏章中，李继隆还提到，澶州北城低洼，道路狭隘，建议真宗先在南城驻跸。当天晚上，车驾到了南城，真宗也就想到此为止了。我认为，按照战局的发展，尤其是和谈工作已经开展的情况下，真宗驻跸在澶渊南城而不过河，也不是不可以的，更何况北城将领也说了这个话，而且南城确实也更加安全。然而不得不说，仪式感是非常重要的，从古到今都是如此。皇帝渡河登上澶州北城，对军心而言肯定更有好处，毕竟那样的话前方战士可以真正看到皇帝，真正面对面地接受皇帝的检阅，以及受到他的鼓舞。既然来都来了，何不多走一步呢？寇准就是这么想的，在他看来，军心对于一场战争来说非常重要。他坚持要求真宗驾幸北城，他说："陛下如果不过河，那人心危惧，都担心北城危险啊。这样一来，敌人的气势不能被震慑，那我们是不能够战胜他们的。现在各路驰援的大军马上就要到了，陛下又有什么好担心的，为何不过河呢？"是的，各路大军马上就要到了，可他们不是没到嘛，这真宗不由得担心啊。此时旁边的高琼也插话说："陛下如果不到北城去，百姓们就如丧考妣啊！"这话说得有点粗俗，旁边的枢密副使冯拯立刻呵斥高琼，可高琼并不给他面子，怒道："你文章写得好，所以能够当官当到二府里，现在敌人的骑兵就在北城外面，你还说我无礼，那好啊，有本事你写一首诗来退敌啊！"说完，他还没等冯拯反应过来，就指挥侍卫推着真宗的车驾出发。澶州的南城和北城，中间被黄河隔着，河上驾着浮桥连接两城。真宗车驾来到浮桥边上，又不想走了。高琼于是拿起挝（一种兵器）往车夫背上抽去，并大声说："还不快走，都到这里了，还担心什么？"这话显然不是说给车夫听的，而是说给皇帝听的。真宗现在是完全没办法，几乎是被挟持着，于是只能下令前进。但当他登上北城城楼时，才知道这一切都是值得的。只见代表皇帝的黄龙旗一张，驻军齐呼万岁，声闻数十里，气势如虹，而敌军听闻，却是胆战心惊。这不是我瞎编的，是后来曹利用亲口跟真宗说的，他懂得契丹语，偷听到契丹人议论宋朝皇帝亲征一事，他们说："你们看到澶州北寨的军队吗？他们士兵英武，兵器锐利，跟以前所听说的完全不一样！哎呀，好可怕！"此时此刻，真宗才体会到寇准和高琼是对的，只有自己亲临北城，才能振奋士气。从当天晚上起，皇帝的御营就驻扎在北城里了。

尽管真宗到了北城，但他的作用只在于振奋军心，在军事上难以有所作为，所以把军事全部委托给寇准处理，寇准于是"承制专决"，也就是奉旨专断军事了。不过他尽管专断，但号令严明，所以士卒们都非常高兴。

真宗有时候也会到城头上去观战，然后就会回行宫，把寇准留在城上，然后他派人偷偷去看寇准在干什么。然而探子们看到的，是寇准天天在城头上跟翰林学士杨亿喝酒赌博，并且欢歌作乐，好不愉快。真宗听到回报之后，心反而就定下来了，说："寇准都这样了，我还有什么好担心的。"寇准真的如此安心地饮酒作乐吗？当然不是，他知道真宗在想什么，所以他是在给真宗信心。

澶州之战，大家心里都清楚，宋辽双方都不是以消灭对方为目的的，反而是想达成一个和平协议。然而双方也都知道，如果不战或者怯战，和约将不利于己方。因此，这场仗几乎是边打边谈判的。早在真宗从开封出发之前，他就派了曹利用到契丹议和，但曹利用到达天雄军的时候，驻守在那里的孙全照怀疑契丹所谓的议和并不诚心，所以让王钦若把曹利用留住。契丹等来等去，都等不到宋朝派来的使者，于是又让王继忠给真宗写信。由此可见，契丹方面也是求和心切。就在车驾出发那天，王继忠的信终于到了，真宗才知道曹利用没有到达契丹御营，于是下令让他赶快上路。可真宗的命令是通过王继忠下达的，王继忠再找到石普，石普又派手下张皓去给曹利用下令。当张皓来到天雄军时，王钦若还是不敢相信他，所以继续把曹利用留下。后来真宗知道后，亲自给王钦若下了手诏，又让另一位参知政事王旦给王钦若写了亲笔信，王钦若才给曹利用放行。由此可见，信息传达是中国古代行政的一大障碍，甚至有记载说，契丹之所以攻天雄、下德清，兵临澶州城下，就是因为迟迟得不到宋朝一方的回音。十一月二十六日，也就是真宗到达澶州的第三天，曹利用才到达契丹营寨，见到了辽圣宗和萧太后。这次见面并没有实质性的决议，不过估计前几天萧挞览之死，给宋方增加了不少的筹码，此时契丹也愿意派出使者韩杞跟曹利用回澶州见真宗议和。韩杞见到真宗后，立即提出了契丹方面的要求：关南之地。这是宋朝君臣之前早已预料的。

　　对方开出了条件，那么宋朝一方也要提出自己的条件，然而宋朝君臣对于和谈的条件意见不太统一。按照真宗的想法，割地是绝对不行的，如果要把关南之地还给契丹，那他宁愿跟对方决一死战。这符合他战前的想法，而此时能提出来，估计也跟萧挞览之死，辽军士气受挫有关。赔款是可以考虑的，按照真宗的话说："想到河北居民年年遭受战火，于心不忍啊，如果每年给契丹一点钱财以补其军费之不足，这对于朝廷来说也是无伤大雅。"说白了，花钱买平安。可是寇准不同意：我们现在是处于优势啊，不能答应他们什么条件，反而应该乘胜追击才对。他的想法是借机收回幽云地区，他说："如果能做到的话，可保百年无事。否则的话，几十年之后，契丹就会再次产生觊觎之心。"寇准的想法是有道理的，在当时来说，辽军士气衰败，而宋方各路大军云集，此消彼长，正是恢复幽云的好时机。如果能办到的话，对真宗而言，这是一件远超父皇和皇伯的大功业，必定流芳百世；对寇准而言，也是实现他宏图伟业的一次重大机会；而对整个宋朝而言，确实可保百年无事。寇准并不是随口胡诌忽悠皇帝去打仗，他的判断是有依据的。当时边关大将杨延朗（后改名杨延昭）就上奏说："敌人停留在澶渊，已经离开边境一千多里，人马疲乏，尽管人数众多，却也容易打败，而他们剽掠所得的物资，都堆放在马上。请陛下申令各路军队扼守要道，对敌军进行掩杀，一旦他们的军队被歼灭，那么我们就可以偷袭幽、易等几个州了。"可见当时的形势是可以获得更进一步成果的。当然，这样做也有风险，所谓"狗急跳墙"，契丹被逼急了，拼死一战，宋朝一方肯定也会有所损失，再加上真宗并非创业之主，父亲太宗贪功被契丹打得一败涂地的事依然历历在目，他不想冒险。他回答寇准说："几十年后，应该就有能够抵御他们的人了，我不忍心老百姓受苦啊，还是先议和算了。"继续打仗，对河北百姓来说确实是灾难的继续。事实上，当真宗及群臣回到开封之后，就收到奏报说"河北诸州多被蹂躏，而通利军（今河南浚县东北）的受破坏程度尤为严重"。所以真宗此话，听起来是心系百姓的，但其本心是否真的如此，恐怕只有他自己才知道了。而事实正如寇准所言，几十年后，到宋仁宗时期，契丹又趁着党项的反叛敲诈了宋朝一笔。

最终，寇准妥协了，君臣达成一致：不能割地，但可以每年给契丹一定的财物。给多少呢？真宗的想法是："如果能把事情了结了，一百万也是可以的。"曹利用受命准备出发时，被寇准拉住了，寇准对他说："陛下尽管许了一百万，但你去谈不能超过三十万，如果超过三十万，我一定把你的脑袋砍下来。"言辞之间，寇准非常强硬，这也许为他后来的政治生涯结下了一个敌人，此乃后话。不过此时的曹利用只不过是一个刚刚被提拔上来的小军官，之所以被提拔，还是因为自己大胆，毛遂自荐去谈判，所以寇准要砍他脑袋，是分分钟的事情。所以曹利用很用心地去谈判了，而最后谈下来的结果，就是每年宋朝给契丹绢二十万匹、银十万两。可以想象，如果没有寇准的约束和限制，那宋朝最终每年要给出去的岁币，很有可能就会达到一百万。

这里还有一个有趣的小插曲，曹利用谈判回来之后，真宗刚好在行宫里吃饭，不方便接见他，于是就叫了一个内侍出来问他，究竟以多少财物成交。曹利用对那内侍说："这是机密之事，要当面奏禀的。"真宗又派人出来说："你就先说个大概嘛。"可曹利用怎么都不肯说，只是把三根手指放在脸颊上。内侍于是入禀真宗说："他啥都不说，只是摆了三根手指在脸颊上，那岂不就是三百万了？"真宗一听，脱口而出道："太多了！"但想了想，又说："姑且能够把事情了结，也行吧。"其实真宗的话，曹利用在外面全部听到了，此时可能还在心里偷笑呢。等真宗吃完饭，把曹利用召入行宫，问谈了多少，曹利用还装模作样地请罪说："臣答应给的太多了。"真宗着急问："那究竟是多少啊？""三十万！"此时真宗的心情，估计就像玩跳楼机一样，先从高处迅速下跌，然后又被托了起来。曹利用给他玩的，不就是心跳吗？三十万的数字，比三百万是少太多了，真宗可谓心花怒放，把曹利用提拔为东上阁门使、忠州刺史。

从这段插曲里，其实我们还可以看到，就算是每年三百万，尽管对真宗来说有点肉疼，但也并非拿不出手，这说明什么呢？此外，三十万的岁币，对宋朝来说，值还是不值？这就涉及对澶渊之盟的评价问题了。

四、城下之盟

澶州之战最后的结果，是契丹从宋朝境内退兵，宋朝每年给契丹绢二十万匹、银十万两，谓之岁币，从此以后宋、辽两国结为兄弟之国，这就是历史上著名的"澶渊之盟"。从现代的观点看，割地赔款是不平等条约的标准设定。"澶渊之盟"没有割地，但却是算赔款，所以今天我们对它的评价并不是很高。但是历史事件还是应该还原到历史中观察，澶渊之盟到底价值如何、作用如何，恐怕还是应该由宋人说了算。前文我们提到过王安石的咏史诗《澶州》，他把澶渊之盟称为"欢盟"。何谓"欢盟"？字面理解就是愉快的盟约，由此可见这是一种积极的评价。为什么愉快呢？因为自澶渊之盟后，宋朝与契丹结束了自宋建立以来40多年的敌对状态，不用再打仗了；不打仗对于老百姓，尤其是边境地区的百姓来说，绝对是一件好事，所以宋真宗并非全无道理。但是宋朝赔款了呀，这不平等。确实，这是花钱买和平，跟汉、唐把匈奴和突厥打得找不到北相比，宋朝看起来太弱了。

可这钱值不值呢？我们得从两个方面看。首先是，每年三十万的岁币，于宋朝而言，是否是一个负担。在当时的参知政事王旦看来，这所谓的岁币，与用兵所花的费用相比"不及百分之一"。后来仁宗时期的宰相富弼估价高了些，但也说不足军费的"百分之一二"。北京大学赵冬梅教授做了一个非常精准的估算，最终得出的结论是，三十万的岁币，不足宋朝每年现金收入的1.53%；而如果算上全部收入，则不足0.4%。由此可见，三十万的岁币对宋朝财政而言根本可以忽略不计。宋徽宗朝的宰相郑居中甚至把这些岁币跟汉朝的军费做了比较——由于仁宗时代契丹的敲诈，此时岁币已经增长到五十万了。那么五十万又算什么呢？郑居中说："我们现在岁币五十万匹两，与汉代跟匈奴单于议和，每年给一亿九十万，再加上西域七年用了四百八十万，那么如今的岁币并不算失策。又后汉永初年间（107—113），羌族诸部落叛乱，时间长达十四年，用兵费用达到二百四十亿，永和之后（136—141）又搞了七年，耗费八十万亿。"郑居中对于汉朝军费的估算未必准确，甚至有所夸张，但也说明，以岁币换和平，总比打仗花的钱少很多。用省下来的钱搞国内建设，难道不好吗？更何况，这钱还不一定是自己掏的。我们不得不赞叹宋人的智慧，他们很会算经济账。我不是每年给你三十万吗？没问题，我们做生意，开榷场，在榷场里，契丹的钱源源不断地流入了宋朝的国库里。所以按照宋人自己的说法："祖宗赐予契丹的钱，都是来自榷场每年的收入，取之于契丹又用之于契丹，对咱大宋来说没有毫发的损失。"

宋朝有钱，宋朝愿意花钱，可这钱花了有没有效果呢？这就是第二个方面了。答案是，效果非常明显。契丹除了在仁宗时又敲诈了宋朝一次外，其余时间基本上都是很守信用的。所以宋、辽边境自盟约之后120年没有打过仗，而后来首先撕毁盟约的，还是宋朝一方。宋朝想要和平，契丹想要财物和面子，双方各取所需，应该说，这个盟约是双赢的。

澶渊之盟对宋朝来说是"欢盟"，那么对于当事的寇准和真宗来说，如何呢？我想寇准肯定是不爽的，本来可以一举恢复幽云地区，完全解决宋朝在北方的祸患，可最终不是天不从人愿，而是君不从人愿。但没办法，专制时代，皇帝是最后的决策者，皇帝说不打，议和，那就只能议和了，毕竟这两个选择此时都已经跟社稷安危没有关系，只不过是把这次亲征的成果扩大到什么程度而已。回朝之后他还附和了皇帝两句，并且跟毕士安一起把河北用兵所造成的伤害都揽到自己身上。那真宗爽不爽呢？本来应该是很爽的，自己不但安全回到开封，最终达成的盟约也确实带来了和平的效果。因此，十二月十九日君臣回到开封后，他们还乐呵了一阵子，而真宗也觉得寇准确实是一个能臣，因而厚待了寇准。加官晋爵就不用说了，第二年，亦即景德二年（1005）的科举考试，寇准跟毕士安都为落榜的亲戚求功名，真宗全部批准了。但批准之后，又下了一道诏书，说这种事以后不能再干。这本来就是破格之事，对其他落榜考生来说极不公平，若非寇准、毕士安二人在澶州之役中立下功勋，真宗是万万不会同意的。不过也就在这一年的年底，王钦若向真宗打了寇准的小报告，让真宗"欢盟"后的快意一扫而光。王钦若为什么打寇准的小报告我们下面再谈，这里我们先看看他说了什么。他首先问真宗："陛下敬重寇准，是因为他有社稷之功吗？"真宗回答说："当然了。"王钦若说："澶渊之役，陛下不以为耻，而说寇准有社稷之功，这是为什么呢？"真宗愕然反问："你为何这么问呢？"王钦若说："城下之盟，《春秋》都以之为耻；澶渊所做的一切，就是城下之盟啊。以陛下您万乘大国之尊贵，而去跟契丹结城下之盟，有什么耻辱能与此相比呢？"真宗听了，脸色立马就变了，显然很不高兴。王钦若接着说："陛下听说过赌博吧？赌徒们怕钱快输完了，于是把自己的所有家当都押上了，这叫孤注一掷啊。陛下，您就是寇准的孤注啊，这可是非常危险的！"

王钦若的话可谓诛心之论，必欲置寇准于死地而后快，但只要我们稍加分析，就知道他说的既无逻辑又没道理。首先什么叫"城下之盟"？这个成语最早出自《左传》，指的是敌方大军压境，战败国被迫签订屈辱性条约。在澶州之战中，辽军确实大军压境，可宋朝一方是被迫的吗？当时辽军在各地可以说怎么打怎么不顺，一个稍微大一点的州城都拿不下来。宋人陈莹中就指出：辽军攻打威虏军和安顺军，就被魏能和石普打败了；攻北平寨被田敏打跑；攻打定州又被王超抵御住；围攻河东的岢岚军却被贾宗赶走；侵略瀛洲又被李延渥击败；攻天雄军有孙全照抵御（其实也应该包含王钦若）；最后好不容易打下了一个德清城，再往南走打到澶州城下，又被李继隆抵挡住，还损失了一员大将。可以说辽军在战场上毫无优势，所谓逼迫宋朝签约，根本无从谈起。更何况，当时寇准还主张进一步收复幽云，不想就此议和。如果非要说有一个人被威迫到的话，那就是宋真宗自己了，如果不是他临场怯战，有可能三十万都不用给。议和之后，也有大臣提出说三十万的岁币太多了，还是毕士安为真宗解围，说："如果不这样，那么契丹以后所顾虑的东西就不多了，和平就不能长久了。"可见对于议和之事，除了寇准外，还是有持不同意见之人的。王钦若"城下之盟"的话，真的是哪壶不开提哪壶，所以真宗听后立即脸色大变，非常不悦。但我认为，这段描述中，真宗此时所不快的并不是寇准，而是王钦若。

王钦若不是一个笨蛋，前面的话只是先给真宗下套，后面"孤注一掷"的话，才是真正诬蔑寇准的。当真宗认同了"澶渊之盟"是个城下之盟后，肯定对自己的所作所为感到羞愤，而王钦若就趁机把这种羞愤的责任转移到寇准身上：若不是寇准把陛下当作孤注，逼着陛下上路亲征，陛下何来签下这个耻辱的城下之盟呢？平心而论，说寇准孤注一掷也没有错，我们前面已经分析过，当时的情况是只能进不能退，一旦退却，军心涣散，宋军必败无疑。而前进则能激励军心，尚且有胜的希望，而且就当时的形势看，胜算还比较大，因而进退得失，不言自明，只要有点头脑的人都会选择。《长编》还指出，进谗言者说寇准无爱君之心。可寇准若不爱君，如何会在城头与杨亿饮酒赌博，以此缓解真宗紧张的心理？更进一步说，如果寇准当真是一代枭雄，完全可以挟持皇帝继续北征，从而成就自己的不世功业，可他最后还是妥协了，说明他十分在乎真宗的想法与安危。寇准的另一份孤注是他自己的前途，年轻的时候不知道，但当了这么多年的官，他难道真不知道自己的毛病吗？他知道，但兵凶战危之际，他必须独断，甚至有很多事情是违背真宗旨意的，所以战事过后，他第一时间就请罪去了，说："如果臣全部按照诏令行事，这件事哪能这么快了结呢？"当时刚刚达成和约，真宗自己满心欢喜，所以还慰劳了寇准几句。但寇准心里清楚，他伙同禁军逼着皇帝上前线的行为，以后肯定是要被秋后算账的。事实也的确如此，这件事在真宗心里就是一根刺，后来不但寇准被罢相，连同挟持皇帝过河的禁军首领高琼，也被真宗记恨上了。景德三年十二月（1007年1月）高琼病危，真宗在王钦若的教唆下，甚至没有亲自去看望高琼。可为了大宋的基业，寇准完全豁出去了。

金庸在《神雕侠侣》里提到，"侠之大者，为国为民"，这是大侠的行为，跟普通的行侠仗义是有区别的，而其区别就在于大侠所着眼的是国家与人民。范仲淹后来评价寇准说："寇莱公澶渊之役，而能左右天子不动如山，天下谓之大忠。"所谓"大忠"，跟普通忠于皇帝也有区别。忠于皇帝，就要以皇帝的利益为第一要务。如果皇帝有危险，臣下奋不顾身地去拯救，这是忠的表现。但如王钦若出逃金陵的建议，那是连忠都算不上，因为在当时的情况下，此举只会让真宗更加危险。但所谓的利益，也有大小之分。从根本上说，江山社稷，才是皇帝最大的利益，也是他的责任。故所谓大忠，乃是忠于国家社稷，而非皇帝的眼前小利。当皇帝利益跟国家社稷相违背时，则想方设法让皇帝配合，实际上也是指导皇帝当好皇帝，故此说"左右天子如山不动"才是大忠，而不是对皇帝唯唯诺诺。诚然，寇准的性格十分专断，但他能成为范仲淹、王安石这些后辈政治家的偶像，究其原因，乃因他做出了很多士大夫很想做却不敢做或不能做的事——左右皇帝作出自己认为正确的选择，且不忧谗，不畏讥，不顾前途，甚至不惧生死。在中国古代，皇帝是最高统治者，士大夫们要实现"治国平天下"的人生理想，就必须得到皇帝的支持；而若能左右天子，得君之专，实现理想就只有一步之遥了。

寇准的性格当然是有缺陷的，专断使气，虽能让他在危机中显得果断而坚韧，但同时也会让他得罪同僚，甚至得罪皇帝。在战场上兵凶战危之际，皇帝倚之以决大事，当然顺着他；其他大臣见他圣眷正浓，当然也就憋着气让着他。但当危机解除，回到和平年代的时候，寇准的缺陷就会被放大，而被得罪过的同僚，也会俟机报复。果不其然，寇准回朝后没过几天安生的日子，立马就迎来了一个重大的危机。景德二年（1005）四月的一天，有个叫申宗古的人跑去敲皇宫大门旁边的登闻鼓。登闻鼓是做什么用的呢？那就是"通下情"，让天下臣民有可以说话的地方，无论你是田间老农，还是有职位的官员，只要有话想跟皇帝说，而通过正常渠道又无法说的，那就可以去敲登闻鼓。这相当于我们今天的国家信访办，但又有所不同，因为去敲登闻鼓的人，不一定心里有冤屈。宋初的时候，很多老百姓为了一些家长里短、鸡毛蒜皮的事情去敲登闻鼓；更有一些百姓跑到京城敲登闻鼓，要求留任某个官员，但这些往往都是地方官员鼓动百姓为其造势；还有一些人觉得自己有才华但却没有得到重用，于是去敲登闻鼓。比如就在头一年，有一百多个科场落第的考生，听说皇帝要亲征，于是敲了登闻鼓说自己也能打仗。真宗命人对他们进行测试，结果只有三个人能够拉弓，于是就把他们仨发到天雄军前线去了。当然，并不是敲了登闻鼓就一定能见到皇帝，但一般而言，只要敲了，皇帝就要处理。这样有事无事地敲登闻鼓，其实也让皇帝不胜其扰，所以朝廷也屡次下令，有什么事情先在各级地方官那里解决，解决不了再到京城来；而如果敲鼓所诉的事情不属实的话，那也是要挨板子的。不管怎样，登闻鼓让老百姓有了说话讨理的地方，宋代皇帝也都非常重视，整个宋朝一直保留着这个制度。

回到申宗古的事情，这申宗古究竟是何许人也，又为什么去敲登闻鼓呢？史书上说此人乃"布衣"，也就是个平民百姓，而他之所以敲登闻鼓，也不是为了给自己诉冤，而是状告宰相寇准与安王元杰谋反。此乃国家机要大事，朝廷百官听闻，更是个个骇然，而寇准更是惶恐不已。这不由得他不惶恐，因为这不是他第一次摊上这种谋反的事情了。前一次乃是一个疯子对着他山呼万岁，当时温仲舒也在，所以怎么都能说过去。可这一次乃是有人状告，人家肯定也是有备而来的，状纸必须清清楚楚地说明时间、地点以及参与者，等等。可关键是，寇准这个时候连申辩都无法申辩，为什么呢？另一个被状告的人，安王元杰，乃真宗的五弟，早在咸平六年（1003），也就是两年前就去世了，此时如何跟寇准对质，又如何还寇准清白？这个时候，仍抱病上朝的毕士安站了出来，在皇帝面前极力保证寇准是清白的，并且要求审问申宗古。毕士安不但是真宗的藩邸旧臣，更是真宗在朝中最信任的人，他说寇准清白，皇帝也要重视他的意见，于是就答应了他的请求。公堂上，申宗古经不起盘问，全盘招供，承认是自己诬陷寇准，于是被判斩首，而寇准也才转危为安。

可问题就来了：一个平民百姓，怎么会想到去告宰相连同亲王造反呢？毫无疑问，他背后必定有人指使。在毕仲游的《毕文简行状》里说："小人多不便莱公，有欲倾之者。"也就是朝中有人想陷害寇准，但该文却没有指明是谁。不过有一点可以明确，就是这个人的能量很大，否则申宗古不会至死都不把他招出来，或者说，他招了，但这份供词在历史的记载中被抹去了。寇准在朝廷里得罪的人非常多，不过同样是在四月发生的另一件事，可能会给我们一些线索。申宗古是在四月初九被杀头的，而四月二十五日，王钦若罢参知政事。王钦若被罢免的原因并不是他做得不够好让真宗不满意，相反，在真宗眼里他做得非常好。头年闰九月的时候，他主动请缨到天雄前线去，跟孙全照合作抵挡了辽军的一波攻击，应该说他也算澶州之役的功臣之一，此时正是大受重用的好时机。更重要的是，不是真宗罢免他，而是他自己要求被罢免的，这很不符合常理。他求罢的理由是与寇准的关系不好。一般而言，参知政事跟宰相不和，或者会忍气吞声，或者要求调到枢密院去也行，继王钦若担任参知政事的乃是冯拯，他跟寇准的关系也不好，可人家却也没有再三要求不当参政。但王钦若的态度非常坚决，一次上奏，皇帝不批，两次上奏，皇帝还是不批，于是他直接跑到皇帝面前诉说，无论如何都不干参政这活了，这该是受了多大的委屈，或者做了多大的亏心事，才不愿意跟寇准一个办公室工作啊！当然，指使申宗古污蔑寇准的是不是王钦若，由于缺乏直接证据，我不作判断，但有一点是很明确的，王钦若在中书确实很难受。本来就跟寇准关系不好，另一位参知政事王旦又跟寇准是同年，且关系不错，而申宗古之事，又显示出毕士安跟寇准的关系非常牢固，所以王钦若在中书，显然就是受排挤的一个。

虽受排挤，但王钦若还是非常受真宗宠信的，他与寇准完全不是一类人。他能力是有的，但同时也特别爱揣摩皇帝的心意，很多事情做得让皇帝非常高兴。真宗当太子的时候，本来就战战兢兢如履薄冰，结果有一次，开封大旱，真宗作为开封府尹，下令蠲免属下县的部分税收。这件事可就让太宗很不满意了，要说免税这事情是收揽人心的，本来就该皇帝来做，现在太子却自作主张做了，那不是抢了自己的风头？刚好寇准又上言，说有些地方免税并不分贫富，于是让有钱人家也趁机不交税。寇准说的其实也是实话，于是太宗就以此为由，让各地核查免税额，而且不能自己查自己，要由皇帝指派其他地方的官员来查。可以想象，如果当时查出开封本来没有灾荒，但太子却免了大多数人的税，那他肯定得招一个"市恩"的罪名，吃不了兜着走。当时担任亳州（今安徽亳州）判官监仓的王钦若刚好被安排核查开封的免税额。别的地方核查，都恨不得迎合太宗的意思，尽量多找点不符合规范的免税额出来，但王钦若在开封核查后，却实话实说，说开封的土地都干了，完全不能种庄稼，而开封府只免了七分税，臣请全免了。这件事不知道王钦若是有心还是无意，真宗却是记在心里的。真宗即位后，跟别人谈起此事，就说："当时朕也害怕啊，可王钦若就是个小官，竟然能为老百姓说真话，这是大臣的气节啊！"我想重点并不是王钦若能为百姓说真话，而是为真宗说了话，他因此得到真宗的赏识，在真宗即位后就被安排到三司工作了。在三司任上，他又遇到了另一件事情。当时的三司度支判官毋宾古曾经在同僚们面前说："天下的欠税，很多都是五代至今的呆坏账，老百姓都因此苦不堪言啊，我要向皇上禀报，把这些税全免了。"说者无心听者有意，王钦若听后不动声色，连夜把这些呆坏账整理出来，第二天一早就拿给真宗看。真宗一看，大惊说："先帝难道就不知吗？"王钦若说："先帝知道，只不过把这些事留给陛下做，让陛下收揽人心。"真宗有没有收揽到人心且不说，王钦若肯定是收揽到了真宗的心，只不过可惜了毋宾古的功劳被抢了。

上述这些事情，都让真宗对王钦若非常眷顾，所以尽管应他要求罢了他的参政之位，但还是对他非常宠遇，特意给他安排了一个资政殿学士的位置，并让他修《册府元龟》这部百科全书。资政殿学士是从王钦若开始才有的职位，地位估计相当于现在的国务院参事吧。宋代官员们上朝，都是要按照一定的顺序排队的，叫作"排班"。宋初的时候没有官品之分，或者说所谓的官品只是用来发工资用的，地位高低主要反映在排班上，排在前面的，当然地位就比排在后面的高些，往往宰相排在最前面，叫"押班"。这问题就来了，资政殿学士是个新的岗位，该排在哪里呢？于是寇准此时就使了个坏，按照杂学士的身份，把王钦若排在翰林学士之下，侍读学士之上，这显然是不符合规矩的，可寇准什么时候讲过规矩呢？不过王钦若这时候忍了，因为这是以中书的名义决定的，他敢得罪寇准，却不敢得罪毕士安。半年之后，毕士安的身体终于熬不住，去世了。就在毕士安去世不久之后，王钦若终于忍不住，新仇旧恨一起爆发，向真宗诉说起寇准的不公。他说："臣是以翰林学士拜参知政事的，现在罢参政不是因为我犯了错，可排班却在原先的职位之下，这是贬官啊！"于是真宗在他的学士衔前面加了个"大"字，以他为资政殿大学士，排班在翰林学士之上，文明殿学士之下。不止如此，他甚至更进一步向真宗讲了"城下之盟"和"孤注一掷"的话，让真宗对寇准渐生不满。

排班的事是新仇，那旧恨呢？还记得王钦若请真宗迁都金陵的事吗？当时寇准可是说了应该把建议之人的脑袋砍下来的。有读者可能说，这也是寇准不对，所谓"宰相肚里好撑船"，就算要批评同僚，要向真宗进言，也可以用友善一点的方式。确实，刚直、使气、专断，这些都是寇准的性格，这些性格对他的政治生涯而言可以说是很大的缺陷。刚直则伤人，使气则任性，专断则揽权，这些都不是皇帝喜欢的性格。在批评逃跑路线的时候，他是可以温和一点、婉转一点，甚至跟真宗打个商量——换了是之前的吕端，或之后的王旦都会这么做。但问题是，如果他这样做了，他还是寇准吗？更重要的问题是，如果寇准真的温和婉转了，真宗还会到澶州去督战吗？寇准之所以能决大事，能够左右天子，某种程度上就是因为他的刚直和专断。我不是赞成专断，但在决策之时，适当的专断恰恰给人的感觉是果断，是决心，也是信心，尤其面对的是一个犹豫的决策者。

然而在和平时期，专断就不是一件什么好事情了。回朝之后，寇准依然专断使气，这就给真宗留下了一个很不好的印象。澶州之役的胜利或许使寇准产生了功臣的幻象，志得意满，凭一己喜好办事的作风，一下子又回来了。上一章已经说过，寇准用人是不看资序本的，他只相信自己的眼光——尽管他的眼光并不算太好——只要他看得上的人，他就会着意提拔，但若他看不顺眼，则会尽力贬抑。这种做法正是他为政专断的表现。例如在王曾的考试问题上，他是不守规矩的。王曾是咸平五年（1002）的状元，进士及第之后被任命为济州通判，至景德二年（1005）刚好三年任满，于是被召回朝参加馆职考试。所谓馆职，就是在京城各大图书馆担任职务，别看官位不高，但却是实实在在的京官。更何况，这些图书馆都不是对公众开放的，更多是供皇帝读书用的，所以这些官员接触皇帝的机会很多，甚至会成为皇帝的秘书。按照规定，这些来京城考馆职的官员，都应该在翰林学士院或者舍人院考试，寇准听说了这件事却又不认识王曾，于是就问了好友翰林学士杨亿。杨亿说："我也不认识他，但读过他两篇文章，觉得他的志向非常远大。"杨亿是个大才子，记忆力特别好，基本能做到过目不忘。他说完这话后，立即一字不漏地给寇准背诵了一段王曾写的文章。寇准一听，立马拍案叫绝，说："还有这样的人！"于是把王曾喊到中书，在政事堂考试。政事堂是宰相办公的地方，有点像《水浒传》里的白虎堂，不是谁都能随便进去的，而寇准把王曾喊到政事堂考试，可见他是多么看重王曾。而他对王曾的了解，乃是来自于杨亿以及杨亿所背诵的文章，由此可见，寇准用人，一是会重视朋友的意见，二是重视文章，也许他认为文章能反映人品吧。不过这种看人的方式，让他在丁谓的问题上吃了大亏，此乃后话。王曾考试后，被提拔为著作郎、直史馆，并且赐绯。还记得当年寇准熬了多长时间才达到这一步吗？八年！而王曾用三年时间就达到了，这离不开寇准的提拔和推荐。

违规提拔人才，虽然让同列忌恨，但总算是为朝廷寻得良才，后来王曾在仁宗朝成了一代名相，心里肯定也会对寇准感激不尽。然而，寇准同样也会根据自己的喜好贬抑人才。景德二年（1005）科举放榜之后，抚州（今江西抚州）和大名府分别推荐了两位神童来考试，晏殊和姜盖，前者当时14岁，而后者只有12岁。读者们要注意的是，古代的岁跟现代的算法是不一样的，在古代，出生当年就是1岁，所以，姜盖所谓12岁，其实就相当于今天11岁的小学生。真宗跟他老爸太宗不一样，他喜欢年少英才，看到进士里面竟然有两位这么年轻的才子，大为高兴，于是就让他们参加了一个特别考试。这考试如何特殊？那是由皇帝主持，宰执们都在一旁看着，当场出题，让晏殊作赋一首，姜盖写诗六首。寇准可是在大名出生长大的，看到同乡才俊，自然想扶持一把，于是他以晏殊来自南方为由来贬抑他，从而让真宗提拔姜盖。可这一回真宗不干了，他说："朝廷取士，唯才是求，四海一家，哪还分地域呢？比如唐朝的宰相张九龄（广东韶关人），哪有因为他来自偏僻荒芜的地方，朝廷就不用了？"于是晏殊赐进士出身，而姜盖赐学究出身。南北偏见确实是寇准用人的喜好之一，而这个故事并不是孤例，引言中谈到萧贯与蔡齐之事，也说明这个问题。但这种标准确实不利于选拔人才，事实证明，真宗选晏殊是对的，后来晏殊在仁宗朝也成为一代名相，而姜盖则变得默默无闻。

除了用人专断外，寇准当宰相时有些事做得也非常任性，真宗看在眼里，估计非常不快。比如，他爱喝酒，经常把两制官员喊到自己的家里，喝得高兴的时候，甚至下令把门关上，不让客人离开，往往这么一喝，就到凌晨时分。率性者无所谓，但性格谨慎的人就有点受不了了。前朝宰相李昉的儿子，翰林学士李宗谔曾经参加过寇准的家宴，也是喝得很晚，他想回家，却发现寇准家的大门关起来了，怎么都打不开，于是他从门缝里偷偷钻了出去，找到马匹才离开。后来有一次真宗请大臣们喝酒，李宗谔说喝不下了，而且太晚了，要回家，真宗于是说："我这里可是不需要钻门缝的。"这个故事说明一个问题：皇帝对寇准家发生的事情一清二楚。本来喝个酒也没什么，可要注意的是，寇准请的都是两制官。两制官是什么官？一般来说就是翰林学士，以及以其他职位知制诰的官员，前者掌内制，后者掌外制，都是给皇帝写诏书的，相当于皇帝的秘书。寇准作为宰相，经常把皇帝的秘书找去喝酒，意欲何为？也许寇准真的只想喝酒而已，但只要是皇帝，都不喜欢大臣们结党营私，更何况这些秘书经常接触皇帝的机密，所以可以想象，真宗对此事是非常不高兴的。后来到仁宗朝，皇帝为防止大臣结党，甚至实施"谒禁"制度，即禁止有某种身份的官员随便接待宾客，而宰相在家接待两制官，正在禁止之列。此外，寇准在中书也不正儿八经地工作。他有过人的见识，也有解决问题的能力，但是他不喜欢做文字工作。从唐代开始，中书的很多文书都是宰相自己写的，可寇准就不干了，他就曾经对杨亿说过："我可不能当唐朝时候的宰相。"

这些可能都是小事，但各种小事夹杂起来，皇帝对寇准的印象就会越来越差。真宗对寇准是知根知底的，当初敢用他，那是因为有一个老成持重的毕士安来镇住他。毕士安去世的当天，真宗特意跟寇准说了这么一番话："士安是好人啊，朕当太子的时候他就一直辅助朕，后来一直当到宰相，他对朕都十分恭敬，凡事亲力亲为，而且小心谨慎，有古人之风啊。"显然，他是告诉寇准，现在就你一个宰相了，你要像毕士安那样才对。毕士安跟寇准的关系是极好的，寇准的宰相之位若非得到毕士安的回护，定然不会坐得那么舒服，申宗古的案子就是最好的证明。寇准对毕士安也非常敬重，敬重到什么程度呢？寇准有四个女儿，长女嫁给了王曙，而次女和三女都先后嫁给了毕士安的次子毕庆长。毕庆长乃依靠恩荫入仕，最终官至太府卿，属于品阶较高的寄禄官，但他并没有留下什么事迹，显然并非大才，难与寇准长婿、后来位至枢相的王曙相比，与在《宋史》中有传的寇准小婿张子皋相比，也略有不如。若非寇准敬重且感激毕士安，很难想象他会把两个女儿先后嫁给这位毕家二公子。然而即便如此，寇准注定不是毕士安，他并没有改变做人做事的风格，而真宗对他也越来越不满，尤其是王钦若用"孤注"的话来污蔑他之后。

第二年，也就是景德三年（1006）二月二十五日，真宗突然下诏，让寇准罢相，王旦拜相。在寇准的罢相制里，写了很多慰劳褒奖的话，并且指出，罢免相位只是觉得中书事务繁忙，怕寇准太辛苦了，要让他好好休息。我想寇准自己都不明白，真宗为何突然罢免他。但真宗自己是很清楚的，王旦拜相后，去当面答谢真宗，真宗就跟他说："寇准以国家爵赏过求虚遇，无大臣体，罢其重柄，庶保终吉也。"在真宗看来，所谓的罢相，是为了保全寇准。这番话出自《长编》，而在《宋史·寇准传》里，真宗的这番话更加清晰："寇准给很多人许诺官职，以此作为自己的恩典。"这才是真宗罢免寇准的原因，恩典从来都是来自皇帝的，可寇准却要别人觉得这是他的恩德，那被提拔的人将来还会对皇帝忠心吗？但这个话是不能够公开说的。后来在一次中书会议上，真宗再次重申了这番话，由此可见，真宗早就不满了。其实真宗自己心里清楚寇准该何时用、如何用。之前用寇准为相，实在是因为内外皆困，必须有一个可以解决问题的宰相来"决大事"，而对于寇准，也必须找一个能让他服气的人来镇住他。可现在这两个条件都已经不存在了，寇准罢相，就是必然了。其后继者王旦，确实是个谨小慎微，且有容人之量的人，符合真宗未来的政治路线，故王旦能在朝廷任相 11 年之久。不过真宗对寇准的待遇并不差，尽管罢了相，却把他的职位晋升为刑部尚书，相当于提了工资级别。不久之后，寇准就离开了京城，到陕州（今河南三门峡市）当知州去了。

第四章

◎

天书风云

　　宋真宗在位 25 年，大致可以划分为三个时期。前期从他即位到"澶渊之盟"签订，为其巩固帝位的时期；中期乃从"澶渊之盟"签订至天禧三年（1019）寇准再次拜相，该时期乃以"天书封祀"为朝廷的主要活动；后期乃从寇准拜相至真宗驾崩，这相当于真宗的晚年，其特色乃是朝廷中两派大臣围绕皇权的争斗。可以看到，真宗的中期长达 16 年，而"天书"一事，成了他在位时期主要的政治特色。然而，无论是宋人抑或是后人，都对"天书封祀"评价甚低。如南宋著名思想家朱熹就曾说："真宗东封西祀，糜费巨万计，不曾做得一事！"再如元朝人编写的《宋史》则认为："真宗英晤之主，其初践位，相臣李沆虑其聪明必多作，数奏灾异以杜其侈心，盖有所见也。及澶渊既盟，封禅事作，祥瑞沓臻，天书屡降，导迎奠安，一国君臣如病狂然，吁，可怪也。"那么，真宗为什么要大兴"天书封祀"之事呢？既然"一国君臣如病狂"，那寇准在天书运动中又扮演着什么样的角色？

一、天书降，封泰山

《宋史》说真宗是英晤之主，实际上是肯定他的执政能力，这正如我前面所说，他不是一个糊涂皇帝。非但不糊涂，他甚至想在其统治期间，建立超过前代的大功业。他的老师，也是他的宰相李沆跟王旦有过一段对话。当时李沆天天把一些水旱、盗贼之事上奏给真宗，参知政事王旦就很奇怪，说这些小事完全没必要惊动皇帝。李沆就说了："主上年少啊，应该知道人间疾苦，要不然血气方刚，不留意声色犬马之事，恐怕就会大兴土木，穷兵黩武，或者到处祭祀了。"作为老师，李沆对自己的学生还是比较了解的，真宗对于声色犬马确实不甚沉迷，甚至可以说基本没有这方面的嗜好，血气方刚的他本想有一番作为的，可是皇帝一作为，国家就得折腾。李沆作为宰相，当然不希望国家折腾，所以就想给真宗找点事。

真宗两次亲征，都体现出他想建立大功业的诚意，起码他希望自己能在军中建立威信。作为宋朝的第三代天子，他的压力其实很大，若无威信，谁知道自己会不会被推翻呢？"澶渊之盟"乃是以胜求和，尽管付出了一点财物作为代价，但却是与契丹人达成了长久的和约，这是宋开国以来从没有过的事情。至于他自己在澶州亲征中所表现的窝囊气，其实也就亲近的几个大臣和侍卫知道，在广大将士眼中，他依然是那个敢上战场，能鼓舞士气的好皇帝。恰好在这个时候，党项的李继迁也死了，继任的李德明跟他父亲不一样，他更愿意与宋朝交好，于是西线的战争也停了。外患全部解决，老百姓安居乐业，这是唐末以来一百年不曾出现的大好局面。这一切不但符合真宗的期望，也符合广大臣民的期待，所以澶渊之盟后，宋朝上下一派歌舞升平，俨然盛世景象。于是祭告天地、大赦天下、连开恩科等事情接踵而来，而群臣及百姓纷纷上奏，要求给真宗上徽号、加尊号，连最以正直敢言著称的张咏，都上章赞颂皇帝的功德。除此之外，各地还纷纷上奏祥瑞之兆，还有大臣建议封禅泰山，举国君臣都沉浸在太平盛世的祥乐之中。至此，宋朝的根基算是彻底稳固下来了。"澶渊之盟"前，王旦曾感慨说："啥时候才能看见天下太平，我们就可以喘口气，悠闲自在了。"李沆说："国家有强大的敌人作为外患，刚好可以作为一种警示，以后天下太平了，大臣们都各尽其职，未必就能高枕无忧。"这一切都被李沆不幸言中了。

本来宋真宗可以继续沉醉于他与契丹结盟的"丰功伟绩"之中，但王钦若诋毁"澶渊之盟"为"城下之盟"，并说真宗是寇准的"孤注"，这些话尽管不符合实际，但也让真宗心中起了疙瘩。他本来想用澶渊之功来证明当初父皇选择自己是没错的，但如果最终的结盟只是一个城下之盟，那他只会被历史嘲笑。更何况，此时真宗可能正面临着统治危机，其根源从宋太宗逼死赵德昭、贬死赵廷美时就已经深埋，而他也需要一场大功业来摆脱这种危机。久而久之，他越想越不痛快，于是就问王钦若该怎么办。王钦若是算准真宗再不愿意上战场了，于是故意跟他说："陛下如果能出兵夺下幽蓟之地，那就可以一雪前耻了。"真宗确实不愿意上战场，否则当初听寇准的，他也许早就一举夺下幽云地区了。于是他又把百姓摆出来作为自己的理由，说："河朔地区的老百姓才刚刚得以休养生息，我哪忍心再把他们推上死路呢？还是想想别的办法吧。"王钦若就说："陛下如果不愿意用兵的话，那就要做一件大功业，也可以振服四海，向戎狄宣示我朝国威。"真宗问什么是大功业，王钦若回答说："就是封禅啊。但是封禅必须有上天降下的祥瑞作为预兆，而且非得是稀世绝伦的事物，才能做的。"然后他又说："上天降下的祥瑞怎么一定会有呢？前代所谓的祥瑞，还不就是人力所为的。如果人主深信这种人力而为的祥瑞，并且加以崇奉，明示天下，那就跟天降的祥瑞没什么区别了。陛下以为《河图》《洛书》这些东西是真的吗？都是前代圣人用鬼神之术来教化天下罢了。"这是明摆着让真宗对天下人撒老天的谎，从而营造封禅的气氛。真宗没有立即答应，想了很久，但最终虚荣战胜了理智，于是他点头了。可他点头还不行，这件事要做的话，就必须有主要的大臣配合，尤其是作为文官首领的宰相。当时的宰相只有一人，那就是王旦。

尽管王旦没有他的同年进士寇准那么刚直，也没有前宰相李沆那样在真宗面前那么有威信，可他本身也是一个很正直的人，也是真宗非常信任的人，否则此时就不会让他独相了。所以真宗担心王旦不同意、不配合。那王旦的态度如何呢？根据《长编》记载，真宗找人问了王旦的意见，但王旦支支吾吾，没说反对，但也不明确同意。事实上，真宗对王钦若那套神道设教的理论也是没底的，因为这是在挑战整个儒家的知识体系，可以说跟他以前所学完全不一样。有一天晚上，他跑到宫中的图书馆去，刚好老儒杜镐在值班，真宗跟他攀谈了几句，突然问他："你博览群书，那你知不知道，所谓黄河出图，洛水出书是怎么一回事？"《河图》《洛书》最早是被记载在《尚书》里面的，涉及上古时代伏羲跟大禹两位圣人。杜镐是一个老实的读书人，哪知道皇帝究竟想干什么，听到皇帝这么一问，他就把自己的读书心得说了出来："这只不过是圣人用神道来教化老百姓罢了。"

真宗一听就高兴了，这不就跟王钦若所说的一模一样吗？连当世大儒都这么说，看来王钦若所说是真的，理论问题算是解决了。于是真宗决定，就按王钦若说的办，而且无论如何要把王旦的关给攻下来。怎么攻？有天晚上，真宗把王旦找到宫中喝酒，喝到高兴的时候，就给王旦赐了一瓶酒，说："这酒味道好啊，回去跟妻子一起享用吧。"王旦回到家后，把酒瓶打开，里面哪是什么酒啊，分明都是珍珠。而在宋代，珍珠可是比黄金都要贵重的。据说从此以后，王旦对于天书和封禅之事，就不再持异议了。

王旦就这么容易被真宗收买了？我想不是，而是他看到了真宗封禅的决心，想到了李沆曾经跟他说过的话。他现在是无论如何都阻挡不了真宗的封禅之举了，如果他继续提出异议的话，恐怕真宗会把他拿掉，换一个能支持他封禅的宰相，比如王钦若。天禧元年（1017）王旦去世后，王钦若才得以拜相，此时他说："就是因为王子明，我晚拜相了十年。"十年之前，刚好就是景德四年（1007）了，此时王钦若已经是枢密院长官，而真宗曾想过进一步拜他为相，正是由于王旦的强烈反对而未能实现。王旦想得很清楚，与其把相位让给鼓吹封禅的佞幸之徒，还不如自己赞同封禅，从而把握尺度。更何况，以大宋当时的国力与财力，如果单折腾封禅这么一次，那是完全折腾得起的。然而王旦错了，有些缺口一旦打开，就会像洪水决堤一样，一发不可收拾。真宗的"天书封祀"，几乎把太祖、太宗两代积蓄下来的财富都败光了。王旦死前对未能阻止真宗天书之事后悔不已，命儿子在自己死后，剪掉自己的头发，并给自己遗体穿上黑色的衣服，依照僧道的惯例入殓，以示悔过。

第二年正月初三，真宗把辅臣们喊到崇政殿跟他们说："去年十一月二十七日半夜的时候，朕刚刚上床准备睡觉，突然满屋子都明亮起来，朕大惊之余爬起来看，结果看到一个神仙，他让我在正殿设黄箓道场一个月，然后上天就会降下天书《大中祥符》三篇。于是我从去年十二月开始，就只吃蔬菜，天天斋戒，并在朝元殿设黄箓道场，虽然一个月过去了，我还不敢撤走。刚才看到皇城司的奏报，说左承天门门楼的南角，有黄色的锦帛挂在上面，我偷偷派宦官去查看，回报说那锦帛两丈多长，好像绑着一个像书卷一样的东西，弥封的地方隐隐约约看到有字。朕细想啊，这可能就是神仙所说的天书了。"王旦等大臣听后，纷纷附和，于是真宗和众大臣一起到了承天门，焚香礼拜，迎接天书。到了正月初六，真宗下诏，改元大中祥符。这就是第一份天书出世的大致经过，也是"天书封祀"闹剧的开始。大中祥符元年（1008）一共出现了三次天书，除正月这次外，还有两次分别出现在四月和六月。这三份天书其实都是真宗为了给泰山封禅造势而伪造的，尤其是六月那次。之前四月份的时候，朝廷已经决议本年将会到泰山封禅，并且派知枢密院事王钦若去打前站。到了五月，真宗偷偷派人跟王钦若说，又梦到了之前那位神仙，说下个月将会在泰山再次赐下天书。于是六月份，王钦若就奏报说泰山发现天书，上面还写着真宗的御名。显然，这是君臣二人合谋伪造的。

　　天书的目的是封禅，而且封禅才是王钦若口中所谓的大功业。所谓"封"，指的是祭天，而"禅"指的是祭地。然而这并不是一般的祭拜天地，而是要跑到被认为是全天下最高的山上去祭祀上天，向上天汇报自己的功绩。在中国古代，封禅是帝王祭祀的最高礼仪，并不是每个皇帝都能做的，根据《史记·封禅书》记载，必须是真正的太平盛世或天降祥瑞才能举行。

在宋真宗之前，正史上记载的曾经举行过封禅礼的皇帝，就只有秦始皇、汉武帝、汉光武帝、唐高宗、武则天和唐玄宗，其中除武则天外，其余皇帝选择的封禅之地都是泰山。为什么是泰山呢？泰山当然不可能是中国最高的山，但却是五岳之首，再加上齐鲁之地又是孔孟之乡，在儒家思想的浸染下，泰山自然成为历代帝王封禅的首选了。真宗的功业当然是比不上秦皇汉武的，哪怕是唐代的三位皇帝，他都比不上，毕竟唐朝是能够真正做到万邦来朝的，而"澶渊之盟"所带来的和平是用钱买来的。钱就算了，但在盟约中，宋、辽两国的皇帝乃是平等相交的，这打破了过往中原王朝君临天下的局面，放在古代，是国力削弱的体现。王旦之前对封禅之事不置可否，估计也是觉得本朝尚未够格做这件事。

不过宋朝皇帝想封禅，真宗并不是第一个，他的父亲太宗在雍熙元年（984）就想过要封禅，连圣旨都已经下了，也派人去打了前站，结果当年皇宫里的乾元殿和文明殿发生了大火，这意味着老天不允许啊，所以太宗只好作罢，终其一生，没能成行。而真宗此时，天书下降，祥瑞已经出现，再加上澶渊之盟所带来的和平盛世，封禅之举可以说是万事俱备。三月十三日，泰山当地的父老一千多人跑到京城敲登闻鼓，请求真宗封禅，真宗半推半就，终于在四月初四拍板决定，在当年的十月到泰山封禅。其实对于当时宋朝的国力来说，封禅是完全没有问题的，后来在仁宗天圣年间，苏舜钦在一封奏疏里提到："章圣皇帝（真宗）省吃俭用十几年，天下富庶，府库充盈。"可见当时的社会经济发展非常好，朝廷的收入也很不错。而当真宗封禅之议未决的时候，曾问过三司使丁谓，想知道如果封禅，财政是否有问题，丁谓回答了一句"大计有余"。丁谓是一个理财高手，也是天书运动的热切支持者，他也会成为寇准晚年最大的政敌，这个我们后面再谈。但此时丁谓一句"大计有余"，却是实话，他是有依据的。后来在泰山上他对真宗讲："从京师到泰山，所准备的金帛、粮草都有剩余。地方官府没有把封禅的经费摊派到老百姓头上，所以刍蒿每围不到三五钱，粟麦每斗不到十钱。"一切朝廷全包，甚至没有惊扰到地方百姓。我们今天说"天书封祀"是一场闹剧，那是事后总结，但若设身处地地回想大中祥符元年（1008），天下太平，国泰民安，皇帝举行唐玄宗以来从没搞过的封禅大典，且一切由朝廷买单，老百姓一片欢腾。可以想象，这是一幅多么和平祥乐的图景。若天书、封禅之事到此为止，恐怕历史对这次运动的评价就不是闹剧，而真正是一次国力的展示了。然而历史没有如果，真宗对于封神之事，像吃了鸦片一样上了瘾，无法自拔。泰山封禅之后，他还西祀汾阴，崇奉"圣祖"，朝亳州太清宫，崇奉五岳，并大建宫观。尤其是用以安放天书的玉清昭应宫，更是耗费巨万。前述苏舜钦的奏疏进一步提到，真宗在修建玉清昭应宫后，造成宋朝"海内虚竭"。《儒林公议》也提到："泊封祀礼毕，玉清、景灵、会灵三宫观成，国力为之耗竭。"由此可见，这场闹剧的发生并不在于开始，而是在于其无法停止的步伐。

二、再入朝，拜枢相

上一章讲到，寇准被罢相后，即离开京城，到陕州担任知州。不久之后，张咏从成都还京，经过陕州，两人已经很久不见，寇准当然盛情招待。张咏离开时，寇准亲自把他送到郊外，并问他："您有什么可以告诫我的？"张咏跟他说："《霍光传》不能不读啊。"寇准百思不得其解，于是回去后立马把《霍光传》拿来读，当他读到"不学亡术"时，就笑着说："这就是张大哥想说我的呀！"霍光是汉武帝的托孤重臣，不但保扶年幼的汉昭帝，而且在昭帝驾崩后，力排众议，立流落民间的庡太子之孙刘病已为帝，是为汉宣帝。事实证明他的选择是对的，其所作的努力可以说是西汉"昭宣中兴"的有力保障，所以他对大汉应该是忠心耿耿的。《汉书·霍光传》对霍光最后的评价是：

霍光以结发内侍，起于阶闼之间，确然秉志，谊形于主。受襁褓之托，任汉室之寄，当庙堂，拥幼君，摧燕王，仆上官，因权制敌，以成其忠。处废置之际，临大节而不可夺，遂匡国家，安社稷。拥昭立宣，光为师保，虽周公、阿衡，何以加此！然光不学亡术，暗于大理，阴妻邪谋，立女为后，湛溺盈溢之欲，以增颠覆之祸，死财三年，宗族诛夷，哀哉！

班固对霍光的评价首先是"忠"，而且在大是大非面前毫不犹豫，所以能够匡扶国家，安定社稷。但另一方面，只要他认为正确之事，必定独断专行。就以立刘病已为例，他先否定众大臣立广陵王刘胥的建议，主张立昌邑王刘贺；但当刘贺入京后，他又认为刘贺不合适，于是找了个理由，另立刘病已。如此作为，在他自己看来当然是为国家根本利益着想，但在旁人看来，却是把天子人选操之于手，实乃权臣的表现。再加上他放任妻子谋杀宣帝的原配许皇后，以立自己的女儿为后，更加令人侧目。所以班固对他的评价是"不学亡术，暗于大理"。大理是什么？当然是身为人臣的道理，有些事情就算再正确，也非臣子可以轻易施为的。再加上他功成名就，志得意满，且沉溺于此，于是更加招君主忌恨。无独有偶，这些遭遇、心态以及为政方式，寇准与之十分相似。太宗曾想让寇准当托孤之臣，而寇准自己后来也想当托孤之臣，但无论太宗还是真宗，都看得出寇准不懂为臣的道理，所以都没有把这个重任交给他。张咏对寇准十分了解，此时提到《霍光传》，既是肯定寇准的大忠，又是告诫寇准要懂得身为人臣的道理，不要以为自己正确，就专断独行。结合寇准拜相时张咏所说的"苍生无福"，我想他此时更深一层的意思是：你最好韬光养晦，不要再有入朝拜相的想法，否则以你的性格，恐怕最终会跟霍光一样，落得个全家抄斩。从寇准的结局看，张咏的劝告是对的。

但韬光养晦岂是寇准所为，他志向远大，目光一向放在朝堂上，地方衙门并非他的舞台。在陕州任上，他无所事事，终日宴游。在北宋前期，宰相出镇地方有养老的性质，所以如果他们不愿意，完全可以不处理地方吏事，这也算是一种优待。但优待归优待，皇帝还是希望大臣能在地方干点事的，所以看到寇准终日宴游，心里很是不以为然。刚好同样是从宰相位置上退下来，到地方当长官的向敏中却勤于政事，真宗于是慨叹道："大臣到地方去工作，难道不应该像向敏中那样吗？"其实寇准如果能在地方好好干出成绩来，也许真宗很快就会把他召回京城去，可他在外地一待就是将近八年。

大中祥符元年（1008），宋朝政治进入新的纪元，朝廷上下一天到晚都在为"天书封祀"忙活，最终"一国君臣如病狂"。那么，寇准是否支持这场运动呢？我认为他至少不反对，原因有二。其一，尽管他在原则性问题上毫不退让，并且脾气犟起来谁都拉不住，但他并不是一个死板的人，甚至可以说，为了正确的目标，他愿意去做错误的事情。比如为了提拔人才这个目标，他不惜违反提拔的程序；再比如为了能让皇帝上战场，他不惜用类似兵谏的方式来要挟皇帝。而当他认为只有自己回到朝廷才能匡扶社稷时，他同样不惜在某些问题上逢迎皇帝。关键在于，在他看来哪一方面更加重要。其二，寇准也许不相信天书之类的祥瑞，但营造大宋太平盛世，何尝不是他所想的，所以在东封泰山、西祀汾阴的问题上，他不一定就不赞同。相反，就现存史料而言，他是支持这些活动的。比如东封泰山，寇准就上表要求随驾，真宗也同意了，后来在祭祀孔庙时，他还写了两篇赞词。至祥符四年（1011）西祀汾阴之时，寇准尽管没再请旨跟从，但也派官员问候皇帝起居，并在事后写了一首诗《和御制祀后土》。

封禅之后，寇准并没有被带回京城，而是被调去知天雄军府（今河北大名），回到他出生、长大及参加发解试的地方当长官去了。寇准在天雄军一待就是五年，连从辽国来的使者路过时都讽刺了他一句，说："相公您德高望重，怎么不待在中书呢？"寇准很机智地回答说："朝廷没有什么大事情，而大名这里是北方的重镇，主上认为镇守这里非我不可啊。"机智是够机智了，但这也流露出寇准的悲凉：堂堂宰相，只能为国家守北门。在一个地方任职五年，这可以说是寇准一生中所待时间最长的一个地方了，难道真宗真的有意让他镇守大宋北门吗？显然不是。实际上，真宗依然对寇准的为政风格耿耿于怀。就在祥符三年（1010）正月，寇准上奏说："振武军士护送契丹使者过境，臣已经各给他们打赏了。"寇准这封奏书似乎是报告一件平常的事情，但也像是向真宗邀功，可是真宗看了之后非常不高兴，他对辅臣说："你们看见了吧，寇准就爱做这种人情，以求沽名钓誉。"

于是他下诏，批评寇准擅自打赏，并让他自己掏钱把这账单给填上。打赏军士本来是一件平常事，可在真宗看来，寇准是用国家的钱来布施小恩小惠，以获得大家对他的称颂；而作为大臣，这种称颂有可能抢了皇帝的风头。但真宗可能真冤枉寇准了，几个军士跟寇准一辈子估计就见这么一面，能够给他带来多大的名声呢？我认为，寇准是看见军士们长途跋涉比较辛苦，所以打赏他们，但自己又不想出钱，所以就给朝廷打报告要求报销而已。但人就是这样，当他不喜欢一个人，无论这个人做什么，在他眼里都是有问题的。

真宗真的这么不待见寇准吗？的确是的。有一次王旦病倒了，很久都没好，于是真宗让人用轿子把他抬进宫里，问候一番后就问他："卿现在病得这么厉害，万一有个万一，那让朕把天下之事托付给谁呢？"王旦回答说："知臣莫若君，您是明主，自己选择就好了。"真宗问了好几次，王旦都没提出让谁来替代自己。真宗说："你觉得张咏如何？"王旦不说话。真宗又问："那马亮呢？"王旦还是不说话。真宗就说了："你就提名一个嘛！"王旦勉强举起笏板说："以臣的愚见，没有比寇准更加合适的了。"真宗的脸立马就垮下来了，露出失望的神情说："寇准性格太过刚愎了，你再想想其他差一点的人选吧。"王旦说："其他人，臣就不知道了。臣受疾病困扰，也不能在这待太久了。"于是就辞别真宗出宫去了。这个故事在《长编》里是写在祥符八年（1015）寇准罢枢密使之后的，属于追述性记载，但故事发生的具体时间不明，只是说在寇准拜枢密使之前。李焘这么写，很容易让人误会王旦乃推荐寇准担任枢密使，但从整个对话看，真宗是想选择宰相的，而王旦也是在推荐宰相的人选。王旦是寇准罢相后上任当宰相的，而在接下来的六年里，他一直是独相，到祥符五年（1012）四月向敏中拜相，中书才有两个宰相。我认为这段对话应该发生在向敏中拜相之前，一则王旦的病有可能是因为独相工作压力太大，二则如果中书还有宰相的话，真宗应该不会问王旦把天下之事托付给谁。更进一步说，真宗拜向敏中为相，其实也是以防王旦有个万一。无论如何，从这则故事中可以看到，真宗对王旦提名寇准非常不以为然，他肯定寇准的能力，却受不了寇准的刚愎，所以他宁愿找一个差一点的人选。

可王旦非常坚持，他对寇准是很了解的，他们不但是同年，而且曾经在中书共事两年。尽管在这两年里，很少看见有他们二人交谈的记载，但寇准的能力与脾气，王旦是看得很清楚的。一旦自己有个万一，能够扭转天书闹剧所造成的风雨飘摇的局势者，恐怕就只有寇准了。幸运的是，王旦这次挺过来了，而且我估计他还一直在真宗面前说寇准的好话，不断地举荐寇准。到祥符六年（1013）底，寇准终于等到了回京的机会。当年八月，真宗宣布第二年春天亲自拜祭亳州太清宫。一般来说，皇帝离开京城，朝中文武大多数都要跟随，但京城不能没人看守，所以往往会指派一位大臣任东京留守，在皇帝离开时负责京城所有事务。当十二月真宗将要出发时，即委任身在大名的寇准为权东京留守。"权"所表示的是暂时的意思，也就是说，寇准是被暂时委任的，当皇帝回来之后，他有可能从哪里来就回到哪里去。当然，即便如此，这对于寇准来说也是一个相当不错的机会，因为这也可以看作是真宗对他的一次考察。而真宗之所以给寇准这个机会，跟王旦的推荐不无关系，但我认为，也跟他之前几年附和真宗东封西祀很有关系。最终，真宗回朝后，寇准离开了，但不久之后，他又重新回来，之所以如此，我认为跟一件事有关系。

寇准被任命为权东京留守是在祥符六年十二月初九（1014 年 1 月 12 日）。在此之前的十一月二十六日，丁谓从亳州回来，给真宗献上芝草三万七千余本，于是真宗在十二月十四日于文德殿向百官展示了这些芝草，据说这是应寇准的请求。这个故事可以有两种解释：第一，寇准明知芝草这种祥瑞是假的，故意让真宗出示，从而让丁谓难堪；第二，寇准明知道真宗与丁谓已经准备好了芝草，于是请求真宗出示，从而更进一步证明参拜亳州太清宫的合理性。首先第一种可能，我认为几乎不可能。丁谓给真宗献芝草，最初只有几个近臣看到，并没有宣示百官，所以向群臣说有芝草的事情，应该是真宗自己。而如果寇准故意让真宗出示不存在的东西，那难堪的首先不是丁谓，而是真宗，寇准情商再低也不至于做这样的事情。更何况，如果真宗因此而不去亳州，那寇准在开封也就没什么事了。所以我认为第二种可能性更大。事实上，尽管后人多因寇准刚直的性格而认为他不相信天书之事，但就我所看到的史料而言，寇准从来没公开反对过这场"天书封祀"的运动，反而几次参与其中。我同意赵冬梅教授的观点：这在当时是一种政治正确，大部分官员都会为此做最起码的表面文章。然而，刚刚回朝的寇准大可不必凑这个热闹，他只需要老老实实干好他的东京留守就可以了。可如果这样，恐怕真宗回京之日，便是寇准离京之时了，而且不一定能再次回来。但寇准主动想起去做这个事，我认为可能性也不太大，虽为政治正确，他不反对祥瑞，但不代表他就完全赞同。所以我认为，寇准请求真宗展示芝草，实际上是真宗通过某个人向他传达了自己的意思。在十月份的时候，龙图阁待制孙奭就曾上疏劝真宗不要再继续这场无谓的运动，真宗为此还写了一篇《解疑论》来为自己辩解。但自己说没用，需要有一个有分量的大臣为自己助威，而最好的人选莫过于寇准。试想，如果连刚直的寇准都承认祥瑞，那其他大臣就该没什么话可说了。那传话的人是谁呢？有两个可能，一个是王旦，他一直在推荐寇准，此时真宗让他劝寇准服软，是很有可能的。另一个则是丁谓，他尽管是天书封祀运动的主导者之一，但此时跟寇准的关系还算好，而芝草也是他从亳州带回来的，故真宗让他去劝说寇准也有可能。或者，他们两人都担当了这个传话者的角色。至于寇准，尽管他刚直，在大是大非的问题上并不退让，但寇准的大是大非是江山社稷，是皇权正统，是选拔人才，而天书、祥瑞等，本来就是当时朝廷上下均认可的政治正确，其本身也是真宗用以摆脱政治危机的手段，这涉及皇权正统的问题。因此，寇准并没有违背他的原则。

这次展示芝草的事，在史书中只是一句话的描述，整个过程应该非常和谐。真宗二月份回朝，寇准亲自到开封城外迎接，这当然是留守应该做的事情。然而，此时就算真宗想用寇准也没有机会，因为二府长官基本满员，而以寇准的资历以及他现在兵部尚书的官衔，如果拜参政或枢副，显然是不合适的。不过这个机会很快就来了。六月份，枢密院三位官员，即枢密使王钦若、陈尧叟，及枢密副使马知节被集体罢职。王钦若是真宗的宠臣，他被罢枢密使的直接原因是弄权。当时泸州（今四川泸州）都巡检王怀信平定辖内蛮族，其功上报朝廷，按道理枢密院应该论功行赏，但王钦若却久久没有处理。这件事后来被枢密副使马知节捅了出来。马知节本来就看不惯王钦若的各种行为做派，经常在真宗面前跟他忿争，这次也算是逮住机会，告了自己的上司一状。真宗原来也不觉得这是个什么了不起的事情，就让王钦若赶快处理这件事。结果王钦若这回又做过头了，他没有按照程序禀奏真宗就直接给王怀信等人升了官。真宗知道后非常生气，说："当初王怀信报功的时候，王钦若迟迟不处理，现在没有知会朕，又直接升官，这不是把国家的爵位和赏赐当作自家的东西吗？近臣都这样，那朕就自绑双手算了。"再加上之前马知节又经常诋毁朝中其他官员的能力，于是真宗干脆把三人全部罢免。如此一来，枢密院真空，真宗当即宣布由寇准任枢密使、同平章事，是为枢相。《长编》明言这是王旦推荐的结果，这当然没问题，不过这应该是王旦之前不断的推荐，而不是王钦若等人罢枢密时的推荐，因为五月份的时候，王旦就被派往兖州（今山东兖州）监督景灵宫的修建了。而寇准也没有即时到任，所以只能由另一位宰相向敏中暂时管理枢密院的事务。这又说明，真宗回朝后，寇准应该回大名去了。

　　枢密院不能只有一位长官，而真宗对寇准也不甚放心，所以他立即把知镇州王嗣宗和鄜延都部署曹利用召回京城，七月，他们双双拜枢密副使。寇准在枢密使的位置上待了不到一年，却跟两位副手关系很不好。首先是王嗣宗，史书没有多讲，却明确指出寇准与他"不协"，也就是关系不好。后来王嗣宗在寇准之后罢枢副，这也是之前他屡次请求罢免的结果，之所以如此，乃是他当时实在受不了寇准的打压。史书上没有明确说明他们俩交恶的原因。王嗣宗是后晋天福九年（944）出生的，是宋太祖开宝八年（975）的状元，年龄比寇准大，资历比寇准老，所以会让人觉得他倚老卖老，经常在枢密院里跟寇准顶撞，所以才跟寇准关系紧张。这种情况也许是存在的，毕竟王嗣宗本身也不是一个善茬，但我认为更重要的原因是寇准早就不爽他了。尽管史书上没有他们在入职枢密院之前直接冲突的记载，但在王嗣宗的官场生涯中，他整过很多同僚，这当中包括了寇准的好几个朋友，比如杨亿和向敏中。尤其是向敏中，他在咸平年间第一次罢相，就是王嗣宗揭发他在婚姻问题上欺骗了皇帝。寇准对朋友一向仗义护短，且对官员的评价很注重朋友的看法，所以他应该早就痛恨王嗣宗。此时王嗣宗来当自己的手下，他当然事事刁难，处处打压了。至于曹利用，寇准谈不上打压他，更多的是瞧不起。当年在澶州的时候，这个小军官在寇准面前可是气都不敢喘口大的，他去谈判，寇准给他定了三十万的标准，说超过这个数回来就砍他的脑袋，可见当时的寇准可以随时捏死他。如今，当年的小军官已经成长为枢密副使，可寇准还是很难接受这个事实。当在枢密院议事两者出现分歧的时候，寇准往往就会说："你是个莽夫，怎能够理解国家大体呢？"曹利用尽管是一个军官，但却也不是莽夫，当年在澶渊谈判时，确实是展现出了智慧和勇气的，他并非真宗的藩邸旧臣，如今能坐上枢副的位置，也是他一步一步通过自己的努力实现的。可寇准就是鄙视他，还经常在枢密院同僚面前侮辱他，这让他如何受得了。不过曹利用比较隐忍，起码在祥符年间没见他跟寇准直接起冲突。真宗知不知道三人在枢密院的关系呢？我认为他是知道的，但他却乐见其事，而且还在不久之后给王、曹二人各加了五万钱的月薪。显然，他们都是真宗放在枢密院掣肘寇准的。

寇准当枢密使是王旦推荐的，但寇准是否知道就不得而知了。然而，寇准当上枢密使后似乎并没有感激王旦，反而处处留难。中书与枢密院经常有文件来往，有一次，中书的文件来到枢密院，寇准发现格式不对，立马上报给真宗，于是真宗批评了王旦一顿，王旦虚心承认错误，中书相关工作人员也受到了责罚。其实格式对不对，本来就是无关紧要的事情，枢密院的工作人员也劝过寇准，说这种事情，把文件退回去让他们修改就完了，没必要直接上报给皇帝，从而让宰相谢罪。过了一段时间，枢密院有一份文件发到中书，也被发现不符合格式，这下子中书的工作人员就兴奋了，马上呈报给王旦，以为王旦会报给真宗，让寇准挨批评。结果王旦没有这么做，而是让他们把文件退回给枢密院。枢密院的工作人员把事情告诉寇准，寇准感到十分惭愧，第二天对王旦说："没想到王同学这么大度啊！"这里原文用的是"同年"，但王旦与寇准确实算得上是同学，他们不但在同一年考中科举，而且都是从大名发解到开封考试的。但寇准并没有多少同学之情。如前所述，王旦总是在真宗面前推荐寇准，此时寇准当上枢密使了，王旦单独面见真宗时，都在说寇准的好话。但反过来，当寇准单独面见真宗时，总是批评王旦的短处。有一天，连真宗都看不下去了，他对王旦说："你总是说寇准好，但人家专门说你不好呢！"王旦拜谢说："那是当然了。臣在相位这么久了，政事肯定有很多不当之处，寇准对陛下无所隐瞒，可见他的忠直啊，这恰好就是臣看重寇准的原因了。"

显然，王旦为人处世，让人非常舒服，也正如寇准所说，他很大度。人道是"宰相肚里好撑船"，因为宰相作为百官之首，是非观念固然重要，但更重要的是懂得平衡之术。王旦显然就是宰相之才，他善于用最平和的方式，让真宗作出相对比较正确的决定，同时也能让朝中众臣无论持何种政见，都能达到一种相对平衡和睦的状态。寇准则不然，他是非观很强，且又使气，喜欢率性而为，很多问题他是对人而不是对事。如果他认可一个人，哪怕这个人有一些问题，他都会忽略过滤掉，只看到这个人的好处，比如太宗时代的张洎。可对待他不喜欢的人，他往往会吹毛求疵地去挑毛病，而且他也很聪明，毛病一挑一个准。寇准对王旦说不上讨厌，但恐怕是有点不服气，或者瞧不起，因为在景德年间寇准当宰相的时候，王旦乃在他手下当参知政事。以寇准的性格可想而知，当初在中书里他是一言堂的，否则王钦若就不会受不了辞职了，而王旦肯定对他唯命是从。如今地位刚好反过来了，尽管寇准作为枢密使，乃西府之首，而且也带有同平章事的头衔，但在整个官僚体系中，他的位置依然在王旦之下。这对寇准来说当然是不快的，而这种不快，也让他越看王旦越不顺眼。寇准的批评显然不是无中生有，或无的放矢，可以说每次批评都能打中王旦的要害。而王旦是个忠厚老实的人，对于批评，他虚心接受，而且他也知道，只有接受批评，他才不会让皇帝讨厌，否则如寇准那样什么事情都争论一番，估计他早就跟寇准一起被罢免出朝了。不过寇准的批评对王旦也不无好处，因为他是王旦推荐的，现在反而批评王旦，这在真宗看来，起码这两人并没有结党营私，结党往往是皇帝最忌讳的事情。

寇准再入二府并没有待很长时间，十个月后，他又被罢免了。他在枢密院可以说是一言堂，我们可以看到他整治王嗣宗，轻侮曹利用，却看不到两位枢副有何反制的动作，总体而言西府尚算安定。而他对王旦的攻讦，又因为王旦的大度而没有演变为朝廷的争斗。因此，这些都不是他被罢枢密使的原因。根据史书记载，寇准罢枢密使的原因，是跟林特忿争，而他跟林特忿争的原因，则是他讨厌林特的奸邪。所谓奸邪，当然是奸诈邪恶了，但这是一个很主观的评价。林特在历史上被视为奸邪，主要是因为他与丁谓、王钦若等人勾结，共同推动真宗的"天书封祀"运动。当这场运动被否定之后，先帝是不能被批评的，只能批判其他推动者。但在真宗朝之时，若因此而将林特视为奸邪，恐怕并不符合实际，起码大多数大臣不会这么想。很多学者认为寇准此次回朝，实际上是王旦引之对付以丁谓为首的天书派，故排挤林特，实际上是他的第一步。姑勿论在史料中我没有看见寇准公开反对"天书封祀"运动，就他与丁谓，以及王旦与丁谓的关系而言，也未到倒之而后快的地步，这个问题我将在后文详细分析。所以，寇准视林特为奸邪，当另有原因，这个原因史书上没见记载，我只能根据其他事实稍作推测。林特是南唐人，比寇准大 11 岁。他没有经过科举考试进入官场，而是以神童身份在南唐入仕，后随南唐归顺宋朝，算是降臣。他是理财高手，曾在景德年间与李溥、刘承珪共同议定茶法，为朝廷带来丰厚的收入。另一方面，他在官场中长袖善舞，不但对待如丁谓这样的长官礼节十足，而且对待衙门中的小吏也是客客气气，所以大家都愿意跟他共事。然而，他施政却又十分严苛，老百姓为此苦不堪言。太宗至道年间与党项开战，需要从陕西调集粮草，林特与杨覃当时都是永兴军（今陕西西安）通判，对于调粮之事十分认真，而且手段严急，当时长安就有民谣称："杨覃见手先教锁，林特逢头便索枷。"在此严酷手段之下，连官宦家庭、豪民富户都不敢怠慢，普通百姓就更不用说了，所以永兴军是最早完成调粮任务的。这种做法是好是坏，确实见仁见智。后来其他州府由于来不及调粮，所采用的手段更加恶劣，甚至导致十室九空，所以杨覃跟林特的做法又被重新肯定。然而，对上级温顺，对同事和蔼，对百姓严苛，这在寇准看来，确实符合奸邪的标准，因为寇准的作风恰恰相反，他对上司和同僚都比较苛刻，但对百姓却往往施以恩信。故此，寇准很有可能因为林特的为人而鄙薄他，甚至视他为奸邪。

当然，以上是我的揣测，史书上寇准与林特的忿争，乃是因为一个人：河北转运使李仕衡。李仕衡跟寇准的关系甚好，早在太宗朝时，李仕衡因父亲之罪而被除名，失去编制，正是寇准的保荐才得以重新进入官场。而至祥符年间，他已官至河北转运使。祥符八年（1015），三司使林特因河北当年需要输送到京师的绢不足数额，于是对李仕衡催逼甚急。说实话，身为三司使，林特此举无可厚非，但寇准一方面偏袒李仕衡，另一方面可能也觉得林特的行为是为了完成任务而邀功，于是他在真宗面前弹劾林特。他说自己知天雄军的时候，曾经进贡河北绢五万匹，但三司不收，以至于京城供应不足，请求真宗治三司长官的罪。真宗勉强同意了他的请求，但马上又赦免了林特之罪，理由是京师每年消耗的绢有百万匹，而寇准只进贡五万而已。真宗此举既给了寇准面子，又保全了林特，意思已经非常明显，如果换了别人，此事就应该到此为止了。可寇准不是其他人，他认为林特奸邪，必除之而后快，于是又说三司不给退役的驼坊军士发放路费，是林特的责任。驼坊是三司属下养骆驼的地方，而这些骆驼都是运输工具。负责养骆驼的军士，大多都是犯了罪的配军，有一定的社会危险性。现在把他们放回去，但又不好好安置，是有可能导致社会不稳的。如果此事属实，那林特确实有罪，而且问题比不收寇准那五万匹绢大得多。可这次，真宗不管三七二十一，直接就罢了寇准的枢密使。为什么呢？因为林特乃是理财高手，真宗"天书封祀"运动的财政需求，前期可以说来自丁谓，而后期则来自林特。如果现在把林特赶走了，难道把丁谓从参知政事的位置上拉下来重新当三司使吗？对于此时的真宗来说，他可以没有寇准，但不能没有林特。真宗也很恼火，他以为自己前一次已经做得非常明白了，可寇准却不依不饶。他跟王旦说："我还以为寇准年纪大了，经历的事多了，必定能够痛改前非，但现在看来，比以前更甚。"这里的"前非"，应该就是真宗以前提过的"刚愎、使气"这些他难以容忍的性格。可是让寇准妥协，那是极难的事情。王旦顺着真宗的话说："寇准喜欢别人对他感恩，又想别人怕他，这些都是大臣应该回避的事情，但他却当成是自己的责任，这就是他的缺陷了。如果不是至仁的君主，怎么可能保全他呢？"

王旦还是一如既往地在保护寇准，他的这番话，实际上是劝解真宗，希望他不要过分为难寇准。据说寇准自知要罢枢密了，于是就跑去跟王旦说，希望能当使相，就是以节度使同平章事，这是宋代大臣的最高荣誉。然而王旦说："使相这头衔，怎么可能求得来，况且我是不会私相授受的。"据说寇准由此痛恨王旦——从这一点看，寇准的心胸并不宽广。然而回头真宗问王旦寇准罢职，给他当个什么官呢，王旦却回答说："寇准没到30岁，就蒙先帝提拔到二府了，而且他有才能，也有名望，如果能给他个使相，让他待在地方上，他的风采也足以成为朝廷的荣光啊。"于是寇准被罢为武胜军节度使、同平章事。当寇准收到制书后，还感激涕零地感谢皇帝，说："如果不是陛下了解臣，臣怎么能得到使相的头衔呢？"真宗告诉了他实情，直到这时候，他才完全服了王旦，他出朝后跟别人说："王同学的器量和见识，都不是我寇准能比的。"这就是寇准，他器量不大，心胸不广，让他服一个人很难，可一旦他服了，那就是心悦诚服，且对其人不吝赞美之词。

三、献天书，再拜相

寇准罢枢密后，随即被委派到洛阳当河南府知府兼西京留守，不久之后，又改判永兴军（今陕西西安）。寇准判永兴军是在祥符九年（1016），当时他已经55岁，而永兴军本身就在陕西，跟他的家乡下邽县非常近。朝廷这样的安排，相当于让他过上退休的生活，如果他就这么退休了，人生也堪称完美：当过宰相，也当过枢密使，陪着皇帝上过战场，最终以使相之位衣锦还乡，拿着高额的工资与家人共享天伦。可这不是寇准，命运似乎也不想他就此退出历史舞台。天禧三年（1019），寇准又等来了入朝的机会。就在这一年，宋朝时隔多年之后，又迎来了一次天书下降，而地点就在永兴军。

前面三次天书都是伪造的，这一次也不例外，但这次伪造天书的不是宋真宗与王钦若，而是两个小人物：周怀政与朱能。周怀政是入内副都知，是入内内侍省的第三把手，算是宫中宦官里职位比较高的一位。第一份天书最初是挂在皇宫承天门的门楼上的，当时由两位宦官完成一系列高难度动作，把天书捧下来，而其中一位，就是周怀政。可以说，周怀政是天书运动的受益者，自那以后，他的权力越来越大，巴结他的人也越来越多，经济收入当然也就越来越高了。至于朱能，本来只是武将田敏手下的一名小厮，通过巴结周怀政，并对他讲述各种神怪荒诞之事，竟然也当到御药使、阶州刺史，后来又到终南山修道观，跟殿值刘益等人伪造符命。此时，朱能正在永兴军当巡检，在寇准手下办差。就这样，由周怀政穿针引线，朱能伪造，天禧三年（1019）三月，永兴军奏"天书降乾祐山中"，而上奏之人，竟然是寇准。

我前面讲过，寇准并不反对"天书封祀"运动，但他信不信天书呢？我想是不信的，他甚至可能质疑过之前几份天书的真伪。根据史书记载，朝廷上有大臣说，当初寇准不信天书，如果这次天书由寇准上报，那么大家肯定都相信了。尽管不同的史料对这位大臣的记载有所不同，但这至少说明寇准不信天书并不是秘密。然而寇准还是把天书报上去了，为什么呢？史书上对于寇准上天书的动机有几种不同的记载。第一种是恋栈权位说，这出自和尚文莹的《湘山野录》。据文莹记载，寇准到长安之后，总想着如何回朝，却苦无门路，谁知想睡觉就来枕头，乾祐天书下降，于是寇准听从朱能之言，用自己的名节来换取回朝的机会。第二种是被逼奏报说，此说法来自刘攽所撰的《寇准传》。传中，王旦认为不信天书的是寇准，让寇准上奏天书，那就天下都信服了。于是真宗让周怀政告诉寇准，让他上天书。而当时寇准的女婿王曙在京城当官，他也写信请岳父按皇帝的意思照办，寇准迫于皇帝的压力，以及对亲人的担忧，于是就奏报天书了。第三种是受迷惑说，这种说法来自《长编》。据说朱能除了巴结周怀政外，在永兴军里也很能巴结寇准。他跟周怀政伪造天书，需要一个有说服力的人来支持，所以就想到寇准，而寇准为人刚强好胜，又喜欢朱能巴结自己，所以就答应了这事。

我认为，这三种说法，没有任何一种能单独成为寇准上报天书的理由，但三种都各有合理之处。首先，我们必须承认一个事实：在天禧三年（1019）的时候，寇准上天书并不丢人。尽管后世描写此事时，或带着讥讽的口吻，或想方设法为他开脱，但这些都是基于后世把"天书封祀"运动判定为不正确，可在真宗朝时，这反而是一种极大的政治正确。后来知河阳府孙奭上了一封很长的奏章来批判这次天书，但他并没有批评上报天书的寇准，而是批判伪造天书的朱能。由此可见，单纯上报天书尽管不能成就寇准的令名，却也无损他的声誉，故不存在牺牲名节的问题。更何况像孙奭如此公开反对天书的人，在当时太少了。然而即便如此，寇准也不一定要做这件事情，尤其是他对天书并不相信。我认为，寇准上天书，是各种因素合力下的结果。首先是朱能的巴结。正如王旦所言，寇准"好人怀惠"，喜欢别人讨好他，感恩于他，而朱能恰恰就担任了这个角色。如果伪造天书的不是朱能，而是一个寇准讨厌的人，那他很有可能就不做这件事了。然而，朱能除了伪造者的身份外，他在寇准面前最多只是一个传话的人，他并没有分量让寇准作出这个决定。根据刘敞的说法，寇准的女婿王曙也写信劝说寇准，故容易让人误会朝廷以王曙的前途来要挟寇准。但寇准并不是这么好要挟的，而大宋朝廷也不至于这么下作。就算寇准不上报天书，朝廷也不可能以此为理由为难王曙——反对天书的孙奭不照样过得好好的？王曙可能有写信，但最多也只是一个说客。真正有分量的应该是另外一个人，按照刘敞的记载，那就是王旦，而这个说法甚至被后来的《宋史·寇准传》继承了。然而这里有一个很大的问题，那就是王旦早在天禧元年（1017）就去世了，死人是不可能提出任何建议的。李焘在《长编》的注里面对这个说法作出了修正，认为是王钦若提议让寇准上天书的。这在道理上似乎说得通，但人情不通。王钦若是在王旦去世后拜相的，此时提议寇准上天书，确实够分量，而上天书也符合他一贯的政治行为。然而，不管寇准上天书后是否会回朝当官，赏赐是肯定免不了的，我不相信王钦若会给自己的政敌送去这么大的一个礼包。当时朝中还有另一位宰相，那就是向敏中。向敏中跟寇准是同年进士，跟他的关系极好。寇准在长安，向敏中给他寄了一首诗：

> 九万鹏霄振翼时，与君同折月中枝。
>
> 细思淳化持衡者，得到于今更有谁。

而寇准也回寄了一首诗，以作应和：

> 玉殿登科四十年，当时交友尽英贤。
>
> 岁寒唯有君兼我，头白尤持将相权。

从向敏中的诗中，大概可以看出他对往事的追忆，以及对寇准的安慰，而更进一步推测，甚至也能感受到他想再次援引寇准回朝。而寇准的回应，在自得之余，多少也有壮志未酬的感觉。因此我认为，向真宗提议让寇准上报天书的，应该就是向敏中，而这是他援引寇准回朝的重要一步。向敏中是不可能直接给寇准传达自己的想法的，否则被查到了，那就是结党营私之罪。可他也担心寇准不同意上报天书，故他有可能请王曙给寇准写家书，把事情的利害关系说清楚，从而确保寇准同意此事。这里可以看出一个细节：朱能伪造天书一事，朝廷及皇帝早就知道了，他们需要一个有力的上报者，而这个人不可能是朱能，只能是寇准。

那么寇准上报天书，有没有谋求回朝的想法呢？我认为在这个问题上不必为寇准掩饰，肯定有。寇准上天书不久后，朝廷即召他回朝。在文莹的记载中，寇准的一位门生在他上路前曾给他提出了三策：上策是到河阳（今河南孟州）时说自己病了，不能到京城觐见，然后求外补以避祸；中策是见到皇帝时，揭发天书是伪造的，这样可以保全一生的忠直之名；下策则是入中书当宰相。由于文莹说不记得这位门生叫什么名字了，所以很让人怀疑这番对话是他伪造出来诋毁寇准的，毕竟他跟寇准后来的政敌丁谓关系极好。但这段话被李焘写入了《长编》，我认为有一定的真实性。事实上，上报天书与回朝任职可以是两回事，若寇准只是遵循政治正确，且公事公办，上报在自己管辖范围内出现的天书，他完全可以选择不进京。但他很清楚，上报天书的目的就是为了进京，这是一回事。之所以要进京，那是因为朝廷又到了决断大事的时候。此时真宗已经几次"不豫"，就是被下达了病危通知，对寇准来说，保证皇权的顺利传承，乃是他的责任，他错过了太宗的托孤，当然不希望错过这一次真宗的托孤了。相比之下，信不信天书，就不是什么大原则或大是大非的问题了。可能有人觉得，皇帝在开封不豫，寇准在永兴如何知道？这种事情一般是瞒不住的，仁宗景祐年间，皇帝不豫，南京留守推官石介就因此给当时的枢密使王曾写了封信。连小小的推官都能得知皇帝不豫，就更不用说身为使相的寇准了。

从文莹的记载中我们还可以看到一个信息，寇准进京之前，很多人都看到他会当宰相，换言之，寇准再次拜相的呼声很高。可此时中书已经有两位宰相：向敏中与王钦若，寇准若想拜相，就必须拿掉其中一位，这人显然不是向敏中，而是王钦若。王钦若是真宗的宠臣，他文章写得很好，在文化方面也有重要的贡献，宋代著名的百科全书《册府元龟》就是王钦若主持编修的。然而，作为执政官，他就乏善可陈了，无论是当枢密使抑或是后来当宰相，都无所建树。更重要的是，他为人贪墨，贪污受贿的事情没有少干。真宗最初让寇准回朝，不一定就想拜他为相，但就在天禧三年（1019），王钦若被揭发收受贿赂，且与妖人有交往，这又给了寇准很好的机会。根据《真宗实录》记载，揭发王钦若的正是周怀政。而周怀政之所以揭发他，是因为他向真宗说乾祐天书是伪造的。这更进一步证明，王钦若非乾祐天书的支持者，他甚至意识到寇准必定会因上报天书而回朝，所以极力阻止。但这一次真宗没有偏帮他，而是生出了以寇准替代他的念头。真宗肯定知道这次天书是伪造的，他之所以同意向敏中的提议，让寇准上报，我认为是对寇准的一种考验。此时真宗已在考虑托孤的问题了，他并不糊涂，朝廷上下，论能力，论忠诚，最能担负托孤重责的就是寇准。但寇准太过刚直了，如果他在自己万岁之后全面否定"天书封祀"运动，那就等于否定自己的政治遗产，所以他必须让寇准交一个投名状。

在各种合力之下，寇准于五月二十八日到达京城；王钦若在六月初九罢相，而寇准则于六月十三日拜相，同日，丁谓拜参知政事。真宗已经步入晚年，而他这一朝政治也由此进入新阶段。

第五章

◎

对手与盟友

进入天禧（1017—1021）之后，真宗也步入晚年，其标志就是他经常不豫。到底真宗何时开始有此疾病呢？据《长编》记载："大中祥符末，上始得疾。"换言之，早在祥符末年，真宗就已经生病，而他生病的原因，乃是祥符九年（1016）的一场蝗灾。其实早在该年六月，河北转运使李仕衡就上奏本地发现蝗虫，但他说蝗灾不治而愈，蝗虫有的自己身首断开而死，有的腹部溃烂而亡。这显然是不科学的。然而真宗收到这份奏章后，却听信了他的奉承之语，对蝗灾不予重视。于是更多的地方大臣效仿李仕衡写奏章的套路，说蝗虫自己死了，不伤害庄稼，就连真宗派出去打探情况的宦官，也为了迎合真宗的意思，欺上瞒下。到了七月，真宗拿出死蝗给大臣们看，一些执政大臣甚至要求把这些死蝗公示在朝廷上，并让百官庆贺，唯有王旦比较清醒，他说："蝗虫是灾害，灾害消弭了，是侥幸，有什么值得庆贺的？"结果王旦的话刚说完，京城就发生大规模的蝗灾。据王曾记载，当时正是秋收季节，真宗有一天坐在便殿中吃晚饭，旁边的人跟他说蝗虫飞来了，他马上起来跑到窗边，结果看到一大片蝗虫遮天蔽日地飞过来，根本看不到边际。皇帝回去后默默地坐着，十分颓丧，也没胃口吃饭了，于是让人把食具都撤了。从此之后，他就"不豫"了。

真宗之所以不豫，固然有其生理上的原因，但心理防线的崩溃，也是其得病的原因之一。自祥符元年（1008）以来，他一直热衷于"封禅""天书""祥瑞"和营造宫观等事，这事实上是要营造一个太平盛世的幻境，而他本人也一直沉醉于此幻境之中，忘乎所以。但梦境最终幻灭，多年来一直坚持的信仰最终被打破，这种打击，实非常人能够承受。真宗得病后动辄昏厥，实在不能再受刺激。自京城蝗灾以后，各地官员不断奏报灾情，但大多是"飞蝗所至，不食禾苗""蝗飞越境有自死者""有蝗飞度，不为灾""有蝗抱草而死"等语，这其中就有寇准的奏章。然而无论大臣如何说辞，均不能改变既定事实：蝗虫"弥覆郊野，食民田殆尽"。当年十一月，真宗下诏明年改元天禧，或是希冀有新的开始。然而新的年号并未为他带来好运，第二年，蝗灾仍在继续，而真宗的病情也未见好转。

实际上，真宗此病到天禧末年，发作得越发频繁，尤其是天禧四年（1020）以来，他病得越发厉害，而且反复发作，不能正常理政。真宗之病有一个明显的症状，就是记忆力衰退，他做过的事，或说过的话，没多久便忘得干净，如此一来，其他政治人物就有空子可钻了。比如，在史书记载中，后来的天禧政争是寇准首先向丁谓发难的，真宗同意了寇准的意见，让太子监国，但当第二天丁谓在他面前攻击寇准时，他却把前一天的事忘得干干净净，这才使得丁谓有机可乘。寇准被远贬后，真宗曾问左右说："我好久没见到寇准了，为什么呢？"李焘认为，这是"自准罢相，继以三绌，皆非上本意"的证据。其实寇准罢相，最后的决定者仍是真宗，而且整个过程他也参与其中，他最多不知道丁谓擅改圣旨而已，怎么可说"非上本意"呢。只是真宗此时已经病得糊里糊涂，印象中只记得寇准应该在身边任职，而把其他事情忘记了而已。又如在王钦若拜使相、丁谓复相这些事情上，都是因为真宗记忆力差，才让这两个人有空子可钻。

既然真宗已病入膏肓，不能处理朝政，那总得有人代他行使皇权。此人按理说应是他的儿子，但此时真宗只有一子，就是祥符三年（1010）出生的后来的仁宗皇帝，而天禧四年（1020），他才 11 岁，还没有处理朝政、行使皇权的能力。因此，此时暂时代替真宗行使皇权的是他的皇后刘氏。随着真宗的病逐渐加重，刘后预政也愈加明显。这一现象引起朝廷大臣的不安，一部分大臣一则惩于前代变乱的历史，二则出于维护宋代独裁制度的需要，联合起来反对刘后干政；而另一部分大臣则为满足个人欲望而攀附刘后，双方就皇权问题展开激烈的争斗。这就是真宗朝后期著名的天禧政争，而争斗双方的代表乃是寇准与丁谓，故也可以称为"寇丁之争"。这次政争，是寇准最后一次在朝廷上绽放光辉，虽然他最终失败，但却也更进一步巩固了他忠直的名声。不过在这一章中，我需要先交代这次政争中除寇准之外其他几位主要人物，因为他们与寇准的互动，将谱写这个时代最激烈的政治乐章。

一、皇后多才慧

天禧政争中涉及的皇后刘氏，乃宋真宗第三位妻子、第二位皇后。她生于太祖开宝二年（969）正月初八，《宋史》本传对她的家世是这样介绍的：她家原先在太原，后来迁到益州（今成都），是华阳人。祖父刘延庆，在晋、汉时期是右骁卫大将军；父亲刘通，是宋朝虎捷都指挥使、嘉州刺史，从征太原，途中逝世。而刘皇后，就是刘通的二女儿。刘皇后尚在襁褓之时，就已经成为孤儿，被抚养在母亲的娘家。然而，这些都是刘皇后后来伪造出来的假履历，她的真实身份乃是西川一贫苦孤女，据说自幼便被卖给一个叫龚美的银匠当童养媳。《长编》直接指出，刘氏先嫁龚美，后再改嫁给真宗。我对这个说法很怀疑，因为它的史源是司马光在《涑水记闻》中一个随意的记载，而在同书中，司马光对刘氏的身世有另一种记载。但无论刘氏改嫁与否，她的出身并不高贵，而且由龚美带到京师，在街头敲鼓卖艺。那问题来了，真宗何以看中刘氏呢？真宗其实把原因说得很清楚，在他还是皇子之时，就曾发议论曰："蜀妇人多才慧，吾欲求之。"由此可见，正因刘氏来自蜀地，且心思聪慧，故而讨得真宗喜欢；亦由于此，龚美把刘氏献于真宗。但刘氏入宫后，并非一帆风顺，真宗对她"宠幸专房"，可真宗乳母对此却不以为然，她借太宗之手，把刘氏逐出王府。从此之后一直到真宗即位，都很难看到有关刘氏的记载。值得注意的是，真宗即位不久，就征得乳母同意，把刘氏重新接入皇宫，并于景德元年（1004）把她封为美人。由此可以想象，刘氏被逐出王府后，真宗可能曾经甚至多次去见她，以使他们之间的感情长久不变。

刘氏重入皇宫后并不十分顺利，真宗虽然喜欢她，但作为皇帝，他所受约束很多。景德元年（1004），他想把刘氏立为贵妃，手诏都已经写好了，并命宦官拿给宰相李沆，可李沆看都没看，就把手诏烧了，只说了一句："你回去就说，臣李沆认为不可以。"在此之后，真宗没再提给刘氏晋位之事，一直到大中祥符二年（1009）她41岁时才成为修仪。大中祥符五年（1012）五月，刘氏被晋封为德妃，同年十二月，她成为皇后。其实，早在景德四年（1007）皇后郭氏就已经逝世了，真宗当时就想立刘氏为后，但由于阻力太大，一直未能如愿。至祥符五年（1012），立后呼声日渐高涨，真宗旧事重提，想以刘氏为后，但同样遭到反对。真宗朝的名臣，如寇准、李迪等，均认为刘氏没资格当皇后，李迪甚至直接挑明刘氏"起于寒微，不可母天下"；而著名词臣杨亿也拒绝为刘氏起草立后诏，要求刘氏说明祖上三代，公然挑战刘氏的家世。此外，还有大臣给刘氏设立竞争者，参知政事赵安仁提出"刘德妃家世寒微，不如沈才人出于相门"。但真宗并未理会这些反对声音，执意立刘氏为后，刘氏也得以在当年十二月，正式成为真宗的妻子。此时，刘氏已经44岁，容貌应不复当年，真宗此时以她为后，不能说是贪图美色，而是由于他们之间多年建立起来的深厚感情，而正是这种感情，令真宗冲破政治藩篱，使爱侣得以成为自己的妻子。

其实从刘氏在宫中的住处，也可看出真宗与她的感情。北宋皇帝的寝宫叫福宁殿，它在立国初期被称为万岁殿，大中祥符七年（1014）改延庆殿，至明道元年（1032）始才改名叫福宁殿。其后有一小殿，最初只名"万岁后殿"，只因"章献明肃皇太后居之，乃名崇徽"。这个关于福宁殿的沿革被记录在《宋会要辑稿》里，但只揭示刘氏当太后之后住在崇徽殿。然而据《长编》记载：天禧二年（1018）正月庚子，"芝草生真游殿及皇后所居崇徽殿，上作歌诗示宰相"。这是一则关于祥瑞的普通史料，但却揭示出真宗皇后当时的住处，正是其寝宫之后的崇徽殿。再结合《会要》的记载可以推断，刘后入宫之后，极有可能一直住在这个当初只称"万岁后殿"

的小殿里。正是有了这样的条件，才可能有真宗披阅奏章至深夜，"后皆与闻"的记载。这虽然是小殿，但与皇帝住处极为接近，这正体现出二人深厚的感情，并非其他后妃可比。同时，刘氏十分接近当时大宋朝的权力源泉，这点正是她日后能够参政、预政的重要条件。

真宗对刘氏的宠爱，还体现于太子的抚养权问题上。真宗唯一存活的儿子乃侍奉刘氏的宫女李氏所生，皇子出生后，刘氏马上据为己子，宫中人等均惧怕刘氏势力，就连李氏本人，也不敢吭声，所以仁宗直到刘氏死后，才知道自己身世。对于此事，真宗本人作为父亲是早就知道了的，皇子的出生，既是真宗求嗣心切，但实际上也是为立刘氏为后创造条件，他对刘氏是真爱，所以刘氏把李氏之子认作己子，他不但默认，而且支持。而刘氏有了儿子，母仪天下的时机就成熟了，这完全是出于真宗对刘氏的关爱。

后妃与皇帝的关系，可能成为其预政的基础，但这种关系，未必是双方之间的爱情关系。有时候或只需皇帝对某一后妃有宠爱之心，后妃即可借机预政。但是复盘真宗与刘氏的关系，真宗于刘氏有知遇之恩，爱慕之情，而刘氏以穷困之身得真宗知遇，故对他既是感激，亦是爱恋，而得以成为真宗妻子后，她更是以贤妻的姿态辅助真宗。在其预政、摄政期间，刘氏对赵氏宗族非但没有用残酷手段加以迫害，反而处处优遇，于其主观而言，其实是追念真宗感情所致。从爱侣到贤妻，这已奠定了刘氏日后预政之基础。李焘在叙述立刘氏为后的条目中，曾对刘后有所评价，其语云：

后性警悟，晓史书，闻朝廷事，能记本末。帝每巡幸，必以从。……凡处置宫闱事，多引援故实，无不适当者。帝退朝，阅天下封奏，多至中夜，后皆预闻之。周谨恭密，益为帝所倚信焉。

根据以上史料可得出一些结论：首先，刘后诚如真宗所言，是一位"多才慧"的女子，她出身贫寒，按理应该不曾认真读书，但到了立后之时，她已经"晓史书"，估计在离开真宗藩邸后的那段时间里，她一直接受教育。而很明显，她生性聪敏，闻朝廷大事，皆能详细记下，这为她能够参与政治提供了必要的自身条件。其次，真宗朝"东封西祀"，刘氏皆有跟从；真宗深夜披阅奏章，刘氏也在身边，这证明了真宗与刘氏的感情相当深厚，因而为她参与政治提供了现实条件。第三，刘氏接触政事，乃是从内而外，在处理家庭事务方面，刘后是一位胜任的管家。对于皇后而言，要做到这点，就要表率六宫，整肃宫闱。李焘在此点上对刘后的评价是："太后临朝听政，虽然政出宫闱，但号令严明，恩威加天下。左右亲信之人很少凭借她的权势作威作福，宫廷之间未尝随意改动，对内对外的赏赐都有节制。"正是她能适当处理好宫廷内部事务，才让真宗看到她的政治才能，才有给她参与政治的可能。最后要注意的是，真宗对刘后处理政事比较认同，对她也很信赖。

刘后什么时候开始预政，史书上没有明确记载，但从上述史料的语气看来，估计她预政应早于被立为皇后。事实上，自景德四年（1007）郭皇后去世后，至祥符五年（1012）刘氏被立之时，真宗后宫一直未有皇后。而正史所载的真宗后妃中，当时应以刘氏地位最高，刘氏以此身份帮助真宗处理宫闱中事，也是顺理成章。真宗在郭后去世后，就把刘氏视为妻子，在这种情况下，宫闱事与朝廷政事，有时未必能完全分开。虽然历朝历代都反对后宫干政，但皇帝也是人，当他烦恼之时，也需要有人开导，有人谈心，有人共同分享快乐或面对困难，而这些人，往往是皇帝最亲密者，尤其是他的妻子，或他最爱的女人。于真宗而言，刘氏就是这个可以同甘共苦之人，故在立后之前，刘氏应该已经参与政治，至少在与真宗分担烦恼之时，为他出谋划策。

然而我认为，刘氏干政预政的野心并非与生俱来，也不是从小培养的。与唐代的武则天相比，虽然二人均是出身相对低下，但刘氏的所谓低下与武则天却大不相同。武后家族只是未能跻身甲族，但毕竟是官宦之家。武后 14 岁入宫，她与母亲道别时曾有"见天子庸知非福"之语，可见其入宫是想改变命运的，其野心也可见一斑。而刘氏本来是贫家女子，若非真宗见爱，招入王府，她很可能以开封街头一卖艺妇人而终老一生，根本不能涉足政治。故她在入王府以前，不可能有任何政治野心；即便她被真宗招入王府，但当时真宗尚未成为太子，而她本人后来又被逐出王府，两人前途祸福尚未可知，故能被尚为皇子的真宗宠爱，她除了有幸福与幸运的感觉外，应未有政治远见。

我认为，培养出刘皇后干政预政之野心与能力的人，其实就是真宗本人。宋代从太祖开始，就向集权独裁政权发展，这不是个人能力与野心的问题，而是制度建设的问题。太祖、太宗两朝所创立的各种制度，本身就是让权力自然集中于皇帝一身，迫使皇帝本人必须实行独裁统治。但真宗的能力与魄力，远比不上他的父亲，更遑论太祖；他在中年又致力于"天书降神"之事，独裁政治于他而言，实在是力不从心。故此，他需要有人在身边与他分担、商量，甚至是出主意。换言之，他需要让渡出一部分皇权，以减轻其自身的压力。他本可以选择朝中的大臣，但一方面制度不允许大臣掌握皇权，哪怕只有一部分；另一方面，正直刚正的大臣，如李沆、寇准等，尽管可以把他导向一位仁君、明君，却也给了他莫大的压力。他也没选择宦官、佞臣，因为他并不是一个糊涂的皇帝。他选择了他身边最贴心的女人——刘氏。这种选择于历史而言是偶然的，但于真宗而言却是必然的，因为爱情使他认为，只有刘氏才能解开他心中的郁结，分享他心中的苦闷，更重要的是，当真宗身体还好的时候，刘氏对政治只能参与、提提建议和想法，但不能决策，皇权依然掌握在皇帝手中。

无疑，刘氏乃一"多才慧"的女子，被逐出王府后，被安置在真宗手下的张旻（后改名张耆）家，但张旻懂得避嫌，不敢把她养在家里，于是另外找了个房子给她住。显然，她就是被尚为皇子的真宗包养起来了。一个被包养的卖艺女性会做什么事情呢？也许不同的人会有不同的选择，而刘氏却选择了读书学习，提高自己的层次。虽然离开王宫减少了她与皇子见面的时间，但作为消遣的阅读时间却相应增加，故这段时间她所学的知识，当在很大程度上有利于她日后参与政治。然而，就知识面而言，贵族出身的郭皇后和后来与之竞争的沈才人未必会比刘氏窄，刘氏能够从中脱颖而出，其实应该多得真宗给予的预政机会。在真宗眼中，刘氏既是爱人，又是知己，故他事事与刘氏分享，才有"阅天下封奏，多至中夜，后皆预闻"之说，而只有在与真宗分担政事的过程中，刘氏才有机会把所学知识与实际政治相结合，其政治能力才得以锻炼。或者说，最开始的时候，刘氏参政乃无意为之，目的是为真宗解忧，此时她仅仅是开始接触政事而已；但到后来，随着她参与政治的机会越来越多，她的政治能力也越来越强，逐渐从一位妻子向政治家转变。一些史料记载了真宗晚年对刘皇后处理政事的评价，这些评价一般都是正面的，在真宗去世以前，他意识到儿子年幼，需要有人辅助。在一番政治斗争之后，他最终选择了皇后，这无疑是他对她政治能力的充分肯定。但是，这种政治能力的最初来源，乃刘氏作为皇帝妻子与知己的身份，若无这重身份，以后一切事情俱无从谈起。

值得注意的是，真宗虽然因能力有限，不得不让渡出部分皇权，但独裁制度使他必须保有行使皇权的终极名义。换言之，真宗在世之时，无论刘皇后预政程度如何，她始终未能突破宫廷内闱的界限；而唐高宗时代高宗与武后以天皇、天后身份同朝听政的景象，也未能在真宗朝再现。

二、外复有丁谓

丁谓是寇丁之争另外一方的代表人物，但是，与寇准有很大不同的是，无论时人还是后世，对丁谓的评价都非常负面。他与王钦若、林特、陈彭年和刘承珪被时人称为"五鬼"，宋代大思想家李觏也认为："孙何与丁谓的文章，那是举人中最好的，但他在朝中没听说有什么建树，反而孕育了贻害天下的祸患，乃是我们这些读书人的羞耻。"丁谓的一生，是否就只有奸恶险邪，而对宋朝历史发展毫无建树呢？王智勇先生认为："抨击'五鬼'的政治品德及分析他们对宋代历史所产生的影响是必要的，但仅仅如此，对'五鬼'的认识是情绪化的、不全面的，无法揭示历史的本质。"丁谓作为"五鬼"之一，对他的研究也应该全面而理性，而这也有利于分析寇丁之争中更深层的东西。

丁谓，字谓之，苏州长洲人，淳化三年（992）进士。在他进士及第之前，已文名早著，时人对他的诗词文章十分称道。当时有个叫龚颖的人，自负文学十分了得，所以很少对其他文章有所赞赏。有一天丁谓拿着自己的文章来求见他，他读了之后非常喜欢，连忙出门迎接，连鞋子都穿反了，之后他们聊了整整一天，连饭都忘了吃。龚颖甚至还评价说："自从唐代韩愈和柳宗元之后，到现在只你能达到他们的水平。"除了龚颖外，寇准的好友王禹偁对丁谓也非常赞赏，他说丁谓的诗歌像杜甫，而文章则是立意新奇，语言不俗，如果放在韩愈和柳宗元的文集中让士人们去读，那是认不出来的。

由于他诗文出众，再加上众多文学大家对他评价甚高，时人对丁谓进士及第的期望也很高。宋初诗人柳开就曾经给他赠诗说：

今年举进士，必当登高第。

孙传及孙仅，外复有丁谓。

淳化三年（992）丁谓以第四名中甲科进士，而同榜状元，则是与他齐名的孙何，此外，王钦若、张士逊、王曙等，也是这一榜的进士。进士及第后，丁谓即受封为大理评事，通判饶州（治今江西鄱阳县），由此进入官场。在之后的12年时间里，他一直在外为官，且政绩斐然，当中最值得称道的，就是在夔州（今重庆奉节）转运使任上用怀柔政策解决了困扰当地多年的蛮、汉矛盾问题。丁谓处理少数民族关系的思想，一字蔽之，柔。他对待少数民族，多喜欢采用招安、安抚等比较温和的手段。真宗曾下手诏问他，该怎样治理蛮人，才能使边境安宁。他回答说："如果所委任的官员不邀功、不生事，一切以和平稳定为纲领，但凡有所处置，全部依照朝廷诏令，这样的话，蛮族就不敢抵抗，从而自找天朝诛罚了。"这个回答，已经把丁谓治蛮的思想归纳得非常清晰。丁谓对少数民族的怀柔政策可以概括为三个方面，即与之盟约、解决实际问题，以及给予投降蛮族首领职位。篇幅所限，不一一叙述。他在夔州这几年，治蛮功绩非常卓著，正体现出他非凡的吏治才能，并且证明，他丁谓不只是一个饱读诗书、文才横溢的文人，他还是一个经国济世的能臣。在夔州的这几年，为他日后的京官路途捞够了资本。作为皇帝，对这种能臣肯定要加以重用，进入中枢指日可待；而朝臣们看来，他不但能写文作诗，还是吏治的一把好手；而于老百姓，他就是一位能为地方谋福利的好官。他在夔州，"招抚溪洞夷人，颇著威惠，部民借留，凡五年不得代"。"五年不得代"，这可以说是在老百姓心中一个非常高的荣誉。假如当时丁谓有所不幸，后世对他的评价可能就要全部颠倒过来了。

景德元年（1004）二月，丁谓被召还朝，权三司使，擢知制诰，判吏部流内铨。就在同年十二月（1005 年 1 月），澶州之役发生。为了备战，真宗即让丁谓出知郓州（今山东东平），后来又兼郓、齐、濮等州安抚使。郓州是开封东北的屏障，其辖内的杨刘渡（今山东东阿东北），乃是黄河重要渡口，早在五代时期，这里就是兵家必争之地。沙陀人覆灭后梁的军队，就是先攻占郓州，再从郓州出发攻占开封的。此时朝廷让丁谓驻守在这里，乃是把这一门户交托给他，是对他能力的信任。在这次战争中，丁谓虽不像寇准那样陪伴真宗，在澶州最前线决策战役，但他在驻守地，也是恪守本职，全力以赴，为澶州之役作出了最大的支持。他首先是应真宗的要求，把所管辖范围内诸州的山河道路宽窄形势画成图上呈给朝廷，为大部队提供战略地图。其次，采取措施，救济难民。有一次，敌骑向南攻杀，百姓大惊，纷纷向杨刘渡撤退过河，但由于船夫想发难民财，所以没有立即接送这些难民过河。丁谓于是找了几个死囚，把他们在河边斩了，船夫看见很害怕，以为是要惩罚他们，于是才愿意送难民过河。再次，他还能保护地方安宁。他让军队在黄河边上排开，举着旗帜，敲锣打鼓，声闻百里，让敌军以为这里兵多将广，惧怕而去。同年十二月战争最紧张的时候，丁谓又上言说抓到了契丹的间谍，并且审讯出其他间谍的相貌和年龄，请诸路军队按图搜捕。丁谓在澶州之役中，虽然没有什么大的作为，却也没有主张投降或逃跑路线，而是尽自己最大的努力来支持这场战争，这是他与王钦若的重大区别。在战争当中，他积极应战，而且使用计谋，退敌护民，并且就战争问题为朝廷提出恰当的建议，充分显示出一个吏治之臣的才干。

澶渊之盟后，景德二年（1005），丁谓即被召回朝廷，历任权三司使、三司使和参知政事，到大中祥符九年（1016），他罢参政出知昇州（今江苏南京市）为止，除了大中祥符六年（1013）为了策划真宗亲谒太清宫一事而短暂出判亳州（今安徽亳州）外，他一直在京任职。在这十几年当中，丁谓主要做了两件事，一是总理宋朝的财政，二是支持真宗朝"天书封祀"的闹剧。

丁谓一生最能体现他吏治才能的，应该是他的理财能力。事实上，抛开"天书封祀"闹剧不提，他在这十几年间，对宋朝财政管理的贡献是非常大的。在三司使任上，他改良了宋朝的土地与赋税制度，让朝廷的财政收入有所增加。此外，他还编撰了《景德会计录》，记录了当时全国财政状况，有利于朝廷掌控收入和开支，此后成为定制。丁谓在朝廷里最大的贡献之一，就是主持议更茶法。宋朝从太祖乾德年间开始设置榷茶务，而从太宗起，为让商人给前线运输物资，于是采用入中法，让商人用物资换茶引，然后凭茶引到京师换茶贩卖，但此法的弊端，是商人所得茶叶，价值往往几倍于他们所输送的物资，造成所谓的茶价"虚估"，从而让朝廷的财政收入锐减。鉴于这种情况，丁谓在景德年间就组织林特等人开始主持议更茶法，他们的措施其实并没有触及入中法的根本，却把几倍的虚估大量压低，从而保证朝廷在茶叶专卖中的收入。实施茶法改革后，不同史料对朝廷的茶税收入有不同的记载，有些说增加了，有些却说减少了。针对茶税收入减少的问题，丁谓在大中祥符九年（1016）作过辩解，认为减少的是虚报的数字，而实际收入是增加了。当时的宰相王旦也支持这种说法，认为按照如今的措施继续实行下去，则可保证年入三百万缗钱。

大中祥符九年（1016）九月，丁谓自请罢参知政事，原因可能是与援引他进入二府的王钦若不和，至于为何不和，史书上没有明说，只是在后来指出丁谓得志时背叛了王钦若，使王钦若对他怀恨在心。尽管我们没看到丁谓与王钦若结怨的原因，但他们之间不和，却可以在一些地方看出端倪。如大中祥符八年（1015）讨论茶法的时候，二府官员均支持丁谓的茶法改革，只有王钦若以"素不知其本末"为由而不吱声。此时丁谓求罢，应该是受不了王钦若的排挤而自请出朝。罢参政后，他被封为平江军节度使，不久就受命出知昇州。这次出朝后，一直到天禧三年（1019），他才回来再任参知政事，而这次回来，他与寇准的争斗也悄悄开始了。

纵观丁谓在天禧三年（1019）入朝之前的仕宦经历，无论在地方还是在中央，他都能表现出一个干吏的才能，为地方老百姓和中央都干了一些实事。但在"天书封祀"的闹剧中，他既是财政官，又是演员，由于这场闹剧劳民伤财，他也从此蒙上了奸邪的恶名，为同僚士大夫所不齿，为后世所诟病。大中祥符八年（1015）张咏临死前曾向真宗上言说："不应该建宫观，耗竭天下的财富，伤害老百姓的生命。这些都是贼臣丁谓欺骗陛下所导致的，请陛下把丁谓的脑袋砍下来挂在开封城门上以向天下谢罪，然后把我的脑袋砍下来挂在丁家门前以向丁谓谢罪。"

其实丁谓在"天书封祀"中所做的这一切，与他的性格有密不可分的联系。如果说寇准的性格特点是"刚"的话，那么丁谓的性格特点则是"柔"。这种柔不是指他温文尔雅、逆来顺受，而是指他内敛深沉、胸有城府。在关于丁谓的史料记载中，很少看见他面折廷争，即使是打击政敌，他通常也会做得无声无息。可以说，寇准做事喜欢明着来，丁谓做事则喜欢阴着来，于是在一般人看来，寇准就显得光明正大，而丁谓就是阴险奸邪了。

丁谓是一个非常聪明的人，他遇事能够随机应变，这些从他仕宦过程的事迹中可见一斑。他有一件很出名的"对真宗问唐酒价"之事，大概是这样的：有一次真宗在太清楼宴请群臣，酒席之间，他突然问起唐代的酒价是多少钱，当时出席的人中，无人能够回答，只有丁谓说："唐朝的酒价是每升三十钱。"真宗就问他理由，他说："臣曾经读过杜甫的一首诗，里面提到：蚤来就饮一斗酒，恰有三百青铜钱。所以知道是三十钱一升。"丁谓果真博闻强记，诗词能够随口而出、信手拈来、应对得当，实在令人叹为观止。有如斯文采，使他能够在真宗面前更加得宠。当然，丁谓的智并不单表现在临时应对上，他为人处世不动声色，非常有心计。《梦溪笔谈》记载了这么一个故事：有一次丁谓随皇帝出巡，礼成之后，真宗诏令给每个辅臣赐一条玉带。当时随行的辅臣有八个，但行在库房里只有七条玉带，此外，在尚衣局那里还有一条叫"比玉"的玉带，价值几百万，是给皇帝用的，比一般的玉带要贵多了。真宗就想用这条比玉凑个数，赏给宰执们。当时丁谓在八个宰执当中官品最低，这条比玉是无论如何都轮不到他的，于是他就偷偷跟负责此事的官员（有司）说，不需要行在库房的玉带，自己有玉带，戴着去谢恩就可以了，等回京之后再重新赏给他就行了。于是有司就这么回禀皇帝，皇帝也同意了。等到谢恩那天，只见丁谓那条玉带只有手指那么宽，皇帝于是跟身边的宦官说："丁谓的玉带与同僚比小太多了，赶快给他找一条来换掉。"可有司说，就只有那根尚衣局的玉带了。于是真宗就把那根比玉赐给了丁谓。在这件事上，丁谓是算准了真宗的心理，知道他一定会怜悯自己，把最贵重的比玉御带赏赐给他。这种心机权谋之术，一般人实在有所不及，而当时号称君子的人，估计对这些事也不屑为之。

把这种心机用于邀功纳赏，对别人也不会造成伤害，充其量也只能说他心术不正，但丁谓却把之用于排挤和打击政敌。大中祥符九年（1016）七月，河东转运使陈尧佐上言说，让今年本路的官兵自备冬衣，不用来自两川地区的棉料，这样可以给朝廷省去五十万棉绢。这本是给朝廷省钱的事，但丁谓说："河东本来就不生产棉绢，不可能筹划出这些冬衣来，这些都是转运司每年向朝廷报大数，从而屯留下来的物资。"宋朝为防止出现五代十国的割据局面，对地方军队及物资控制非常严格，宋太祖时即有规定，各地赋税物资，除留够本地必须开支外，都要运送到中央，不得占留。丁谓此前就因帮助李溥而跟陈尧佐结怨，此时说出此话，实际上是诬蔑陈尧佐擅自占留物资,他不点名、不面争,轻描淡写地把矛头直指对方,其用心之险,不言而喻。幸好,他在天禧三年(1019)以前并没有过多使用这种深沉的权术去陷害同僚。然而,在寇丁之争中,丁谓又算尽心机打击寇准等人,把他这种险邪的性格暴露无遗。

丁谓智计之深远,心机之缜密,若以之做有为之事,则如其政绩一样,国家百姓都会受惠;但若以之作奸犯科,则必致祸国殃民。他的好友,性格刚正的王禹偁曾规劝他说:"谓之啊,你现在中了进士,以后当个太子中允就不错了,如果想与世浮沉,自坠于名节,我认为不值啊。"可惜丁谓没有听他的劝告,最终还是与世浮沉,自坠于名节。其实,要丁谓像寇准一样刚直敢言是不大可能的,这不符合他的性格。早在景德元年(1004)他首次回京任知制诰时,启谢时宰,其中有说"效缤密于孔光,不言温树;体风流于谢安,但咏苍苔"。孔光是西汉时的给事中,据说他为官非常小心谨慎,皇帝问什么他就按照心里面所想去回答,不会故意逢迎皇帝的旨意,可皇帝不听的话,也从来不强谏。有人问孔光,这温室中的树是什么树啊,孔光笑而不语,然后顾左右而言他。这就是"孔光不言温树"的典故。至于谢安是晋朝名臣,但其一生风流,早年不问国事,一直到40多岁才入仕。丁谓欲效仿孔光和谢安,其与世浮沉之志已决。又大中祥符八年(1015)十月,真宗与丁谓谈论给事中慎从吉的事,丁谓说:"从吉喜欢说别人的不好,所以就积众怒了。"真宗说:"当官嘛,就应该遵循常道,有人喜欢强行为善来谋取名声,那毁谤之言肯定就随之而来了。"在丁谓看来,当官就应该与世浮沉,而真宗刚巧喜欢不好言人过的官员。由此看来,寇准跟丁谓的性格是完全相反的,他们之间的争斗,几乎是注定的。

其实丁谓的与世浮沉，是他性格"柔"的体现。在天禧三年（1019）以前，真宗也多让他处理一些实际技术操作的问题，这一点真宗还算知人。以丁谓"与世浮沉"的性格，他如果不过分追求名利，虽然没有诤臣之名，但却也有利于调和朝廷内部矛盾，有点儿宰相之才，更甚于寇准，也许能像吕端那样"小事糊涂，大事不糊涂"，起码也不至于堕落于名节。但其智计过高，争名逐利之心又重，心思又够缜密，不露声色，险邪的性格也随之形成，"自坠于名节"就被王禹偁不幸言中了。

丁谓的与世浮沉，不是简单的谨慎不言，他实际上也有与人一争长短、希求高位之心，这又衍生出他谄媚希合的性格。他为了向权力的高位攀爬，除了搞好本分的政绩外，还会迎合上司，特别是对皇帝阿谀奉承。真宗喜欢赏花钓鱼，大臣们一般要在一旁陪同，往往要写诗助兴。可有一次真宗怎么都钓不上鱼来，丁谓立马写了一首诗，其中有两句曰："莺惊凤辇穿花去，鱼畏龙颜上钩迟。"这又是丁谓才智的一次表演，同时也化解了真宗的窘境，一举两得，但希合谄媚之心显而易见。不过这只是宋代宫廷生活的一件趣事，士大夫与皇帝最多也是一笑置之，无伤大雅。然而，在祥符年间，丁谓为了迎合真宗，与王钦若等人上演了"天书封祀"的闹剧。王钦若是"天书封祀"闹剧的始作俑者，而丁谓则是这场闹剧的有力支持者。南宋吕中言："封禅之议，决于丁谓'大计有余'。"道出了丁谓在闹剧中发挥的作用。丁谓在这场闹剧中，比较系统做了三件事，而这三件事，也无不体现出他谄媚的性格，而他谄媚的目的，是为了爬上权力的高位。

第一，计度"天书封祀"中的财政。这是丁谓的老本行，而财政问题也是他政治生涯中最成功之处。诚如上一章所言，真宗怕封禅泰山钱不够，于是问当时的三司使丁谓，丁谓说了一句"大计有余"，给真宗吃了一颗定心丸。当时宋朝确实大计有余，可真宗不肯就此罢手，他不但"东封"，还要"西祀"，又大搞天书祥瑞活动，大造宫观，这样一来，宋朝的财政就出现危机了。丁谓久掌财政，当然知道是怎么一回事，大中祥符四年（1011），他上奏真宗说："东封及汾阴，赏赐亿万，再加上各路蠲免租税，免除口算，这是圣上恩泽宽大，可恐怕有司经费不足啊。"从"大计有余"到"经费不给"，可见宋朝财政经历了如何巨变。然而真宗并不想停止这场运动，反而希望老百姓勤俭节约。丁谓揣摩到真宗的意思，于是不再提国库虚空一事，还与他的同党一起，大肆挥霍金银，营造宫观神像，迎合真宗。

第二，主持修建宫观。主要是玉清昭应宫。当年修建此宫的时候，王旦是不同意的，真宗的藩邸旧臣张旻也反对，是丁谓给真宗出了个主意，让他跟群臣说，修宫是为了求皇嗣。这涉及将来皇位传承问题，大臣们就不能再反对了，而丁谓也因此被委任专门负责修建此宫。丁谓成为修玉清昭应宫使后，在建宫问题上为讨好真宗，可谓无所不用其极。他不但扩大了原先草案的规模，把玉清昭应宫修得富丽堂皇，且为提早完工，他还要求工人加班加点，甚至三伏天都不让休息，幸好这个建议被宰相王旦阻止了。扩大建设规模，自然多花费国库钱粮，多劳役工人，但在丁谓看来，只要能讨好皇帝，这些都不算什么。在丁谓的这种"努力"之下，玉清昭应宫终于在大中祥符七年（1014）完成，比原先规划的 15 年，足足提前了将近 10 年，工人劳役之苦可想而知。除了修玉清昭应宫外，在大中祥符五年（1012），他又被任命为修景灵宫使，之后又上言要求重修天净宫，并绘图以闻。可以说，对于修建宫观，丁谓是不遗余力的。诚如张咏临死前所言，这场运动，真正耗竭天下财富的并不是"东封西祀"，而是修建宫观。而如果说丁谓在这场运动中计度财政乃是他身为三司使的本职工作，那倡议修宫观，而且扩充其修建规模，则完全是他阿谀迎合真宗之举了。

第三，进献天书祥瑞。丁谓献天书祥瑞的目的，很大程度上也是为了迎合真宗之意，不过他有时上奏祥瑞时相当露骨，连真宗都不大相信。有一次，皇城使刘承珪到崇政殿献上新制天书法物，刚好有14只鹤飞过，于是丁谓奏"双鹤度天书辇，飞舞良久"。第二天，真宗对他说："昨天看到的鹤啊，就是在车辇上飞过而已，如果说飞舞良久，文雅是够文雅了，但恐怕不是事实，还是把奏章重新写过吧。"丁谓马上说："陛下以真诚侍奉上天，以不欺诈的精神来面对天下万物，改正一个小错误，影响却是深远，皇帝的美德莫过于此了，希望中书能把这件事记录在《时政记》里。"《时政记》乃皇帝与大臣商议军国大事的记录，也是后世修史的重要原始材料，而一旦把某件事记录进去，这件事就很有可能在后世流传。丁谓此举，是要奉承皇帝，让他流芳百世；由此可见，祥瑞与否，全随皇帝之意而决，只要皇帝意思一改变，丁谓的立场也马上改变。

"天书封祀"，是丁谓政治生涯最大的污点之一。如果他之前的政绩尚可称之为功的话，那么策划上演"天书封祀"的闹剧，就是他的罪过，而且此罪之大，几乎掩盖了他的功绩，使世人视他为奸邪。据《东轩笔录》记载，丁谓后来当上了玉清昭应宫使，而夏竦是判官。有一天，他们在斋厅与同僚宴会，请了民间杂耍玩魔术的艺人来助兴，丁谓就让夏竦就这魔术表演当场吟诗一首，夏竦即席赋诗曰：

舞拂挑珠复吐丸，遮藏巧便百千般。

主公端坐无由见，却被旁人冷眼看。

夏竦这首诗以杂技人的障眼法为比喻，一语道破丁谓谄媚欺诈皇帝的手段，据说丁谓读完此诗后，脸色大变。

丁谓的性格以柔为主，但他的"柔"，不是王旦的柔顺，也不是吕端的"糊涂"，只是性格内敛，办事深沉，不张扬而已。事实上，他的权力欲望很强，与人争雄之心也很盛，否则他就不会刻意讨好真宗，也不会在天禧年间与寇准等人有如此激烈的争斗。寇准刚被丁谓排挤出朝时，就有民谣云："欲得天下宁，当拔眼中'丁'；欲得天下好，莫如召寇老。"这首民谣反映出寇准与丁谓在当时社会中的人心背向。其实这与他们两人的性格与处世方式有关。此二人都有很强的权力欲，寇准刚直，即便与人相争，也显得光明磊落，而且为人好言人事，不像会巴结皇帝，在常人看来就显得正直。再加上他最大的功绩是澶渊之役中与强辽斡旋。在对外问题上刚强不迫、誓不退让的人物，历来是中华民族重点褒扬的对象。相反，丁谓性格阴柔，好谄媚巴结，对付政敌时又无声无息，显得阴险，这就给人印象甚坏了。他最大的功绩是财政问题的处理和对财政制度的完善，这种事的好坏除了管理层少数几个人知道外，一般老百姓很少会察觉。而且制度改革的好坏还未有足够的时间体现出来之前，可能已经有人成为制度改革的牺牲品，改革者的骂名也会由此而来。另一方面，丁谓为了获取高官要职，努力谄媚讨好真宗，运用他高超的理财能力，使得"天书封祀"顺利进行，但老百姓饱受其害，痛恨丁谓也是理所当然。"天书封祀"闹剧更使丁谓在士大夫中引发反感，视他为奸邪。在各种文集笔记中都记载着士大夫们对他的厌恶之情，这些记载流传下来，就更加深了民间对他的痛恨情绪。

三、对垒且分明

历来的政治争斗，很少只是两个主要人物之间的争斗，在他们后面，往往都有他们的支持者和利益关系者，还有同情者，他们结成阵营，这往往会让政治争斗变得更加复杂。寇丁之争也是一样，他们两人各自的朋友圈不仅是他们个人的事，也影响到二人的从政以及争斗的结果。

在寇丁之争中，寇准的同盟者主要有杨亿、李迪、王曾和周怀政四人，当然还有一些寇准的追随者和同情者。下面先逐一说明一下这四个人参与这次争斗的原因，即他们与寇、丁二人的关系或他们在争斗中的利益冲突。

杨亿，字大年，文采出众，太宗和真宗两朝皇帝都对他宠爱有加。据记载，太宗有一次宴请馆阁词臣，杨亿资格不够，不能参加，但还是把诗写好让参加者带去。太宗把杨亿的诗读了之后，非常生气地质问安排宴会的工作人员为何不请杨亿。有司回答说，他没有贴职，级别不够，所以没请。太宗立即让杨亿直集贤院，安排他参加晚上的宴会。杨亿所献之诗是这样写的：

> 闻戴宫花满鬓红，上林丝篦侍重瞳。
> 蓬莱咫尺无因到，始信仙凡迥不同。

这个故事不但说明杨亿颇受太宗器重，还可以看出他年少之时，已是一身傲骨，而且自信十足。由此可见，杨亿的性格和寇准一样，都是以刚为主。他曾因过于刚直而被人诬陷，自觉无法辩解，甚至弃官潜逃，其刚劲孤傲，可见一斑。大中祥符六年（1013），杨亿起草答契丹书，用了"邻壤交欢"的字眼。真宗刻意改为"朽壤""鼠壤""粪壤"等带贬损意思的字眼，杨亿于是改为"邻境"。第二天，他引用唐朝故事，认为学士草制有所改是不称职，要求辞职。真宗于是对他有所评价，认为"杨亿真有气性，不通商量"。

或许由于他这种刚直的性格与寇准非常相似，他与寇准的交往也十分密切。在澶渊之役中，他就与寇准一同在城楼上喝酒，以表镇静，安抚真宗，而寇准此后几次拜罢的谢表，都是杨亿代笔的。他与寇准交情情如金石，在寇丁之争中相助寇准，乃是理所当然。再者，他本身刚强正直，疾恶如仇，对丁谓等人早已看不过眼，支持寇准铲除丁谓，也正是他心中一件快意之事。

另外，杨亿在这场争斗中也有一个原因使他不得不支持寇准，这里涉及真宗的刘皇后。当时刘皇后已经掌权，寇准倒丁，其矛头其实也指向她，因此，各人在这场政治争斗中，与刘皇后的关系也相当重要。杨亿与刘皇后是有过节的，这要追溯到大中祥符五年（1012）的时候。当时真宗要立刘皇后，想让杨亿这位大才子写制书，于是让丁谓去给杨亿传旨。杨亿不愿意，但又不好推脱，于是要求刘氏说明自己祖上三代的履历，这分明是为难贫寒孤女出身的刘氏。丁谓说："大年兄就勉力而为吧，做了这件事，还担心富贵荣华吗？"杨亿立即回答说："这样的富贵，不是我想要的。"杨亿不肯为刘皇后草制，不知是何原因，但因此与刘皇后结下了仇怨，却是事实。寇丁之争中，丁谓是得到刘皇后支持的，如果寇准倒台，估计刘皇后也不会放过杨亿。不过幸运的是，他与丁谓的关系还有点微妙，他们都是《西昆酬唱集》的作者，杨亿还是主要编者，且两人的诗文都非常出色，可能丁谓由此对他惺惺相惜，在寇准倒台之后并没有过分为难他。而他本人也于天禧四年底（1021）去世，当时李迪刚离开中书，之前一直与丁谓抗衡，丁谓尚不能独断，刘皇后也还没有坐大，没有机会追究他。

李迪，字复古，景德二年（1005）以状元进士及第。李迪的性格与杨亿一样，非常刚烈，他在后来与丁谓的争执中甚至想出手打丁谓。而他与丁谓的过节，很大程度上由于丁谓的死党林特，此乃后话。李迪与杨亿不同，他与寇准的关系不如杨亿深，他对寇准充其量是怜悯与同情。与他交情比较好的，应该是寇准的同年好友王旦。可以说，李迪中状元一事，就是王旦提携的。景德二年（1005）李迪与贾边都参加了科举考试，在当时都很有名。在参加省试的时候，主考官想把两人都录取了，但最后二人却都落榜了。李迪的问题是在一首赋中押韵不对，而贾边的问题是写作内容违背了《十三经注疏》的解释。于是主考官把他们二人的情况上奏给朝廷，希望能给他们一个重考的机会。王旦当时就说，李迪的错误不是故意的，可以宽恕，但贾边却是另立异说，这种口子不能开，否则以后的考生就会刻意穿凿附会，破坏科场原有的标准。于是李迪被录取了，而贾边被黜落。王旦对李迪如此提携，李迪当然是感恩戴德，对他十分尊敬。王旦一向推崇寇准，李迪与他虽然没有深交，但受王旦耳濡目染，在政治争斗中同情并支持他，也在情理之中。而且，李迪跟寇准一样，都是刚强直爽之人，这就更促使他们走到一起。此外，李迪在天禧元年（1017）九月拜参政，据说他是王旦为阻止王钦若一伙势力进一步膨胀而摆放在中书的棋子。而在"天书封祀"中，丁谓跟王钦若都是这场闹剧的极力鼓吹者，王旦当时虽然只对付王钦若，没有把矛头直接指向丁谓，但这可能只是因为丁谓分量还不够，然而他在这场闹剧中的所作所为早已为人所不齿，李迪讨厌他应该是从这时开始的。

李迪在寇丁之争中支持寇准的另一个原因与杨亿一样，就是与刘皇后的关系非常差，可以说比杨亿还差，以致于刘皇后后来差点借丁谓之手把他弄死。事情也起源于真宗在大中祥符五年（1012）册立刘后之时，当时杨亿只是拒绝写制书，但身为翰林学士的李迪却是多次上疏，认为刘氏出身低微，不可母仪天下。这个仇刘皇后是记在心上了。在后来寇准被罢出朝之后，李迪在中书与丁谓抗衡，他甚至直接把矛头指向刘皇后，这就直接决定了他跟献媚于刘皇后的丁谓走上对立面。李迪支持寇准，还有一个很重要的原因，就是他与太子，即后来的仁宗之间的关系。电视剧《清平乐》中，仁宗跟他的老师晏殊关系极好，晏殊也处处维护着仁宗的利益。然而，历史上真正与仁宗关系极好且极力维护仁宗利益的老师是李迪而不是晏殊。仁宗被立为太子后，李迪就成了太子宾客，后来又当了太子少傅。他是太子的老师，有责任保护太子，而在他看来，刘后坐大，丁谓擅权，这对太子是极为不利的。更何况，以当时的形势，刘皇后是否会效仿唐武后之事，还是未知之数，太子又非刘皇后所生，一旦发生变故，太子恐怕性命不保，赵氏江山也岌岌可危。这一切，使得他必须与丁谓和刘皇后等人抗争到底，而他也就自然而然地走到寇准那边去了。

王曾，字孝先，咸平五年（1002）以状元进士及第。王曾与寇准的关系是非常好的，他进士及第不久之后，即受到寇准的破格提拔，这在前文已经提及。王曾不但受到寇准的提拔，还与寇准身边的朋友交情甚深。例如杨亿对他是十分推崇的，寇准能对他破格提拔，也是出于杨亿的推荐。另外，王曾还是寇准的同年兼好友李沆的女婿。除了杨亿和李沆外，王旦也十分看好王曾。他于大中祥符九年（1016）出任参知政事，就是出于王旦的推荐。他和李迪一样，是王旦放在中书用以对付王钦若的棋子。从上述王曾的交往可以看出，他与寇准的交情一定不浅，在寇丁之争中，他注定是要站在寇准一边的。后来寇准罢相后，他把房子借给寇准住了一段时间，也差点因此被丁谓抓住把柄。

另一方面，王曾本人对丁谓十分厌恶。首先，他是反对"天书封祀"的。在这场闹剧搞得最红火的时候，朝廷上下基本没有人敢规劝真宗，而王曾却"陈五害以谏"，估计从那时候开始，王曾就对力主大造宫观、大搞祥瑞的丁谓有所不满。后来王曾被罢参政，也是因为拒绝兼任宫观官，从而被王钦若抓住把柄，弹劾下台。不过王曾并不像寇准、杨亿和李迪那样，把对丁谓的痛恨之情都表露在脸上。他一直表现得比较隐晦，后来王曾表面装成对丁谓甚为恭谨，暗地里却用计把他打倒。直到丁谓倒台甚至死了之后，他才把对丁谓的不满发泄出来。当得知丁谓的死讯后，他对同僚说："这个人平生聪明多计，深不可测，他在海外，依然能够用计回到中原，如果不死，几年之后，未必不能被起用，而如果他被起用，天下百姓的不幸还能说得尽吗？我不是对他的死幸灾乐祸。"

周怀政与上述几位都不同，他是一个宦官，也不是什么正人君子，他对真宗"天书封祀"的闹剧，不但参与，而且大力支持，是这场运动的既得利益者。他由于天书而获得权力，往往他说的事真宗都能批准，所以攀附他的人很多；至于同列中声望和地位比他高的，他都会排挤；而朝廷府库及宫廷内库中很多财物，都被他挪用到家里。而这个人才识十分平庸，总是迷信一些妖言惑众的事情。可以说，周怀政几乎具备了历代宦官的所有缺点。这样一个人，为什么又可以跟寇准扯上关系呢？周怀政能搭上寇准，是因为寇准上天书的事，是他穿针引线的，此事上文已述。而且，王钦若罢相，使寇准得以再拜，据说又与他有关。但他在寇丁之争中支持寇准，甚至为他谋划，却是为了自保。在天禧年间，周怀政的处境其实很不好过。朝臣们多次向真宗言说周怀政的胡作非为，真宗不忍心批评他，却也渐渐疏远他。他当然害怕了，于是常常让小黄门（就是宫中职位较低的小宦官）从内宫走出来，装作皇帝喊他入内东门觐见。进去内东门后，他就找个地方坐着，很久才出来，以此来欺骗别人，以示受宠，但其实这也只是在心理上的自我安慰而已。在朝廷上的宰辅中，除了寇准之外没有人认他的账。在寇准与丁谓第一次交锋之后，丁谓更是“疏斥怀政，使不得亲近”，对他处处提防。可以说，他只有靠着寇准，才能保护自己，寇准一旦倒台，双方的其他人物都不会放过他，他马上就会倒霉。后来的事实也证明的确如此，而他此时也很明白自己的处境。所以，在寇丁之争中，他非得支持寇准不可。

在寇丁之争中，朝中有些大臣也因与寇准关系亲厚，或者同情寇准而受到牵连，他们有些只是间接参与这次政争，有些甚至没有参与，但在丁谓等人眼里，都是与寇准一派，这些人都应算作寇方阵营里面。

第一个是王曙，“其妻，寇准女也”。他是寇准的女婿，自然是丁谓要打击的对象。而且作为女婿，寇准的事他也肯定知道。在第一轮的争斗中，寇准让杨亿起草奏章，王曙知其不可为，曾尝试劝止过寇准。尽管如此，但丁谓也不可能放过他。寇准被贬后，他也"降知汝州，……贬郢州团练副使"。

其次是曹玮与周起。有记载说，周起一向跟寇准关系很好，而曹玮（曹彬的儿子）也不党附丁谓，所以丁谓很讨厌他们俩，于是就污蔑他们是寇党，后来都被罢官贬职。据说周起的性子很乐观，喜欢喝酒，寇准在中书当宰相的时候，就曾跟他一起跑到曹玮家喝酒，一起去的同僚很多都先走了，只有他们两人喝得酩酊大醉，很晚才走。由此可见，曹玮与周起跟寇准的关系都非常好，而曹玮与丁谓的关系却是很差。其实，周起并没有直接参与这场政争，寇准被贬后，他从枢密副使"罢为户部郎中，知青州，又降太常少卿、知光州"，这纯粹是牵连。但曹玮不同，他虽然没有直接参与争斗，但不知真宗有意还是无意，周怀政之狱正是由他审理，而他也只办了周怀政一人，没有牵连寇准。但不管怎样，丁谓是绝对不会放过他的，寇准被贬后，他就"除南院使、环庆路都总管安抚使。乾兴初，谪左卫大将军、容州观察使、知莱州"。

在寇丁之争中受牵连贬官的还有盛度和王随等人，但他们并没有实际参与这次政治争斗，最多只是寇准的亲厚者或同情者。但丁谓也把他们视作寇党，尽数贬官，这是他借机排挤异己。

丁方阵营的主要参与者是曹利用和钱惟演，还有其他一些丁谓的同党。与寇准一方不同，这一方一般不以人情关系为纽带，他们的价值观都比较集中在个人利益方面。可以说他们基本都是利益的投机者，因而他们与丁谓的关系都不是十分稳固，而是与丁谓后面的皇室支持者刘皇后关系更紧密一些。

曹利用，字用之。他与丁谓的关系不见得很亲密，可与寇准的关系就非常差了。这事可以追溯到澶渊之盟，前文已述，不再赘叙。澶渊之盟后，曹利用在岭南等地做了几年官，大中祥符七年（1014）七月，他回京就任枢密副使，但寇准对他并不满意，常说"君一夫尔，岂解此国家大体耶"。寇准把他称为"一夫"，这似乎是对他武职出身的蔑视，但看深一层，寇准应该不会蔑视武职出身之人，因为在他的知交好友中，不乏武官，如高琼、马知节及上文提到过的曹玮等。由此可见，寇准对曹利用的轻视，并不在于他的出身，而是澶渊之盟以来所积存的成见，是他亲手把曹利用推到丁谓一边的。在天禧年间，曹利用并不好过。寇准的性格他很清楚，对于他不喜欢的人，他是会不遗余力地排挤的，这一点曹利用早已领教过。而且他与冯拯不同，冯拯虽也与寇准不和，但他在寇准罢相之后才任枢密使，此时寇准的矛头并不指向他，他是完全可以左右逢源的。然而，曹利用在寇准再次拜相之时已经同知枢密院事，天禧三年十二月（1020年1月）他又被拜为枢密使，虽是西府之首，却又在宰相之下。这样一来，对他来说，寇准就非倒不可了。而且寇准倒了，以真宗对他的信任，加官晋爵是指日可待的事。当丁谓要求与他合作扳倒寇准时，他就毫不犹豫地答应了。

钱惟演，字希圣，是吴越王钱俶的儿子。他为人博学多才，但个人品德却不符合士大夫们的标准，因为他总希望通过婚姻裙带关系谋取高位，这一点使他一直受到士大夫们的鄙视。应该说，钱惟演是一个政治投机者，只要谁能让他扶摇直上，他就会投靠谁。以他这种谄媚的性格，是很难容于寇准的，更何况他又没有像周怀政一样，曾在一些重要关头帮寇准一把。因此，他干脆不去走寇准的门路，而是直接把宝押在丁谓身上，从而依附于他，与他结为儿女亲家，企图通过丁谓攀上仕途的高峰。这是一场政治婚姻，决定了寇丁之争中钱惟演必须站在丁谓一边，因为如果寇准得势，丁谓倒台，他马上就要跟着倒霉。

当然，一个投机者绝对不会把自己一生的命运都押在一个人身上，钱惟演在这方面非常精明。除了丁谓外，他还与其他家族结成姻亲，以攀附权贵，刘美就是其中一个。刘美原姓龚，本身是一个银匠，地位十分低下，但正是他把刘皇后从西川带到开封，并介绍给真宗的，这层关系就非常重要了。刘皇后出身寒微，跟随龚美后早已与家人失散，后来她嫁给真宗，龚美就成了她的外家。于是，真宗即位之后，刘氏成为美人，因为没有宗族，所以就认了龚美为兄长，并让他改姓刘。钱惟演与刘美早已相识，当初他嫁女之时，就是让银匠龚美给女儿打造嫁妆的。到龚美拜官之后，钱惟演立即把妹妹嫁给他，并把以前龚美打造的银器都归还给他。钱惟演这一次嫁妹，让他攀上了刘皇后这一门路，一举成为后族。然而，攀上后族使钱惟演无可避免地参加了寇丁之争，而且也一定得倒向丁谓一方。因为在这次政治争斗中，寇准一方的人几乎都是要剥夺刘皇后预政的权力，特别是寇准和李迪在朝之时，刘皇后和丁谓的命运几乎连在一起，而钱惟演与丁谓和刘皇后都有姻亲关系，他自然要誓死保卫这一方阵营，以保全自己和维护自己的既得利益。不过，后族的身份使他与丁谓有所区别，他不必看丁谓的脸色做人，丁谓倒台后，他也没有随着倒霉。刘皇后后来虽然不能为这位外戚谋得宰相之位，但在她生前却一直使他享有不错的待遇：

官兼将相，阶勋品皆第一。

　　当时朝中站在丁谓一边的还有杨崇勋和雷允恭，但此二人在这场政争中并不如曹利用和钱惟演重要。杨崇勋，字宝臣，也是武职出身，苏州人，与丁谓是同乡。杨崇勋在这次政争中的作用主要是周怀政谋乱时向丁谓告密。不过，杨崇勋与其说是丁谓的同党，不如说是刘皇后的同党。丁谓之前一直没有跟他商量过倒寇之事，而他知情并参与其中是一个意外，是周怀政所托非人。他知道此事后迅速作了一个投机的决定，把宝押在刘皇后等人身上。事后，他马上得到回报，从客省使、英州防御使升为邓州观察使，"并赐金带及金银，降诏褒奖"。后来丁谓倒台，他并没有跟着倒霉，而是在刘皇后的支持下，先后出任枢相和使相，最后以左卫上将军致仕，死后还赠了一个太尉。由此可见，他并没有始终依附着丁谓，而刘皇后对他也是眷遇甚隆。

　　雷允恭是一个宦官，与杨崇勋不同，他始终依附着丁谓。寇丁之争，雷允恭基本没有参与其中，直至仁宗继位，刘太后当政后，他成为丁谓摆放在太后身边的一只棋子，而后来王曾也是通过揭发他的不法行为而推倒丁谓的。《宋史》雷允恭本传称："章献后初临政，丁谓潜结允恭，凡机密事令传达禁中，由是允恭势横中外。"由此可见，雷允恭交结丁谓，是想扩张自己在宫内外的势力。

　　丁谓在朝中也有自己的派系，最典型的是林特、任中正和潘汝士，他们其实没有真正参与到寇丁之争中，但丁谓下台，他们也跟着倒霉。林特，字士奇，文章非常出众，因而很早就受到太宗的赏识。他是丁谓的死党，同时被人称为"五鬼"。他与丁谓一样，都是经济之臣。前文所述议更茶法一事，就是在丁谓的主持下，由他去办的。林特与寇准的关系非常糟糕，但他并没有直接参与寇丁之争。不过丁谓并没有忘记这位老朋友，自己得意之时还多次提拔他。丁谓与李迪忿争的导火线也正由于此。丁谓事败后，林特也被贬职许州。任中正，字庆之，当时是参知政事，也是丁谓的死党，丁谓事败后，唯独他开口为其求情。没多久，他就"罢为太子宾客，知郓州，坐营救丁谓故也"。潘汝士是丁谓的女婿，他也没有参与这次政争，不过丁谓事败，他也随之降知虔州。当然，丁谓的党羽颇多，受他牵连降职的还有丁珙、丁玘、丁珝、丁武、薛颜、祖士衡、章频、苏维甫、黄宗旦、孙元方、周嘉正、上官佖、李直方、钱致尧等人。

这里有两个人要说明一下。一个是冯拯，他在此次政争中似乎偏帮丁谓，但最后王曾推倒丁谓之时，他又踩了丁谓一脚。何冠环先生指出，冯拯在这场政争中是一个"左右逢源、随波逐流"的人，并不属于寇方或者丁方。

另一人是"五鬼"中的王钦若，与寇准的积怨很深。早在天禧三年（1019）六月寇准拜相之前，王钦若就因贪污及与妖道交结而罢相，可寇准罢相不久，他又请求入朝，并得到批准。王钦若与丁谓是同年进士，且曾对丁谓有恩，在大中祥符年间推荐他出任参知政事，但后来却不知何故又与丁谓闹翻。此时丁谓也不愿意这位故旧加入到自己的阵营中，在他回来的短短时间里，还捉弄了他一把。真宗本已答应拜王钦若为相，但丁谓却用偷换概念的办法，把王钦若拜为使相，为西京留守，借此将他赶出朝廷。但王钦若并不死心，他不断上表要求回京就医，实际上是想找机会重拾真宗的同情。丁谓当然没有让他得逞，他秘密派人跟王钦若说："皇上几次提到您呢，很想见您一面，您现在就上表回来，皇上一定不会诧异的。"王钦若果然上当，马上从西京河南府跑到东京，结果被丁谓抓了一个擅离职守的罪名，由御史中丞薛映审问定罪后，责授司农卿，分司南京（今河南商丘）。丁谓还毫不客气地把他的罪状公布天下。王钦若一生奸险无比，在景德之时狠狠整了寇准一把，大中祥符间又与王旦争权。但他万万想不到，天禧间激烈的寇丁之争，他已无力参与，而且还被当年自己一手提拔的丁谓捉弄，真可谓虎落平阳被犬欺。

　　寇准和丁谓有着不同的思想、性格和仕宦经历，他们的交友圈子也大不相同，因而形成了朝廷上两个互相争斗的阵营。寇准一方，后人多视为君子，他们之间比较注意人情关系；丁谓一方多被后人视作小人，他们之间的关系是以利益来维系的，这可能就是后人厚寇而薄丁的原因之一。丁谓方面还有一点不同的是，他们得到真宗刘皇后的支持，而这位刘皇后更为寇丁之争推波助澜，以收取渔人之利。这里必须注意的是，寇丁双方只是形成阵营，他们虽然互相指责对方结党，并在各自阵营中形成了比较一致的政见，但由于他们的关系还比较松散，因此没有发展为大规模的朋党。当然，朝中也有既非寇派也非丁派的大臣，最典型的是冯拯和王钦若。冯拯在这场政争中左右逢源，获利甚多，而王钦若却是被丁谓整得死去活来，根本无力参与。天禧年间，朝中各人各有打算，有的心系社稷，有的自谋利益，一场波谲云诡的政治争斗正逼近汴梁城内的大宋朝廷。

第六章

◎

天禧政争

天禧政争，是指从天禧四年（1020）六月开始，持续到乾兴元年（1022）中大宋朝廷内部围绕皇权行使权问题的一场争斗。争斗双方大臣分别以寇准和丁谓为首，故也可以称之为"寇丁之争"。政争分为三个阶段，而寇准实际参与的其实是第一阶段，在其后两个阶段，寇方大臣均秉持着寇准让太子监国，并掌握皇权行使权的基本理念，而寇准晚年的命运依然受其牵连，故寇准依然是政争一方的代表人物。然而我必须指出，尽管寇、丁二人在这场政争中处于对立的状态，但他们此前私交极好，丁谓早期的升迁也可以说是得到寇准的提携。既然如此，二人的关系是怎么演变到势成水火，甚至到后来丁谓欲杀寇准而后快呢？故此，讲述这次政争之前，很有必要先讲讲寇、丁二人关系的演变，而这也是政争的缘起。

一、从友到敌：寇、丁关系史

寇准与丁谓早期的关系应该说是非常好的，其明显的证据就是寇准向李沆推荐丁谓之事。事情是这样的：话说寇准跟丁谓关系好，所以屡次向李沆推荐丁谓的才能，但李沆均未采用。有一天，寇准跟李沆说："之前我总是说丁谓有才，但相公始终不用，难道是他的才华不足以被任用？还是我的话不足以被听取呢？"李沆说："像这样的人，有才是有才，但看他的为人，能让他位居其他人之上吗？"寇准说："像丁谓这样的人，相公难道还能让他久居人下？"李沆说："你以后后悔了，就会记起我说过的话。"后来寇准确实把丁谓提拔了上来，但跟看张泊一样，寇准在丁谓的问题上，眼光十分糟糕，最终反受其祸。从故事里，我们也能印证寇准使气的性格：只要认定了一个人，就算别人如何反对，他也照用不误。

这个故事被记录在魏泰的《东轩笔录》里，而在故事里，寇准称李沆为"相公"，则此事应该发生在李沆在宰相任上。李沆自咸平元年（998）十月拜相，景德元年（1004）七月卒于任上，前后共六年。而按照寇准的仕宦经历，他应于咸平五年（1002）五月抵京任官，至景德三年（1006）罢相出京，故寇准向李沆推荐丁谓一事应该发生在咸平五年（1002）到景德元年（1004）之间。而按照丁谓的仕宦历程，他在景德元年（1004）二月回京任知制诰。丁谓这一次回京至李沆身故，只有五个月的时间，这五个月，应该就是他与寇准真正有机会相处的时间。其实在淳化三年（992）丁谓进士及第之时，寇准也在京为枢密副使，但当时寇准与丁谓同榜的张士逊关系较好，甚至与之同游东京相国寺；此外，这一榜的王曙后来也当了寇准的女婿，但此时却看不到关于他与丁谓关系的记述。由此可见，寇准早期与丁谓直接接触的时间很短，对他的直观了解应该不会很深，那么他为什么屡次向李沆推荐丁谓呢？我认为，寇准对丁谓的了解，不在于他的直接观察，而在于旁人对他的描述及他对丁谓本人的第一印象。

首先是朋友向他推荐丁谓。寇准是很容易接受朋友推荐人才的，前文提及的杨亿推荐王曾就是如此。而寇、丁关系中最关键的人物应该是王禹偁。王禹偁是寇准的好朋友，早在太平兴国五年（980），他就与寇准和张咏一起到开封参加省试。在后来的《答丁谓书》中，他认为自己有刚直之名，疾恶过当，而且年轻的时候年少气盛，敢于做事。这些性格，又都与寇准的刚直非常符合，真可谓意气相投。再者，他们二人都有共同的朋友圈。寇准的好友王旦、杨亿等都与王禹偁有很深的交情，而寇准的同年密友张咏更是与之结为亲家。另一方面，王禹偁与丁谓的交情也十分亲厚，这首先是他对丁谓诗文的赞赏。在丁谓尚未进士及第之前，他就曾给丁谓赠诗云：

> 二百年来文不振，直从韩柳到孙丁。
>
> 如今便好令修史，二子文章似六经。

王禹偁在当时是大文豪，想得到他赠诗非常困难，更何况是赠诗赞扬。如仁宗朝宰相庞籍，其父亲庞格曾在王禹偁手下办事，得到过王禹偁赠诗。后来庞家对这首诗珍而重之，庞籍还让司马光在父亲坟前把这首诗刻上，以作永久留念。王禹偁给丁谓的这首诗成为当时绝唱，也因而使孙何与丁谓名声大振。除了赞扬丁谓诗文优美之外，王禹偁还向好友薛惟吉推荐丁谓。在推荐信中，王禹偁说丁谓是当世"巨儒"，其文章像韩愈和柳宗元，诗歌像杜甫，性格特立独行，行为耿介高洁，连参知政事窦偁都对他非常赞叹，把女儿许配给他。在信中，王禹偁还把丁谓称为"国士"，希望身为宰相之子的薛惟吉（薛惟吉是宋初名相薛居正的养子）能够对他提携一二。该信写于丁谓进士及第之前，对他评价极高，正体现出王禹偁对他的殷切期望。当然，这种评价说明丁谓的性格与作为在当时并未显露，反而是他的诗文骗过了王禹偁的法眼。而王禹偁断不会只把丁谓推荐给一个人，他对丁谓是到处宣扬，作为他好朋友的寇准，自然也应当在被宣扬之列，再加上当时"孙、丁"的赫赫大名，寇准对此人应当早已有所留意。

其次，除了友人的推荐外，丁谓本身的思想也很重要，以寇准的性格，一个人名声再好，如果不能和他意气相投，他是不会过于推崇的，甚至会与之构恶，冯拯和曹利用就是极好的例子。其实王禹偁也是如此，他们能如此推荐丁谓，就说明丁谓在思想上或脾性上一定有些东西打动了他们。其实，丁谓在入仕之前颇有理想，他自己也想有一番作为。这些思想，都可以在他早期的一些文章中得到体现。如他早期的一篇文章《书异》，就说出了他当时的政治理想：

淳化元年，许夏旱。五月乙卯，震，雨雹，大风拔木，屋瓦悉飘。人以为神龙所经，虽骇而不异，士同其辞。

大夫曰：然，吁，可悯也！《春秋》书灾异，于其国之君，谈有流变，则方访诸卜史。顾其政事，贬往而修来，以应天之变，以承天之戒。是天不虚谪，人有诚应也。

今则不然，都诸侯之位，灾异属之，则曰："非吾土也，其天王膺之。"又曰："在吾治内，吾将闻之，示吾不政也。"于是又止之。民命系之，都邑倚之，有事善，则曰："吾之力及之。"不祥，则曰："系邦国之历数，在人主之修复也。"忌人言而耻言于人，曷见其访卜史也？断历数而推之于人主，曷见其顾政事也？人君得闻之而审之，以贬损而应之，斯可矣，矧又畏而不使闻之乎？语曰"迅雷烈风必变"，畏天怒也，况若此异耶？苟为政者见而不顾，则苍生何恃哉？仲尼书之于经，盖垂训也，况目之乎？岂观书者不取古乎？为政者将违天乎？呜呼，欲共理者，慎求诸。

　　文章不长，也不难懂，值得大家赏读，我就不翻译了，因为翻译成现代汉语的话，恐怕韵味就会大打折扣。在这篇文章当中，丁谓以许州（今河南许昌）大旱为由，借题发挥，认为灾异是上天对人间政治得失的警示，地方官员应根据这些灾异，反省自己的过失，改善地方吏治。这种思想其实非常对寇准的胃口，当年他扳倒王沔，就是以灾异警示作为理由的。丁谓指出，当今官员无视这些灾异，或者推卸责任，认为导致这些灾异是君王的问题，与己无关，而一旦境内发生什么好事，就认为是自己的功劳。其实，丁谓在此文中，是通过灾异的比喻，批评当时地方官员好大喜功，又不负责任，因而欺上瞒下，报喜不报忧，以企求朝廷的提拔封赏，却不顾地方百姓的死活。"忌人言而耻言于人"，正是他对这些庸官俗吏的深刻批判。而文章中也隐含了丁谓早期的政治理想，揭示出若他有朝一日当地方官，必须顺应天时，体察民情，并时刻反省自己，为民解困，为主分忧，这正符合一种经典的儒家入世思想。

　　丁谓入仕做官后，在地方任上确实如其早年理想，为百姓谋取福利，故赢得极好的名声。然而，到了中央朝廷以后，他的施政行为与他在《书异》中所抒发的政治理想大相径庭。他变得阿谀奉承、奸诈险邪，甚至背经离道。王曾曾记录下一个故事，说丁谓当上宰相之后，有一天在办公室里闲聊，问同僚们说："你们认为汉高祖是怎么样的君主？"有人就说了："汉高祖从老百姓干起，最终取得天下，看他创下基业，立下皇统，流传后世，规划是非常远大的，实在是英雄之主啊。"丁谓说："他如何英雄了？张良让他向左他就向左，陈平让他往右他就往右，项羽死了之后，海内无主，天下自然就归他了，就是随波逐流，顺势而成而已，与世人无所竞争（与物无竞），就一个农夫罢了。"王曾继续记载说，丁谓又曾经谈到古代的所谓忠臣孝子，认为都不可信，只不过是历史学家笔法修饰，使之成为后世的美谈而已。

　　丁谓的上述言论，的确说出了历史书写的实况，但这种话，是绝对不容于当时舆论的，王曾也以此认为这是丁谓的一个污点，并攻击他。丁谓从入仕之前一个正统的儒家士人，演变成一个为当时后世所不齿的奸险小人，中间可能经历巨变，现在已不可考。但从《书异》深刻的评论来看，他早年确实抱有崇高的政治理想，这种理想符合儒家士大夫的传统思想，也正对上了寇准的胃口，寇准能对他如此推崇，这也是原因之一。

　　另外，丁谓务实的施政作风和他之前在地方的政绩，也是他受到寇准青睐的原因。丁谓在地方的政绩，特别是治蛮的政绩是相当辉煌的，而且他的行政技术比较熟练，往往解决的是一些比较实际的问题。而寇准选人用吏从来不按年资顺序，往往唯才是用，破格选拔。在向李沆推荐丁谓之时，他看重的就是丁谓的才能，而李沆也认为丁谓"才则才矣"，只不过不认同他的人品而已。李沆死后不久，就发生了澶州之役，寇准力主抗战，而丁谓被派往镇守郓州，不能说没有寇准的作用。而在这场战役中，丁谓尽忠职守，保境安民，并为战争提出宝贵意见，这应该可以看作是对寇准的一种支持，促使他们的亲密关系又进一步加深了。丁谓在景德二年（1005）出任权三司使，在这一年中他出台了很多经济措施，而当时寇准正是宰相之一，如果没有他的支持，丁谓的这些经济措施实行起来应该不会那么顺利。

既然寇、丁早期关系甚好，那他们是如何交恶，以致在天禧末年变得水火不容呢？关于寇准与丁谓关系破裂并恶化的原因及过程，历来有两种说法。一种认为，自从丁谓投靠了政敌王钦若、大造天书后，寇准即与之决裂。另一种说法认为，寇、丁关系恶化，缘于"拂须事件"后，丁谓对寇准怀恨在心。这两种说法孰真孰假，我们逐一分析。

首先，支持第一种说法的论者认为，丁谓力主"天书封祀"，是寇、丁关系破裂的原因。但前文已经说过，寇准没有公开反对过"天书封祀"运动，也许他私下里不相信天书，但无论东封西祀，还是乾祐天书，他都有参与其中，尤其是上报乾祐天书，乃是他重返中书的契机。事实上，当时朝中坚决反对"天书封祀"的只有孙奭和张咏。孙奭曾多次上疏反对这场闹剧，而张咏则为此想死谏真宗，他们都曾与丁谓正面交锋。而在大中祥符年间，寇准多数时间在外任官，只在大中祥符六年（1013）回朝，大中祥符八年（1015）又再出朝，前后不过两年。而丁谓在祥符年间一直在中央，他于大中祥符六年（1013）短暂出判亳州，又正值寇准回朝之时，这就更缩短了二人相处的时间。在这不到两年的时间当中，寇准的主要精力在于整倒他的副手王嗣宗，与三司使林特忿争，以及抓中书——尤其是王旦的小辫子。他与林特忿争的事，多多少少是由于偏帮河北都转运使李仕衡。但不知是否事有凑巧，李仕衡此前也曾被诬陷，说他在河北拿出五十万贯钱来资助朝廷东封泰山。而当时，丁谓为他辩解说，所谓的五十万，其中实钱只有十万多，其他都是物资。正是因为丁谓的辩解，李仕衡才得以留任河北转运使。在李仕衡的问题上，不论丁谓是故意迎合寇准还是无心的巧合，他们是有了共同的语言。另外，在大中祥符六年（1013），寇准又请求真宗向百官宣示丁谓所贡芝草，这也证明了寇准为了迎合真宗，是支持祥瑞的；另一方面也证明了他与丁谓在当时还保持着友好关系。这个问题我们在第四章已有探讨，这里就不再多谈了。

此外，丁谓有个外号叫"鹤相"，据说这个外号来自寇准，这也成为寇、丁二人交恶的证据。事情是这样的，丁谓作为"天书封祀"运动的主导者，他当时也主持了很多与道教有关的宗教活动，如在玉清昭应宫主持祭祀等，而事后他也总是上奏，说有仙鹤在天上盘旋飞舞。此外，每次天书下降，他也会上奏说有仙鹤作为引导。寇准判陕府的时候，有一天，他坐在家里的亭子里，看见几十只乌鸦飞过，他就跟旁边的下属说："如果丁谓看见了，肯定当作是黑鹤（玄鹤）。"再加上丁谓自称是东汉神仙丁令威的后代，好言仙鹤，所以寇准便把他称为"鹤相"。

这个故事出自魏泰的《东轩笔录》，从记载上看，这件事发生的时间有点问题。丁谓为修玉清昭应宫使是在大中祥符二年（1009）四月，而寇准知陕州是在景德三年（1006）罢相后到大中祥符元年十二月（1009年1月），在大中祥符二年（1009）时，他应已徙知天雄军了。这里引发两种可能，一是魏泰记录有误，寇准当时应知天雄军；二是这里记录的是两件事，即"丁谓多奏仙鹤"和"寇准嘲弄丁谓"，而魏泰将两件事混为一谈。但无论是哪一种可能，丁谓都还没作相，即便是大中祥符六年（1013）寇准回朝时，他也只是参知政事而已，真要把他呼为"鹤相"，当在天禧四年（1020）寇准罢相之后，而那时寇丁之争已经开始，二人的关系早已恶化。因此，魏泰的记载，很可能是事后穿凿附会，把各种事实糅杂加工成可供茶余饭后讨论的奇闻逸事。退一万步说，即使寇准真的早在祥符年间称丁谓为"鹤相"，也不能说明他们二人关系恶化。根据前文所述，寇准的性格比较耿直，行事不那么谨慎。他看到什么不平之事，就会脱口而出，不加掩饰，无论政敌还是朋友都是一样。大中祥符年间他任枢密使时对王旦的攻讦，正能体现这一点，但不能就此否认寇准、王旦二人的交情。同样，即便寇准对丁谓在"天书封祀"中的行为有所不满，也不能由此认定他们二人关系破裂。还有，寇准是一个喜欢嘲弄朋友的人，早在太宗时，他就嘲弄过当时跟他比较友好的张洎。当时寇准与张洎都是给事中，寇准年少气盛，于是写了一首《庭雀诗》戏弄张洎，里面有两句云："少年挟弹何狂逸，不用金丸用蜡丸。"这是嘲弄张洎在金陵围城时，曾经帮南唐李后主写诏书，并把诏书藏在蜡丸里去搬救兵的事。所以，就算寇准真的称呼丁谓为"鹤相"，也不是什么稀奇的事，在他看来，这只是一个玩笑，无伤大雅。当然了，作为当事人的张洎和丁谓可能都不这样看，他们后来都在政治上打击过寇准。

天禧三年（1019）六月十三日，就在寇准拜相的同一天，丁谓也拜参知政事，成为寇准的副手。有一种说法认为，丁谓拜参政是寇准的提携，理由是宋代参知政事的任命，往往体现宰相的意志，尤其是当宰相是喜欢大权独揽的人。这种说法有一定道理，却忽视了皇帝的想法与作用，毕竟宋初设置参知政事的初衷，是为了分割宰相的一部分权力。另一种说法则是丁谓拜参政是真宗出于掣肘寇准的考虑，这符合他"异论相搅"的政治理论。所谓"异论相搅"，就是皇帝故意任命两个政见相冲突，或有私怨的大臣一同在朝堂上工作，让他们互相掣肘，这样一来就可互相监督，大家都不敢胡作非为了。然而我很怀疑真宗是否真的彻底落实了这种政治理论，因为"异论相搅"这几个字在史书中不是由真宗直接说出来的，而是神宗朝时由曾公亮复述出来的。真宗朝最明显的异论相搅，应该是王钦若任枢密使，而马知节任枢密副使，但后来二人被一同罢职，原因之一就是在枢密院吵得太厉害，把真宗搞烦了。所以真宗是否真的愿意同一个部门"异论相搅"，值得商榷。根据曾公亮复述的故事，当时有人问真宗为什么用寇准，真宗就以"异论相搅，即各不敢为非"回应。如果这个故事当真存在，那会发生在什么时候呢？寇准在真宗朝三次入二府，第一次肯定不存在"异论相搅"的问题，因为那一次要同心协力抵抗契丹的入侵。第二次寇准当枢密使乃是王旦推荐的，故起码最初在真宗看来，枢密院与中书不存在异论相搅。真宗倒是在枢密院安插了王嗣宗与曹利用来掣肘寇准，但这二人均被寇准治得服服帖帖，根本"搅"不起来。所以，真宗这番话很有可能出现在寇准第三次入朝之前。如此一来，与寇准异论相搅的是丁谓吗？我认为不是，而应该是王钦若或刘皇后。王钦若被周怀政揭发受贿，是寇准拜相的契机之一，但若没有这件事，以真宗一向对王钦若的恩宠，会让他罢相吗？这实在很难判断。朝廷在天禧三年（1019）四月十二日召寇准回京之时，给他安排的职位很可能是枢密使，毕竟当时枢密院没有枢密使，只有曹利用在当知枢密院事，资历不够。而如果寇准当上枢密使，与王钦若为首的中书就真的形成"异论相搅"的局面了。只不过后来的形势变化太快，寇准五月二十八日抵京时，王钦若的相位已经岌岌可危。另一个可能与寇准异论相搅的是刘皇后，这一点我放在下文再分析。至于丁谓，他在之前并没有跟寇准翻脸，而寇准早年又曾经提拔过他，在真宗看来，他更像寇准的盟友而非政敌。故安排他在中书当寇准的下属，是为了让中书更好地合作。此时中书是二相二参，分别是向敏中、寇准、李迪和丁谓，从表面上看，这是铁板一块。

丁谓当上参知政事后，对寇准甚为恭谨，因此发生了"拂须事件"，事情的经过是这样的：丁谓在中书，对寇准十分恭谨。有一次在办公室里吃工作餐，寇准是个大胡子，汤羹把胡子弄脏了，丁谓站起来帮他清理（谓起徐拂之）。寇准笑着说："你是参政，是国家大臣，就这样给长官擦胡须吗？"丁谓非常惭愧，所以就起了陷害寇准的心思。持第一种观点的论者多认为，寇准对丁谓这种露骨的奉承早已深感厌恶，于是出言相讥。然而寇准的性格虽然刚直，但对前来奉承的人却很少拒之千里。远者有张洎，近者有朱能和周怀政，都是通过巴结寇准向高位攀登的。王旦曾评价寇准说"准好人怀惠，又欲人畏威"，可谓一针见血。寇准对丁谓说的话当然含有嘲弄的意思，但在他看来，这最多就是一句笑话而已。

何冠环先生认为，大中祥符年间王旦推荐寇准回朝任枢密使是要对付丁谓、林特一伙"天书党"。其实，王旦要对付王钦若是真的，但对于丁谓，他的态度却有所不同。丁谓当时虽为参知政事，但势力并不庞大，王旦尚能镇住他，并支持他议更茶法。而王旦对丁谓的评价也不如李沆苛刻。

他认为丁谓有才是有才，但跟他讲天下大道是不行的。如果丁谓以后上位了，让一个有德行的人来辅助他，还可以保他平安着陆；但若让他独自当权，最后会把他自己害死。他推荐寇准入朝，与其说是对付丁谓，不如说让寇准与丁谓合作，同时也好镇住丁谓。

现在看看第二种观点，持这种观点的论者多认为寇丁交恶并演变为后来的政治争斗，是因为丁谓对寇准的那个"拂须"的玩笑怀恨在心。这是有可能的。现在我们有个成语叫"溜须拍马"，指的是下属故意讨好上司，以求晋升。其中"溜须"的典故，说的就是丁谓对寇准的"拂须"事件。换言之，寇准这一个笑话，确实让丁谓留下千古骂名。可这个事实，无论是寇准还是丁谓都看不到了，所以在当时，这就一个笑话而已，丁谓为什么如此认真呢？前文说过，丁谓的性格非常谄媚，而他这次为寇准溜须，也实在做得太露骨了。寇准一句笑话，并没有什么特别，但在丁谓听来，却十分刺耳。因为这一句话，正捅破了他的心事，就好像小孩子做错事，被大人说破了感到心虚一样。他以为寇准在讽刺他，因而怀恨在心，这也是很正常的。更何况，当时在场的可能还有中书的其他同僚，以及旁边侍奉的下人。可是我们还要注意一点，寇丁之争是寇准首先挑起，并首先攻击丁谓的。按照丁谓的性格和处世原则，即便是怀恨在心，也断不会表现在脸上，那到底是什么使寇准对丁谓产生憎恶之心，并向他开火呢？

也许寇准在此之前会对丁谓在"天书封祀"的表现有所不满，对他的态度正在发生改变，眷顾之意没有以前那么浓厚，但这也不至于让他除掉丁谓，尤其是丁谓对他还甚为恭谨。丁谓上任参知政事之后，有两件事会使寇准对他不满，第一件就是他与林特的友好关系。寇准与林特关系非常差，在大中祥符年间寇准当枢密使时，就曾经几次与林特忿争。当时丁谓与林特的关系已经很好，但他并没有参与这次争斗，可能由于这时他与寇准的关系还不错，参与其中只会让他尴尬。另一方面的原因，就是他在祥符年间的势力还比较有限，处处受制于人，故尚不敢做出一些与寇准结怨的行为。但天禧三年（1019）的形势又不同了，丁谓既然因"拂须事件"对寇准怀恨在心，他就需要在朝中暗中网罗党羽，结交势力，与寇准抗衡，林特当然是一个不错的选择。六月二十二日，即丁谓拜参政不久，林特就被提了级别，由吏部侍郎提为尚书左丞，据说这次提级别乃是丁谓援引的。丁谓故意引用林特，对寇准来说肯定是一件郁闷的事，这就好像被朋友出卖了一样，他应该开始感到了丁谓对他的背叛。

引用林特虽然使寇准不满，但寇准这次回朝也没怎么与林特过不去。真正让寇准对丁谓大为恼火的是另外一件事：议太子监国。这涉及大宋皇权的归属问题，既是天禧末年政争的缘起，也是这次政争的本质所在。皇权斗争，往往发生在新老皇帝更替之间，最典型的就是赵普和赵光义之争，还有吕端与李昌龄、王继恩等人的争斗。皇权斗争通常跟皇权的继承和行使有关，因此当中肯定牵连皇室成员，而且在宋初的两场皇权斗争中，都是一方要维护正统的皇权继承人，一方则要另起炉灶，册立他人，但不管如何，这类争斗都涉及老皇帝去世后皇权的归属问题。寇丁之争，也就属于这个性质。张邦炜先生给寇准和丁谓两派分别冠以"太子党"与"皇后党"的称呼，正揭示出他们在这次争斗中的皇室旗号：寇准等人以保扶太子为名义，而丁谓等人则支持拥护刘皇后。这实际上也是他们的政见分歧所在，这种分歧，又使寇丁之争蒙上了党争的色彩。其实在寇丁之争开始之前，双方都已经选定了自己在皇室当中的拥护对象，以作为自己争斗中的后盾，只不过当时他们都没有挑破这层关系，从而发生正面冲突。

寇准与李迪等人比较传统，他们以保扶赵氏皇室为己任，于是理所当然地选择了太子。早在天禧三年（1019）的时候，他们就替太子说好话。例如，李迪称赞太子"举动由礼，言不轻发，视伶官杂戏，未尝妄笑。左右瞻仰，无不恭肃"，这是一个标准的懂事男孩形象，当然也符合儒家对于未来皇帝的形象要求。而寇准则称赞太子"天赋仁德，严重温裕，复禀圣训，勤道力学，实邦家之庆也"，这是从道德与学术方面树立太子正面的形象。二人虽然不乏奉承真宗的意思，但是对太子的称赞，也体现出他们辅助太子的决心，更何况李迪此时已经为太子宾客，后来又被封为太子少傅，这就使他更加坚定地站在太子一边了。

丁谓选择刘皇后作为他的支持者，是有点无可奈何的，他对寇准怀恨在心之后，一直想在朝中建立自己的势力，如果他与寇准一样，支持太子，那他还是跟着寇准走，他的梦想就会落空。他倒是可以选择现在的皇帝真宗，可真宗当时已经病得非常厉害，也不知道什么时候会龙驭上宾，到时太子登位，寇准等人必定坐大，他不要说掌握政府里的最高权力，恐怕连拜相都轮不到他。因此，真宗也不是一个很好的选择。不巧的是，寇丁之争发生时的情况与至道三年（997）时又有所不同，那时候的太宗除了真宗这个太子之外，还有几个儿子，而现在真宗就只有一个存活的儿子，因此丁谓也不可能像李昌龄他们那样企图保扶另外一位皇子登位。而此时刘皇后因为真宗不豫，已经干预朝政多时，在一定程度上已经实际掌握政权。因此，支持刘皇后就成了丁谓的唯一选择。况且，他与皇后的关系不差，他的姻亲钱惟演与刘皇后也是姻亲，在这种关系纽带之下他们走到一起，就顺理成章了。

随着真宗的身体每况愈下，双方的正面冲突在所难免。大概在天禧四年（1020）春天，真宗再次不豫，寇准提议让皇太子总揽军国大事，李迪赞成，而丁谓却反对。丁谓认为，以后真宗身体好转的时候，那朝廷该怎么办呢？李迪认为太子监国是古制，可以参照而行。李迪力争不已，但丁谓就是反对，最终决定皇太子在资善堂处理日常事务，其他大事则要请旨处理。这里表面上是丁谓反对寇准的意见，但实质上是公开与寇准为敌。前面说过，寇准的大是大非是江山社稷，是皇权正统。搞"天书封祀"奢侈乱花钱，是为了维护真宗统治的合法性，这事情寇准可以忍，甚至可以配合，但太子监国是皇权的问题，谁要反对，那就是站在寇准的对立面上。按照此时朝廷的形势，刘皇后干政，甚至在皇帝万岁之后当政，已经是一件非常明显的事情，寇准要捍卫太子的权利，当然反对刘皇后干政。在太宗时，他为维护真宗的太子地位而与李皇后交手；而这一次，他依旧要维护赵家皇室的权力，防止刘皇后专政。但此时刘皇后预政已经不是一两天的事情了，她早已掌握朝中大权。唐朝武后夺位之事殷鉴不远，谁知道这种事会不会在宋朝发生。如果现在回看历史，寇准的担心是多余的，但若身在其中，寇准并非完全没有道理：李显和李旦都是武后的亲儿子，尚且被废黜夺位，更何况如今的太子还不是刘皇后亲生的，情势恐怕比唐朝时更加凶险。寇准提议太子监国，就是想维系赵氏皇权，不使刘皇后夺去。还有一点，太子尚且年幼，一旦监国，肯定需要大臣辅助，而寇准保扶太子有功，肯定就是辅政大臣之首，可以总揽朝政。

　　另一方面，寇准本人与刘皇后结怨已不是一朝一夕的事，早年他曾经反对刘氏为后，后来更揭发刘氏族人在地方横行霸道的恶行（此事下文再谈）。刘皇后对寇准可谓恨之入骨，而寇准也想把刘皇后排除在皇权之外，二者势成水火，争斗一触即发。丁谓此时既已怀恨寇准，并选择了刘皇后，在议太子监国的辩论中，当然持反对意见，并维护皇后在朝中已经掌握的权力。因为太子监国之后，皇后再无理由干预朝政，丁谓实际上就等于失去了靠山，再无法与寇准抗衡。这场辩论的结果，太子只能处理日常事务，大事还得请旨，这不是请真宗的旨，因为他已经病得不能处理朝政，所以只能是请刘皇后的旨，这就等于宣布了丁谓在这场辩论中大获全胜。与此同时，寇准也看清楚了，那再不是自己一直推心置腹、鼎力推荐的好朋友丁谓，而是自己日后在政坛上势必与之针锋相对的敌人。

　　那么，寇准与丁谓的政治争斗，为什么都必须打着皇室旗号，都要寻找皇室支持者呢？这需要在宋代的皇权与相权的关系中寻求答案。以往的历史著作对宋代政治有一个标签，就是认为宋代是中国专制政治的高峰，宰相的权力被极大地削弱。笔者并不同意这个标签，事实上，我们可以看到宋代很多宰相在关键时刻能够决定大局，比如寇准在澶州之役中的表现。此外，如李沆直接把真宗封刘氏为美人的手诏烧了，这又说明强势的宰相甚至可以干涉皇帝在后宫的生活。然而，如果说宋代宰相的权力大到凌驾于皇权之上，这恐怕也是言过其实了。传统史观之所以认为宋代的专制皇权达到一个高峰，实际上是因为这种专制在制度上得到了保障，这得益于宋初的制度设计者分割了朝中的权力，使之无法威胁皇权。所以，宋代相权虽然不小，却也不是不受节制。皇帝手上操控着一个很重要且很关键的权力，就是对宰相的任免权。宋初专权如赵普，太祖一纸令下，说罢免就罢免了。再如寇准，无论朝中有多少人给他说好话，真宗在祥符年间不让他拜相就不让他拜相；天禧末年要罢他的相，他也无可辩驳。

天禧三年（1019），寇准与丁谓双双回朝，同入中书，而他们两人的关系，就在短短不到一年的时间里发生了剧烈的变化。从朋友变为敌人，各自为了自己的政治利益互相倾轧，中间又卷入了他们各自的阵营，而争斗的焦点又牵涉了复杂的皇权斗争。一场风云变幻的宰执之争正式拉开了帷幕。

二、所争为何？

真宗末年的皇权斗争，其实质是刘皇后要实际掌握政权，控制朝局，而寇准与丁谓两派，则抓住这个时机。一个要维护宋朝的法统，一个要维护既定之政局，从而争取自己的权力和利益。其实无论刘皇后也好，寇准也罢，皇权的行使权放在谁手上，作为皇帝的真宗的想法非常关键，故他们都要得到真宗的支持。那真宗是怎么想的呢？我认为，在周怀政策划叛乱之前，真宗一直想让双方取得平衡。真宗找寇准回来是托孤的，他不喜欢寇准刚直的性格，但他绝对相信寇准的能力与忠诚。如果他当真说过"异论相搅"这话，他让寇准回来有可能是为了制衡王钦若，但更大的可能是要制约自己的妻子刘皇后。北宋是建立在后周孤儿寡母孤立无援的基础上的，所以北宋早期无论是大臣还是皇帝都主张立长君，可到了真宗晚年，他只有一个未成年的儿子赵祯，且早已定下了太子的名分，所以幼君继位眼看是不可避免了。如此一来，皇权的行使，就必须有一位代理者。真宗与刘皇后有非常深厚的感情基础，刘皇后预政的能力也是他一手培养出来的，所以哪怕皇后此时已经显露出政治野心，他也不至于不相信她。但身为皇帝，真宗总要为自己身后之事作出多种假设，其中一种最可怕的假设，当然就是武则天的事情在宋朝再次发生。所以，他必须找一个足够忠诚，也足够有力的大臣来掣肘皇后。而这个人选非寇准莫属，他刚直的性格当然很让人讨厌，但刚直也有刚直的好处，那就是可以坚持原则，拼死保护新君的利益。最理想的状态，当然是双方通力合作，共同促成这一次皇位传承顺利进行；但如果皇后果真敢为武后之事，那在真宗心目中，寇准就是拨乱反正的关键人物。

寇准这次回朝，也非常清楚自己的责任，他的做法是想通过促成太子监国，让太子名正言顺地掌握皇权的行使权，从而架空皇后的权力。天禧四年（1020）二月（仲春），真宗已经病了很久，于是他与寇准和周怀政商议太子监国一事。不久，寇准在朝中正式提议此事，得到李迪的赞成，而丁谓极力反对，如上文所述，最终太子只能在资善堂处理日常政务。但这次朝堂上的对碰说明，太子监国本来就是皇权过渡的选项，并非什么秘密，可以公开讨论。不过此事也说明，当时皇后一方在朝中甚为强大，于是寇准又想逐步剪除皇后的势力。

当时，刘氏家人仗着皇后的势力，在西川地区横行无忌，其中有人抢夺了民间的盐井，真宗因为皇后的缘故，想赦免其罪，但寇准要求依法处理这件事，于是得罪了皇后，而丁谓等人也乘机诬陷寇准。《长编》对此事的记载很简短，而政争的参与者之一钱惟演的记载更加详细：天禧四年（1020）五月初二，寇准把针对刘家的奏章呈上，这件事牵连到皇后的哥哥刘美，寇准要求把这个案件送御史台审问，真宗很生气，说："刘美此前哪有这么干过呢？你要把他送去御史台，那就送吧。"寇准惶恐而退。曹利用与丁谓一起上奏说："现在天旱，不宜发生冤狱，中伤无辜者，请停止审理这个案件。"皇帝说："停止吧，停止吧。"寇准又再上殿坚持己见，真宗非常不高兴。当日，寇准非常沮丧。钱惟演是站在寇准的对立面的，他说真宗很生气，其实是合理化了他们后来构陷寇准的行为。但实际上，真宗是真的把此事交给了御史台办理，由监察御史章频来审理这个案子，这说明真宗依然配合着寇准。章频审理此案，发现刘美依仗皇后家纳贿，使人收买办案人。章频要求逮捕刘美，真宗因为皇后的原因不追究刘美的罪责，并让章频出知宣州。这又说明真宗在两边平衡，他满足了寇准的要求，但又不愿意过度削弱皇后的势力。

经过此事，寇准更进一步得罪了刘皇后。他忽视了真宗与刘皇后的感情，这时真宗对刘皇后，已经有点像唐高宗对武则天的那种眷恋依赖，这不是寇准一两句话就可以轻易破坏的。寇准坚持严办刘美，只能给真宗增加烦恼，而刘皇后更是对他恨之入骨。此外，如果真如钱惟演所记那样，真宗对寇准动怒，那估计是因为寇准的行为远远偏离了真宗对未来的预期，看来希望双方通力合作，只能是真宗的一厢情愿了。

惩处刘美的计划失败后，寇准心有不甘，六月份，他独自请见真宗，对真宗说："皇太子是众望所归，愿陛下考虑朝廷与宗庙的重要性，把大权传给他，以此来巩固万世基业。丁谓是个小人，不可以辅助少主，愿陛下选择正直的大臣为少主的羽翼。"真宗表示同意。在这一次密奏中，寇准把矛头直接指向丁谓，这就标志着寇丁之争已达到白热化。寇准在得到真宗同意后，马上让翰林学士杨亿草表，请求让太子监国，并且想让杨亿代替丁谓之位。杨亿很小心，他怕事情泄露，在晚上屏退左右后，才起草制词，就连剪烛芯这样琐碎的事情，他也自己来做，以保证不泄露机密。但寇准就比较大意了，他当晚醉酒，泄露了此事。丁谓他们知道之后，在真宗面前极力诋毁寇准，要求罢免他的相位。真宗似乎忘记了早前与寇准的约定，同意了丁谓的提议，并且马上召知制诰晏殊入宫，让他起草罢免诏书。晏殊说："臣是负责外制的，这并非臣的职责。"于是真宗召翰林学士钱惟演入宫。钱惟演本是丁谓同伙，他入宫后，又在真宗面前极论寇准专恣，要求深责。真宗问："给他当个什么官呢？"钱惟演请求援引王钦若的例子，授予寇准太子太保，真宗同意授予更高一级的太子太傅，又说："也要给寇准加以优待啊。"钱惟演建议封寇准国公的爵位，又从袖中拿出员册让真宗看，真宗在小国中挑选了莱字，钱惟演又说："这样一来，中书就只有李迪了，请皇上再任命一位宰相吧。"真宗说："先等等吧（姑徐之）。"于是，寇准便于天禧四年（1020）六月十六日罢相，成为太子太傅、莱国公。

关于这件事，苏辙的《龙川别志》又有另一种记载。他说，真宗晚年中风，觉得自己快不行了，曾躺在周怀政的大腿上，与他计划，想命太子监国。周怀政出宫与寇准谋划，于是决定立太子为帝，废皇后刘氏，罢黜丁谓等人。他们让杨亿起草诏书。杨亿私下里跟他的小舅子张演说："几天之后，事情就大不一样了。"事情就这么泄露了，丁谓连夜坐着妇人车去跟曹利用谋划，后来诛杀了周怀政，罢免了寇准。关于这则记载，李焘在《长编》中已有考辨，他认为苏辙把寇准密请太子监国与周怀政谋乱这两件事混为一谈，故该记载不可信。而且，苏辙认为泄露机密的是杨亿，这也不大可能。杨亿虽然刚直，但行为一向谨慎，不会轻易泄露机密，这一点从李焘的记载中我们也可以看到。反观寇准，他为人比较粗枝大叶，不够谨慎，而且好酒，酒后吐真言的机会比杨亿说漏嘴大得多。而且从后来丁谓立刻知道寇准计划这一点来看，寇准可能是在有很多人的情况下说漏嘴的。关于此事如何泄密，其实还有第三种可能，下文再谈。不过苏辙的记载多了一个周怀政，这一点是可信的。因为他本是寇准一派，而在这件事后，丁谓对他处处提防，逼得他后来不得不通过谋乱来保住自己的地位。所以，周怀政极有可能参与密谋太子监国一事。

　　现在我们来综合分析一下这件事。是寇准首先向丁谓发难的，但机密外泄，让丁谓等人有机可乘。根据史书记载，这是因为真宗病得糊里糊涂，忘记了与寇准的约定。对于这个说法我有保留。我认为，真宗不可能在这个事情上犯糊涂，他是揣着明白装糊涂，如果他真糊涂的话，寇准罢相后就应该立即被赶出朝廷，但真宗没这么做，而且还优待寇准，让他继续留在朝中。而且我们可以看到，真宗此后在二府班子调整的问题上，是比较谨慎的。所以，与其说丁谓诬陷寇准，不如说是真宗被他们那一伙人说服了。史书上没写丁谓到底说了什么，但这不重要，因为能够说服真宗的肯定不是丁谓，而应该是他的皇后刘氏。刘皇后是如何得知真宗同意让太子监国的？这里有两个可能，一个是丁谓接到消息后，立即给宫里通风报信；但更大的可能是，此事就是在宫中泄密的：刘皇后有可能在真宗身边安插了眼线，或者是真宗自己把此事告知刘皇后，毕竟寇准的提议并没有把刘皇后怎么样，而纯粹是针对丁谓。无论哪一种可能，刘皇后得知此事后，应该跟真宗有过一次深入的交流，史书上没有写他们交流了什么，但我猜，刘皇后应该指出了两个问题：太子监国之后，皇帝怎么办？太子谁来辅助？关于第一个问题，既然让太子监国，就相当于真宗提前把权力移交给太子。在真宗身体时好时坏的情况下，他实际上就要当一个无权的太上皇，在宫中安享晚年了，这主要看真宗自己是否能够接受这样的事实。而关于第二个问题，辅助太子之人实际上就掌握了皇权的使用权，刘皇后肯定是不可能的，因为一旦太子监国，宋朝的一切政事都会在外朝决议，身在内宫的她权力将会被架空。既然此议是寇准提出来的，这个人也就只能是寇准——事实上朝中当时也没有谁比寇准更加适合。这样一来，不但不能达到真宗内外平衡的理想状态，还很有可能造就出一个权臣。寇准的忠心是没有问题的，但他有喜欢揽权的毛病，而一旦他掌握最高权力而又没有人制约他，说不准会做出真宗不愿意看到的事情，比如清算皇后一方的势力，或全面否定"天书封祀"运动。此外，刘皇后应该还给了真宗保证，说自己一定不会做出不利于赵氏皇室的事情——后来的事实确实如此。以上是我认为合理的推测，因为史无明载，也只能推测。但结果很明确，寇准罢相了。但就算如此，真宗还是没有把寇准赶出京城，他应该是希望寇准能够留下，以后好掣肘刘皇后。后来寇准被贬出朝，真宗想起他，问左右为何久久不见寇准了，左右皆不敢回答。真宗那时是真的病得糊里糊涂了，但在他内心深处还是觉得寇准应该在朝，认为他是自己皇位传承的关键人物。

　　除开刘皇后的因素外，寇准的谋划之所以失败，是因为他们没有立即形成文字公布天下，所以就给了丁谓他们有翻盘的空间。丁谓为人不像寇准，他比较小心谨慎，而且心思缜密，得到这个机会后又经过悉心安排。首先，他在真宗面前力谗寇准，说服真宗罢免寇准的宰相之位，并且当场决议，即刻召翰林学士草制，而不像寇准离开皇宫后再吩咐杨亿草制，这一来免得夜长梦多，二来减少了机密外泄的可能。其次，从钱惟演随身带着员册可以看出，对于寇准罢相以后的处理方法，他们早已商定，连由钱惟演草制也在他们的计算之中。而晏殊只是一个烟幕，因为丁谓没理由不知道知制诰只掌外制。事实上，晏殊后来也承认宣读的制书与真宗原来让他起草的内容不同。甚至，他们谋划的目标之一，就是要让丁谓当上宰相。原本天禧三年（1019）六月之后，中书是二相二参，但当年十二月，丁谓升了官，调任枢密使，而首相向敏中也在天禧四年（1020）三月逝世，故此时中书只有寇准与李迪这一相一参。寇准罢相，中书就只有一名参政李迪了。钱惟演"恐须别命相"的提议其实就是指丁谓，这也是顺势而为，理所当然之事。但丁谓并未如愿，因为真宗没有同意，他一句"姑徐之"，说明他对中书人选尚有犹豫，毕竟新的宰相将承担托孤重任，他必须谨慎。他没有立即答应拜丁谓为相，其实也是顾虑刘皇后的势力过大。因此，他先想办法，把以太子利益为重的李迪提到相位上。

七月十四日，真宗在滋福殿接见了李迪、冯拯和钱惟演三位大臣。他想李迪当宰相，但李迪是个老实人，觉得自己资历不够，故推托再三，后来连太子都跑出来劝李迪。真宗用李迪的意图很明显，那就是托孤。论才能与果敢，李迪当然不如寇准，但李迪是太子宾客，算是太子的藩邸之人，且对太子多有教导，事事以太子利益为先。当寇准被罢免后，李迪不失为一个退而求其次的托孤人选。况且，真宗此时还没想把寇准赶出朝廷，未来还有很多变数。

当日，钱惟演又在真宗面前极力排挤寇准，说："寇准自从罢相之后，转而在朝廷内外到处找关系，希望可以再被任用。他把懂得天文占卜的人都找遍了，以至于管理军队的臣僚、陛下的亲信内侍，他都想办法去打点。臣担心这些小人结成朋党，迷惑了陛下的耳目，不如早点让寇准离开京师吧。"真宗问："他干了什么呢？"钱惟演说："听说寇准已写好奏章请求到河中府去，但看见中书没有拜相，而且又听说有人许诺他可以再被任用，所以他就没把这份奏章呈上来。"真宗问："那就让他去河中府，如何？"钱惟演但求尽快排挤寇准出朝，就建议让李迪传旨。真宗又问："李迪何如？"钱惟演说："李迪是长者，没有过失，就是才能不够，不能制约寇准。"于是又说中书应该尽早任命宰相。真宗认为没有合适的人选，钱惟演又说："如果没有宰相，那就先任命两三名参知政事也可以。"真宗说："参知政事也很难找到人啊。"又问如今谁的官阶在李迪之上，钱惟演说："曹利用、丁谓、任中正都在李迪之上。"真宗没有回答，钱惟演又说："冯拯是朝中旧人，性格纯和，跟寇准不同。"真宗又不回答，过了一会儿，他问："张知白何如？"钱惟演说："张知白为人清廉介洁，做参政没问题，但恐怕不可以当宰相。"真宗点头同意。钱惟演又说："寇准还是早点让他出朝吧，他朋党多，王曙又是他的女婿，现在是东宫宾客，谁不畏惧啊。如今朝廷的人有三分之二都依附着寇准呢。臣知道这话一说出来，马上就会招来大祸，但不敢不说啊，请陛下明察。"真宗说："卿勿忧。"钱惟演再拜而退。三日后，李迪升为宰相，冯拯拜为枢相，而寇准依旧以太子太傅、莱国公的身份留在朝廷。

钱惟演的意图很明显，一是想方设法排挤寇准出朝，他在真宗面前诋毁寇准交结朋党，谋复相位。以寇准的性格，谋复相位未必没有可能，只不过此时朝中再没有王旦这样有手腕的人帮助他，也没有"天书降"这样的机遇。至于所谓交结朋党，找人占卜等，基本是污蔑，朝中三分之二的大臣依附寇准，更是无稽之谈。二是极力推荐寇准的政敌，丁谓、曹利用、任中正就不必说了，而冯拯也是寇准昔日的对头。三是对寇准的好友或同情者如李迪、张知白等多加抑制，其用意是不但要将寇准排挤出朝，更要彻底根除寇准在朝中的势力。但真宗对钱惟演还不是那么言听计从。他最后一句"卿勿忧"，不知是要暗示钱惟演勿忧自己大祸临头，还是勿忧皇帝不察。他仅听从钱惟演擢升冯拯的意见，而对寇准、李迪依然如故。真宗还有自己的打算，他并不想寇准就此出朝。

冯拯拜枢相其实是一个意外，这个意外又给了丁谓晋升的机会。按照当初钱惟演的提议，真宗是要封冯拯为参知政事的，于是召翰林学士杨亿草制。杨亿说："这是中书舍人的职责啊。"真宗问："那么翰林学士应该为什么官员的拜罢写诏书呢？"杨亿说："如果是枢密使、同平章事，那么他们的任命诏书就应该由翰林学士来写。"真宗毫不思索就说："那就以此来任命冯拯吧。"按照以往惯例，枢密使一般只有两人，而此时丁谓与曹利用都是枢密使，再加一个冯拯，就是三人，前所未有，朝中大臣都感到奇怪，曹利用和丁谓也假装自己不称职，相继要求辞职。真宗这才发现搞错了，于是召来知制诰晏殊，对他说将有所改动。晏殊说："这不是臣的职权啊。"于是真宗又召来钱惟演，问他意见。钱惟演当然不忘推销他的亲家丁谓，他说："冯拯当过参知政事，现在拜枢密使，没问题。但中书不应该只有李迪一人，要不把曹利用或丁谓调一个到中书？"真宗问："谁可以呢？"钱惟演说："丁谓是文臣，过中书为便。"又说玉清昭应宫还没有宫使，丁谓是首倡建宫之人，应该领此使。又说曹利用忠赤，对国家有功，也应该授予平章事的头衔。真宗都同意了。于是，丁谓成为宰相，曹利用成为枢相。

然而，真宗并没有由此冷淡寇准，他依然在京，所受待遇如故，这令丁谓等人非常不安。另外，寇准也没有放弃争斗，他一直想恢复相位。七月二十三日，寇准上奏，说丁谓与曹利用交通结党。又说："臣如果有罪，应当跟李迪一同受罚，不应该被单独斥责。"真宗马上让李迪上前对质，两人辩论了好一会儿，真宗有点不高兴，李迪于是用目光示意寇准退下。等两人都退出宫后，真宗又把李迪召进宫里，很生气地说："寇准远贬，卿与丁谓、曹利用并出外。"李迪说："丁谓与曹利用需要翰林学士来写诏书，臣只求当一个知州就好。"真宗沉吟了很久，缓过了气，说："你写份奏章上来吧。"李迪退出宫后，又把奏章递上去，真宗说："卿等都没其他问题，先把奏章留下来商量吧。"真宗又召见丁谓，丁谓要求解除寇准的节钺，勒令外出，但真宗没有同意。

这又是寇准与丁谓的一次交锋，不过双方都没有得到好处。倒是寇准这次做了一件很令人惊讶的事，就是攻击盟友李迪。但看看寇准的性格，就会发现这事并不出奇。他虽然有着传统儒家思想，想以天下为己任，但同时他的权力欲也很强，为了谋取相位，他可以不择手段。天禧三年（1019）献天书即是最好的证明。在他看来，李迪的声望、能力等方面都不如他，现在反位居其上，他是有点不服气的。如果把李迪拉下来，他也许能借机重登相位，就算不行，能说动真宗给中书大换血，达到与丁谓同归于尽的效果，那也是一件快意之事。李迪也倒算比较老实，虽然为了自保，他不得不与寇准辩论，但也适可而止，在真宗面前也没有说寇准的坏话。

真宗对寇准的这种面折廷争一向是非常不满的，认为这是"无大臣体"。这次让寇准一闹，他一怒之下，真想给中书来次大换血，只是后来火气降了，没有这样做。或者说，他还很清楚，不能这样做。不过他后来一句"卿等无他"，认为此事与李迪他们无关，很明显就只关寇准一人的事，对他依然非常恼火。丁谓在这件事上比较狡猾，他没有与寇准正面交锋，而是静观其变，让李迪跟寇准去辩论，因为他知道真宗最讨厌的就是当庭辩论。在事情基本结束之后，他已经不用为自己辩解，于是就偷偷插了寇准一刀，想借机把寇准赶出朝廷，可真宗还是不同意。

两天后，周怀政谋乱的事情被揭发了。据说前次寇准议太子监国一事，是周怀政把真宗的意思告诉他，让他放手干的。寇准罢相之后，丁谓对他处处防范，使他的日子非常难过。为求自保，周怀政阴谋杀害丁谓等人，让寇准复相，奉真宗为太上皇，传位太子，废皇后。他与弟弟周怀信暗中找客省使杨崇勋、内殿承制杨怀吉、阁门祗候杨怀玉等人商议，打算在二十五日举事。很不走运的是，他所托非人。二十四日晚，杨崇勋、杨怀吉到丁谓家告密，丁谓连夜乘妇人车到曹利用家商议。第二天一早，曹利用入奏崇政殿，真宗马上令侍卫捉拿周怀政，诏曹玮与杨崇勋在御药院审问他。没多久，周怀政全部招供，于是押赴城西普安寺斩首。丁谓趁机揭发朱能造假献天书的事，二十八日，寇准降授太常卿，知相州（今河南安阳），随后徙知安州（今湖北安陆）。八月份，朱能叛变，他又因此被贬为道州（今湖南道县）司马。这一次寇准的待遇就大大不如上一次了。《寇准太常卿知相州制》说他："不肃门庭，交结匪人。"而贬道州司马时，更说他"密萌凶慝，辱于辅弼"。可见丁谓决心置他于死地。

周怀政谋乱，寇准应该不知，寇准真要参与谋划这件事的话，应该找与他关系比较好且手握兵权的签署枢密院事曹玮和枢密副使周起商议，而不应该是杨崇勋等人。寇准的权力欲再大，也不至于把自己的身家性命押给一个已经失势的宦官。更重要的是，寇准在大是大非上是十分清楚的，让太子监国，是为了让皇权顺利传承，这过程中并不伤害真宗的利益。还有一点必须注意：无论寇准多么想架空刘皇后，他都只是从刘皇后的族人入手，或者想在制度上杜绝刘皇后掌权的机会，但他从来没有直接把矛头指向刘皇后，他应该深知废后并非易事，且容易动摇国家根本。在整个宋代一共发生过两次废后事件，一次在仁宗朝，一次在哲宗朝，均引来朝中大臣的非议，而这两次废后的直接原因，都是帝后不和，这个条件显然在真宗与刘皇后之间没有发生。再者，宋初涉及的皇权斗争，失败的太祖宋皇后与太宗明德李皇后，也没有被废黜，寇准显然也不想在自己这里开这个先例——他依然把握着分寸。但周怀政谋乱就完全不是这回事了，这其实是这次皇权斗争的激烈化和表面化，他在谋乱中提出要让真宗传位太子，废掉皇后，这不但直接把矛头指向刘皇后，更牵涉到了真宗的皇位，分明就是犯上作乱。而且立太子、废皇后，就相当于谋朝篡位、自己做挟天子以令诸侯的枭雄了，这种事寇准是绝对不愿意去做的。

然而，丁谓还是借此事狠狠打击了寇准。周怀政谋乱最直接的后果，就是真宗退位，太子登位，属于宫廷政变，真宗年轻的时候就吃过这个苦头，差点连太子之位都不保，所以他对宦官谋乱的事一直是耿耿于怀的。有鉴于此，真宗必定会严办周怀政与他的同党。而朝野上下，也是一致声讨谴责周怀政之乱的。周怀政计划的一部分，就是让寇准复相，丁谓当然不会放过这个机会，不管寇准是否参与其中，他都肯定会利用此案打击寇准一方。不过要告发这件事，必须是一个在朝中有声望地位的辅弼大臣来行事。他自己肯定不能出面，李迪是寇准一方的人，肯定不行；冯拯虽说此时偏帮他，也是不太合适。看来最合适不过的就是曹利用，而且曹利用对寇准早已怀恨在心，这次当然要落井下石。不知真宗是否刻意安排，主审周怀政的是寇准的好友曹玮，曹玮当然放过了寇准，如果换了丁谓的同党，无论寇准知情与否，也肯定要办他一个同流合污。但真宗并没有把寇准远贬，只是让他到开封北面的相州当知州。丁谓随即又揭发了朱能伪造天书之事，其矛头还是指向背后支持朱能的寇准。寇准上天书，本来就是真宗授意的。但真宗肯定不能承认这一点，所以就只能让寇准吃这个亏了。寇准万万没有想到，一年前他借献天书再度入相，如今却因献天书而被贬出朝。张咏曾经慨叹："吾榜中得人最慎，重有雅望无如李文靖。"如果寇准当初肯听李沆的话，又何至于此呢。

周怀政谋乱一事让真宗非常气愤，有人乘机把此事牵连到太子身上，而真宗也差点就要惩罚太子。幸好李迪从容启奏说："陛下有多少个儿子，竟然想这样做？"真宗这才恍然大悟，太子也得以保全。这里的"有人"究竟是谁，史书上没有记载，但我想不会是刘皇后和丁谓，因为太子出事，真宗就只能在宗室里选继承人了，而这样一来很大机会选一位长君，这完全不符合刘皇后等人的利益。李迪是肯定要保住太子的，这是他们一方的基本理念。如今寇准已经离朝，朝中几乎都已经是丁谓的人，就剩下李迪，还有一个王曾。王曾性格隐忍，当时的态度并不十分明朗，所以如果连太子也倒下，寇方等于失去了精神支柱，那更是一发不可收拾。真宗子嗣不多，使得李迪的理由变得非常充分，作为一个专制帝皇，真宗不得不考虑身后之事，如果连太子都出事了，他百年之后宋朝肯定会因为皇位之争而变得非常混乱。

三、李迪：寇准不在朝的日子之一

寇准被贬出朝，意味着天禧政争开始进入第二阶段——李迪与丁谓之争。不久，任中正和王曾双双拜为参知政事，钱惟演拜枢密副使。又过了不久，枢密副使周起与签署枢密院事曹玮被丁谓指为寇准同党，双双罢黜，而王曾对丁谓尚比较忍让。这样，两府中能与丁谓抗衡的就只有李迪一人。李迪与寇准同在中书的时候侍之甚谨，到寇准罢相后，丁谓很看不起他。丁谓等人不想寇准居住在内郡，于是上奏真宗要求将之远贬，真宗命让寇准知小州，丁谓退朝后在纸尾写着："奉圣旨，除远小处知州。"李迪说："刚才听圣旨，里面无远字啊。"丁谓说："你刚才自己亲耳听到皇上的金口玉言，难道想擅自改变圣旨，庇护寇准吗？"丁谓明明自己擅改圣旨，却诬蔑李迪，真可谓奸险。李迪此时不与他相争，估计是怕被指为寇准一党，遭受牵连，况且真宗病重，经常忘记说过做过的事情，这样毫无准备地在朝上让丁谓构陷一番，肯定是凶多吉少，所以这次他选择了忍让。

天禧四年（1020）十一月，真宗在承明殿与辅臣议政，他主动提出让太子在外朝掌管政务，由皇后在宫中审阅奏章，处理政事，这应该是真宗与皇后在宫中商议并最终达成的协议。辅臣们上奏说："太子被立储以来，道德声望都日渐隆厚，皇后在宫中辅助了很久，中外都遵从她的教导，海内臣民都仰视她，没有人有闲言闲语。但太子既然总领朝政了，希望让中书和枢密院大臣都兼任东宫官，这样每天都可以在太子身边给他出谋划策，便于辅助。"这里表面虽然说让太子监管朝政，维护和巩固太子地位，但其实是要让中书和枢密院官员兼任东宫官，辅助太子，当时在中书和枢密院的，除了李迪之外，几乎都是刘皇后和丁谓的人，实际上也还是让刘皇后继续在事实上行使皇权。

自寇准被贬后，丁谓擅权，官员升降也不再上奏皇帝，李迪对此非常生气。到议兼职之时，李迪已经是少傅，因此想得到中书侍郎兼尚书的头衔，丁谓执意不肯。于是起草熟状，丁谓加门下侍郎兼少师，李迪加中书侍郎兼左丞，其他官员皆有加官晋爵。何谓"熟状"？按照宋朝的文书制度，一些不太要紧的事，往往由相关官员拟定施行措施写在白纸上，由宰相押字，其他执政官一起签名，提交给皇帝批准就可以了，这种文书就叫作熟状。而对于熟状，皇帝一般都是会批"可"的。换言之，熟状提交给皇帝，一切基本尘埃落定。按照惯例，两省侍郎是不兼左右丞的，而以李迪在朝的年资，也应当迁为尚书，丁谓是在故意抑制李迪。

李迪性格老实，丁谓故意激怒他，企图借机把他赶出朝廷。十一月十九日，众大臣在等待上朝之时，丁谓提议让林特担任枢密副使，仍领太子宾客。此时枢密院只有冯拯与曹利用两位枢密使，以及钱惟演一位副使，所以增加一位副使也是合理的。但丁谓这个提议，实际是想趁机扩充他在宰执中的势力。李迪反对，认为林特升迁已经非常迅速了，如今又当上了东宫官，本来就难以服众，更不应该再被提拔入二府。接着，他又怒骂丁谓，可能一时急气攻心，竟然想用手板打丁谓。同僚们极力劝解，他也不听，于是一起入对长春殿。内臣从禁中拿着制书来到真宗榻前，真宗说：

"这些就是你们兼任东宫官的制书了。"李迪上前说："臣请不受此命。"于是斥责丁谓奸邪弄权，中外无不畏惧，且愿与丁谓同到宪司对质。可能愤怒已经让李迪失去了理智，他斥责丁谓之后，并没有停歇，而是继续攻击其他同僚。他说林特的儿子在地方审案不公，导致疑犯死亡，丁谓却包庇他；又说寇准无罪，朱能一案不应该牵连太多人；还批评钱惟演跟丁谓是儿女亲家，曹利用和冯拯又与丁谓结为朋党。曹利用是武人出身，首先不服气，出言反驳李迪。真宗于是问丁谓："中书有处置不当的事吗？"丁谓自己不作任何回应，让真宗问其他同僚，于是真宗又问任中正与王曾，他们都说中书没有失职之事。真宗此时十分生气，他把枢密使副（这里指的是枢密使与枢密副使）都留了下来，与他们商议后，决定将丁谓和李迪各降一级，罢相，丁谓知河南府，李迪知郓州。

制书尚未发出，二十日，李迪请对于承明殿，又请见太子于内东门，但不知他说了些什么。丁谓方面，也图谋复相，钱惟演也怕丁谓出朝后他失去了靠山，因此想请求真宗把丁谓留在朝中，并一起挽留李迪。他接着上言说："契丹使者马上就要到了，不能没有宰相，冯拯是旧臣，调到中书比较合适，换了别人，恐怕会生事。"真宗同意了。二十一日，诏命丁谓以户部尚书，李迪以户部侍郎归班。二十二日，丁谓入对承明殿，真宗斥责他在庭上忿争。丁谓说："不是臣敢忿争啊，是李迪怒骂臣而已。臣不应该跟他一起被罢免，愿重新留在中书。"真宗于是给他赐坐，左右想给他设土墩凳时，他回头说："有旨复平章事。"左右又给他换了杌子凳。于是入内都知张景宗、副都知邓守恩传诏送丁谓到中书，令依旧办公，而李迪仍然出知郓州，当朝宣布，即时赴任。当时已命学士刘筠草制，以冯拯为相，领玉清昭应宫使、昭文馆大学士，制书入内而未出。丁谓既然复相，那封制书也就没有实行了。不过没过几天，冯拯又正式拜相了。丁谓开始让刘筠给他拟复相制，刘筠不奉诏，于是让刚升为翰林学士的晏殊草拟，晏殊怯于丁谓的势力，也不敢不从。至此，丁谓与李迪之争结束。这一次，丁谓再一次胜利，而李迪失败出朝。

李迪为人老实，与狡猾的丁谓忿争是注定要失败的。其原因在于：首先，不该发起忿争，甚至还用手板打丁谓，这触及了真宗的忌讳。其次，他面见真宗后就不停地说，似乎有些不知分寸。且说"寇准无罪罢斥"，这无疑就跟寇准拉上了同党的关系，况且罢斥寇准最后是真宗决定的，在真宗看来，李迪之前不吭声，现在又拿出来说，是何意图？说"朱能事不当显戮"，这就更没道理了，朱能叛乱是事实，在专制时代这是"十恶"大罪，是皇帝最忌讳的事情，一般都要严治严办。朱能的案子真宗实际上没杀多少人，且在九月份已经发诏书说"除已行勘断外，自余咸许自新，一切不问"。李迪拿这事出来说，是想攻击丁谓借此事排斥异己，但这中间就隐含了真宗杀戮太重的意思，况且作为宰相，他也不应该为叛乱者说话。第三，李迪不该扩大打击面。在他攻击的人当中，林特与钱惟演这两个人受攻击无可非议。但曹利用和冯拯却是不同，曹利用怨恨的是寇准，所以他当初也致力于打倒寇准，但寇准外贬之后他就已功成身退了。冯拯更是无辜，他在这场政争中不属于任何一派，之所以能坐上枢相之位，只是寇、丁二人争斗后，中央权力重新分配的结果。李迪把这两人推到丁谓一党，就使得他们为求自保，不得不反击了。李迪失败，最为重要的原因是他不会审时度势，在不恰当的时间里做了不恰当的事情。当时中央宰辅里面，任中正和钱惟演都是丁谓的人，而且真宗比较信任钱惟演；冯拯和曹利用虽然中立，但与李迪却没有多少交情，与丁谓的利益关系反而更多一点；唯有一个王曾是有可能站在他一边的，但李迪事先没有跟他商量，加上他的性格比较隐忍，当时又人微言轻，根本起不了多少作用。真宗方面，他已经饱受病痛困扰，此时最反感嘈杂之声，李迪选择这个时机在他面前争辩，要与丁谓同归于尽，那就注定要失败。在选择时机方面，后来王曾就比他聪明得多了。丁谓在这次事件中做得比较聪明，他避开了李迪的锋芒，既不与他当面忿争，又在真宗面前任由李迪说，自己则不吭一声，表现得冷静沉着。这是他的性格使然，我们可以说他狡猾，也可以说这是他的一种修养。这种不争的表现，给真宗的印象很好，这也是真宗一直喜欢他的原因之一。当真宗诘问他的时候，他可以理直气壮地说自己不争，真宗也欣然相信。但表面不争，实际上丁谓争得比谁都厉害，他是要哄得真宗给自己复相。从史料看出，真宗还没答应，他就告诉内侍们真宗已经同意，并吩咐翰林学士草诏，这分明是假传圣旨，但真宗后来也就糊里糊涂地默认了。就这样，在这一次争斗中，丁谓大获全胜。

李迪是一个比较传统的儒家士大夫，虽然性格脾气都比较刚强，但权力欲却没寇准大。在寇准离开朝廷后，他全力保护太子，集中精力把政敌打倒，甚至不惜同归于尽。他甚至像周怀政那样，直接把火头引向刘皇后。有一天，真宗很生气地对辅臣们说："昨夜皇后一干人等回娘家了，把朕一个人留在宫里。"史书上认为，真宗之所以会这样说，是因为病太久了，病得糊里糊涂，胡乱说话。这当然是一种可能，但还有一种可能是皇后真的回娘家了，真宗在病中觉得被照顾得不够周到，于是向辅臣们发发牢骚，甚至他自己都不太记得是怎么一回事了。无论如何，这都是真宗自己的家事，其他大臣都很识趣地回避了这个问题，唯独李迪借题发挥，他说："如果是真的话，何不依法来处置皇后呢？"其目的很明显，就是要借机把刘皇后除掉，在他看来，刘皇后是太子最大的威胁。可真宗听了李迪的话后，怔了一下，又说："没有这事。"说过的话又突然说没有这事，真宗当真病糊涂了？其实不然，他真的只是发发牢骚，完全没想到宰相会提出法办刘皇后的建议，为了不把事情闹大，他也就只好自己打自己嘴巴，说没有此事了。李迪没有料到的是，他说法办刘皇后时，刘氏刚好站在屏风后面，听得清清楚楚，于是对李迪深恶痛绝。李迪被罢相之后，曾经单独请见太子，但说了些什么史书没有记载，估计有两个可能、一是想让太子给他想办法，使他能继续留在朝中；二是可能他知道自己被贬出朝是不可改变的事实，于是告诫太子日后在朝中要多加小心。但无论如何，由于请求真宗依法惩治刘皇后一事，他已经跟刘氏结怨，况且在当初刘氏立后时，他又上书反对，刘皇后对他的痛恨，绝对不亚于寇准，她和丁谓等人是肯定不容许他继续留在朝廷的。李焘在《长编》中认为李迪被贬，而丁谓复相是中宫的意思，应该是事实。

四、王曾：寇准不在朝的日子之二

李迪被贬出朝后，朝廷上下几乎都是丁谓与刘皇后的势力，而王曾本人对刘皇后执政似乎也并不反对。但是他跟寇准与李迪一样，都是传统的儒家士大夫，深知皇后专政的危险，也是要保护太子及赵氏皇室的利益的。但他的性格并不如寇准和李迪那么刚烈，而且处理事情也比较谨慎和仔细。

他当时已经看到，刘皇后掌权已经成为一个事实，不能推翻，要保住太子，就必须保证刘皇后的执政地位，否则下场只能像寇准和李迪一样。于是，他通过钱惟演向刘皇后传达了一番话："太子年幼，一定要刘皇后的保护才能顺利继位，而刘皇后如果不倚重太子，那么人心也难以归附。刘皇后对太子好，那么太子就安稳了，太子安稳了，刘氏家族才能安稳。"钱惟演是刘皇后的外戚，也是她在朝中的代言人，王曾通过他对刘皇后说这番话，表面上好像要依附刘皇后，但实际上却是很好地保护了自己。而且，对刘皇后说明了她与太子之间的利害关系，也使得她不敢做出一些过分僭越的行为，从中起到维护太子的作用。这种比较温和的方法，也使得刘皇后比较容易接受，王曾和刘皇后的关系又加深了一层，为他后来扳倒丁谓的行动打下了基础。刘皇后本来就把太子当自己的亲儿子，听了王曾的话之后，对待太子就更好了，太子的身体出了什么状况，她都会亲自去调护，而太子身边的侍从、宦官等，她都精挑细选，选择在宫中岁月长久、做事小心谨慎之人，让他们日夜教导太子，把他往仁君的方向引导。

天禧五年（1021）是双方较为平静的一年，这一年里，丁谓主要是集中精力，对付意欲回朝的王钦若。乾兴元年（1022）二月，丁谓受封晋国公，不久真宗驾崩，仁宗继位，遗诏尊皇后为皇太后，淑妃杨氏为皇太妃；军国事兼权取皇太后处分。根据《长编》记载，"初，辅臣共听遗命于皇太后。"这说明谁都没有亲耳听到真宗自己立下遗诏，而后来向天下颁布的遗诏，是从太后的嘴巴里说出来的。太后当然只会说出遗诏的中心思想，而如何形成学院体的文字公布天下，则是辅臣们的事情了。当写到"军国事兼权取皇太后处分"时，丁谓提出去掉"权"字。如果真这样的话，太后听政就是永久性的，连限制都没有了，所以王曾反对，他说："政令出自内宫，已经不是国家的好运了，说是权宜之计，以后还能有个说法，而且言犹在耳，怎么可以更改呢？"王曾虽然不反对刘太后干政，但他表明了自己的态度和立场：这种干政不能长久，太后总有一天是要还政于仁宗的，他力争一个"权"字，意义就在于此。丁谓不同，他要求去掉"权"字，是要太后长久执政，他这样做的目的一是讨好刘太后，二是想通过巩固太后长期垂帘听政的地位，以使自己长期掌权。王曾只是稍稍违逆了他的意思，就使得他不高兴了，不过遗诏是太后说出来的，他也是没有办法，只得听从王曾的建议。《宋史·丁谓本传》记载，是丁谓提出增加"权"字来限制太后的，与《长编》所载相反，恐怕有误。后来的丁谓确实是要架空太后的权力，但此时却不会因为此事而得罪太后，因为新君刚刚即位，一切尚不稳定，他跟太后还算一条船上的人，限制太后也就是限制他自己。更何况辅臣当中还有太后的姻亲钱惟演，他更不可能在钱惟演面前公开提出这个问题了。

此后，丁谓在刘太后的授意下，对寇准等人大加迫害，他以交通周怀政的罪名，把寇准从道州司马贬为雷州（今广东湛江市海康县）司户参军，又以与寇准同党为由，把李迪从知郓州贬为衡州（今湖南衡阳）团练副使。当时知制诰宋绶当值，负责起草制词，丁谓嫌其言语不够刻毒，对他说："舍人你难道连写篇文字都不会吗？"于是宋绶让丁谓修改，丁谓就按照自己的意思改定诏书。在《寇准贬雷州司户敕》中，有"包藏凶德，背弃大恩，与逆寺以通谋，搆厉阶而干纪""始其告变之辰，适当违豫之际，阽危将发，震骇斯多"等语，可谓恶毒，他简直把寇准说成是一个十恶不赦的奸恶小人，并把真宗之死的原因推到他身上。但丁谓并没有就此收手，他对寇准与李迪，实欲置诸死地而后快。他派使者去给二人传旨，又吩咐使者用锦囊系剑挂于马前，做出好像要有所杀戮的样子。使者来到道州，寇准正在宴客，客人也多数是州吏，他们起身迎接使者，使者避而不见，问使者来的缘故，又不回答。显然，使者是想逼寇准自杀。正当大家惶恐不知所措之时，寇准非常聪明，他神色自若，派人对使者说："朝廷如果要赐我寇准一死，那请把诏书拿来吧。"使者不得已，才向他颁发圣旨。敕书并没有要求寇准自尽，他自然逃过一劫。他拜接圣旨后，继续饮宴，一直到晚上才结束，之后他就去了雷州贬所。而老实的李迪能逃脱不死，实在有一点运气成分。使者来到郓州，李迪一早听说有异，于是自杀，幸好他儿子李东之拉住他，才免于一死。使者来见李迪，直呼其名，又把一些留到发霉发臭的饭菜给他吃。李迪的门客邓余非常愤怒，他说："你这小子，想杀我主公来诌媚丁谓吗？我邓余不怕死，你要杀我主公，我一定杀了你。"幸得邓余忠心护主，跟从李迪到衡州，不离左右，李迪才能保全。有人对丁谓说："李迪若贬死了，您拿舆论怎么办呢？"丁谓说："以后有好事的书生玩弄笔墨，把这事记下来左右舆论，不过就写一句'天下惜之'而已嘛。"可见丁谓已被权力欲冲昏了头脑。

不过丁谓此举，估计是刘太后的意思。因为仁宗年幼，诏书必须得到刘太后同意才能发出去。丁谓是看不起李迪的，但与之并没有什么深仇大恨，而他对寇准的怀恨只是因为"拂须事件"。远贬南方，并通过诏书的形式让他们身败名裂，已经足够他解恨了，用不着逼死他们，况且逼死大臣是要受到士论攻击的，他犯不着自己走这一步。所以，这一切应该都是刘太后授意他做的。他顶着士论攻击，冒着留下身后恶名的危险，都要把寇准和李迪二人逼上绝路，是以对刘太后的奉承和谄媚换取太后对他的信任，从而更好地巩固自己在朝中的权力和地位。

除了寇准与李迪外，一些被认为是寇准同党的人，如曹玮、周起、王随、王曙、盛度等人，都各有贬降。曹玮是曹彬之子，手握兵权，丁谓怕他不服，就派人去收他的兵权。曹玮接到圣旨后，马上上路，只带了弱兵十几人，不带兵器，不着戎装，丁谓这才无从下手。

李迪被贬之后，中书寇准一方只剩下王曾一人，而这场政争也随即进入了第三阶段——王曾与丁谓之争。王曾是寇准的好友，他对丁谓处理寇准和李迪的事是不满的，认为如此责罚太重。丁谓却对他说："居停主人恐怕也不能免祸啊。"何谓"居停主人"？这是借王曾曾借住宅留宿寇准一事来威胁他，说他与寇准结党。王曾害怕了，不敢作声。其实王曾是一个比较隐忍的人，他此时对丁谓甚为恭谨，目的是骗取丁谓的信任。即便是为亲人求官这样的小事，他也不敢僭越丁谓的权力。

恭敬是表面的，实际上王曾在等待时机铲除丁谓。不久，雷允恭擅迁真宗山陵，这时机会终于来了。雷允恭是丁谓摆在刘太后身边的棋子，真宗去世不久，他就自请参与真宗山陵事宜。三月份，雷允恭到了山陵下，判司天监邢中和对他说："如今的山陵往上百步，根据葬法是有利于子孙的，就像汝州的秦王坟。"雷允恭说："这样的话，干吗不用呢？"邢中和说："山陵是大事，重新选址，需要反复检查验证，拖的时间会很久，恐怕赶不及七月大殓之期啊。"雷允恭说："尽管把墓穴往上移吧，我立即骑马入见太后来说这件事，哪有不听我的。"雷允恭一向专恣横行，大家都不敢违逆他的意思，于是马上改用了那个坟穴。他入告太后，太后说："这是大事，怎么这么轻易下决定呢？"雷允恭说："只要有利于先帝的子孙，有什么不可以呢？"刘太后不大同意，但又不想当场否决这个想法，于是说："你出去问问山陵使大人可不可以吧。"山陵使就是丁谓，真宗去世不久他就被任命此职。雷允恭见到丁谓，说了事情的本末。丁谓也知道不可以这样，但也是不想就此否决雷允恭的意思，于是支支吾吾，不决可否。雷允恭得不到丁谓的肯定答复，便入宫骗刘太后说："山陵使也没有异议了。"但到了五月份，事情起了变化，真宗的新坟穴果然有石，石尽水出，工役艰难，朝廷上下议论纷纷。侍卫步军副都指挥使、威塞节度使夏守思当时是修奉山陵部署，他怕工程不能完成，要中途停工，于是上奏待命。丁谓包庇雷允恭，仍然想迁就过关，把陵墓建成，不敢以实情禀奏刘太后。过了几天，入内供奉官毛昌达从山陵回宫，详细启奏了这件事。事情就这样败露了，刘太后派人问丁谓，此时丁谓才派按行使蓝继宗、副使王承勋前往参定。经过一系列的勘验与审问，真宗陵墓恢复旧址，而雷允恭也在六月二十二日伏诛。雷允恭的死可以说是自找的，他最大的问题是专恣，而且不是一般的专恣。不但同僚官员们不敢违逆他的意思，连身为太后的刘氏和身为宰相的丁谓都不敢与他正面碰撞，其专恣的程度可以说是无以复加，但这正触动了宋代抑制宦官的祖宗家法，上到太后，下至大臣们都要置他于死地，而擅迁皇帝陵墓，只是一个有足够分量的借口而已。

雷允恭之狱不久，王曾就想借真宗山陵之事除去丁谓，但一直没有机会。一日，他对同僚们说："我王曾没有儿子，将以我弟弟的儿子作为后代，明天退朝的时候，想留下向太后说明。"丁谓没有怀疑，果真让他单独面见太后，王曾尽言丁谓包藏祸心，故意让雷允恭把真宗陵墓移到绝地，太后大惊。丁谓听说后，在太后的帘前极力为自己分辩，内侍忽然卷帘说："相公跟谁说话呢？太后的凤驾早就离开了。"丁谓惶恐不知所措。以上是《长编》对王曾揭发丁谓过程的记载，但比较简单，王铚的《默记》有更加详尽的记载：

丁谓当国，权势震主，王曾被引为参知政事，对丁谓极其谄媚奉承。他进入中书之后，每逢闲暇与丁谓交谈之时，总是装出可怜的样子，丁谓问了他几十次。有一天，丁谓再问，王曾忧伤地说："我家里有一件不幸的事，耻于向别人讲啊。我小时候就成为孤儿了，只与一位老姐相依为命，一个外甥不肖，当了士兵，想来所受的苦难和责罚是不会少的。我老姐在青州老家里，总是说起这件事啊。"说罢，王曾的眼泪就流下来了。丁谓听了也不忍心，于是对王曾说："那何不上份奏章，请求除去他的军籍？"王曾说："我既然位列宰辅，有这样一个外甥，岂不是有辱朝廷吗？我自己也羞于上报啊。"说完，又流下眼泪。丁谓再三劝勉说："这是人之常情，有什么不好意思的，你早点跟皇上说，好让你外甥脱离当兵之苦啊。"此后，丁谓几次劝王曾在朝会后留下来向皇上禀奏家事，王曾总是流着泪说："我哪不知道当兵是度日如年啊，但我羞于启齿啊。"丁谓又催促了他几次，且跟他说："找一天你就在朝会后独自留在朝堂上上奏。"王曾还是不愿意，于是丁谓又自己先向皇帝和太后说了这件事。有一天，他责怪王曾说："门户之事哪能拖着，你就去把家事上奏了，我就在阁门那里等着。"王曾不得已，于是就独自留下来了。但这一留，就留了很长时间，到吃午饭的时候还没见他出来。原来王曾并不是上奏什么家事，而是向皇帝和太后尽言丁谓的奸佞滥权之事，且说："丁谓的阴谋诡计太多，人又聪明，变乱马上就要发生了。太后和陛下如果不立即下决定，不但臣要粉身碎骨，恐怕江山社稷也要岌岌可危了。"太后听了之后大怒，答应了王曾的请求，王曾这才退出朝堂。丁谓还在阁门那等着，看到王曾久久不出，立即捶胸顿足说："无及矣！"他这才醒悟，王曾之前所做的一切都是为了让自己来完成他的阴谋，但又让自己无所察觉，等到真宗山陵之事发生，他才乘机发难。王曾离开朝堂，在阁门遇到丁谓，双目含怒，不向丁谓作揖，径自离开。丁谓知道自己被出卖了，目露怨毒之色而不自知。

这则记载与《长编》不同的是王曾请求单独面见刘太后的借口，但这并不重要，关键是它记载了王曾蒙骗丁谓的全过程，可谓处心积虑。但丁谓本身是一个非常聪明且心思缜密的人，王曾不经过精心策划、处心积虑，要扳倒他谈何容易。王铚在这件事最后还加了一句评语说："假如丁谓防范王曾，哪会有这次大祸？由此可知，王曾的智慧和权术都在丁谓之上。"此话可谓一语中的。而王曾选择的时机也非常好，趁机就把雷允恭的事牵连到丁谓身上，而此时的刘太后也不再是糊涂的真宗，她不会偏听丁谓的谗言，最重要的是丁谓已经严重危及她自身的权力了。但话说回来，王曾此举也不够光明正大，反而有一种阴谋诡计的感觉，这跟王曾的性格与为政作风有关。如果这次对付的不是同样以权术著称的丁谓，而是其他大臣，恐怕他也会招来舆论的非议。

六月二十五日，辅臣们在资善堂吃饭，刘太后召见众人议事，唯独不叫丁谓。他自知必定获罪，就苦苦哀求同僚们帮忙。钱惟演对他说："我一定尽力，没大问题。"冯拯听到后盯着他，弄得他非常不安。到承明殿后，太后对他们说："丁谓身为宰相，竟然跟雷允恭内外勾结。"于是拿出丁谓托雷允恭令后苑工匠所造的金器，又出示雷允恭要求丁谓为他谋求管勾皇城司及三司衙司的证据。她说："丁谓以前附会雷允恭奏事，都说已经跟你们在座各位商议好的，所以我都同意了他的请求，最近才知道他是假托各位的话，虚妄行事。营造先帝的陵寝，就应该尽心尽力，但他却擅自迁移墓穴，差点误了大事。"冯拯等对奏说："自从先帝登极，政事都是丁谓和雷允恭商议的，然后说得到了禁中的旨意，臣等也是难辨虚实啊。幸好上天圣神揭发了他的奸佞行为，这是宗庙社稷之福啊。"太后非常愤怒，想杀丁谓。冯拯上前说："丁谓固然有罪，但新君即位，就诛杀大臣，恐怕会让天下骇然啊。而且丁谓哪有谋逆的行为呢？就是没有奏报雷允恭擅自迁移山陵之事罢了。"刘太后心情稍为平复，就命冯拯等人到偏殿商议降黜之命。任中正说："丁谓被先帝托孤，虽然有罪，但请按照律法来论功。"王曾说："丁谓不忠，得罪宗庙，还有什么好议的？"于是贬责丁谓为太子少保，分司西京。按照惯例，罢免宰相，应该由翰林学士草制，但当时由于时间仓促，只令当值舍人草词，贴于朝堂，公布天下。

　　李焘在《长编》中认为："丁谓所犯的罪，其实也就是包庇雷允恭，不忍心捅破他的胡作非为，未必真的包藏祸心。但他天性阴险狡猾，多阴谋，当了宰相一年多，深不可测，王曾虽然是用计把他扳倒，但公论却不以为这是一种过失。"丁谓奸邪这是众所周知的，他一生所求就是权力二字。从前他依靠刘后，扳倒寇准，取得权力，他过往一切的事情中，很多都是刘太后授意他干的。但刘太后想把他推倒之时，却把这些推得一干二净。王曾是寇准的好友，早就想为他出一口恶气，自然把丁谓往死里打。钱惟演表面上像被冯拯的一盯吓怕了，在议事时只声不吭，刚才对丁谓的慷慨早已荡然无存。其实他是刘太后的亲戚，一切以刘太后马首是瞻，刘太后的意图他又岂会不知，之前对丁谓只是惺惺作态而已。真正够朋友的还是任中正，他出面为丁谓求情，但终归势孤力弱。这里起关键作用的是冯拯，他是宰相，说话更有分量。他本来与丁谓就没有多少交情，反而在中书工作时有点矛盾，此时更是落井下石，以迎合刘太后。刘太后把过往所做的事都推在丁谓身上，冯拯又跟着把事情推在丁谓身上，这造成丁谓玩弄权术、两头欺瞒的表象。丁谓当然有这样做，但并非事事如此，冯拯只不过是为太后开脱。太后要杀丁谓，冯拯又为丁谓求情，但这不同于任中正，因为他是揣摩到太后的心理。丁谓之罪，诚如李焘所言，"未必真有祸心"，根本罪不至死，如果刘太后真杀了丁谓，必定惹来兔死狗烹的非议，且也违反了"不杀士大夫"的祖训。刘太后要杀丁谓是故作姿态，冯拯心领神会，故意为丁谓开脱，以让太后有台阶可下，其实也是为自己，因为丁谓倒台后，他就会理所当然地成为首相了。

正如李焘所言，丁谓之罪，并非真的包藏祸心，那为什么刘太后非要把他罢免，甚至装出要置他于死地的样子呢？冯拯和太后所言，丁谓玩弄权术，又是怎么一回事呢？这又得从头说起。在仁宗即位后，丁谓以为自己乃是当朝首相，可以独揽大权，但他似乎忘记了寇准的教训，忘记了皇权的厉害。在解决了"权处分军国事"这个问题之后，刘太后与仁宗的听政仪式问题又引起了争议，这涉及权力分配的问题。最开始，辅臣们想仁宗在外朝主持政事，而刘太后在宫内听政，所以就问刘太后在内宫哪个殿听政。可这实际上就是让刘太后跟皇帝分开，毫无疑问削弱了刘太后的权力，于是刘太后派内侍张景宗和雷允恭来说："皇帝办公，哀家应该朝夕在他身边，何必另外找一个殿来听政呢？"王曾于是就援引东汉时候的做法，让刘太后和皇帝每五天到承明殿一次，皇帝在左边，刘太后坐右边，垂帘听政。刘太后但求跟皇帝一起听政，也就同意了。但这回轮到丁谓不干了，他想皇帝每逢初一和十五出来见群臣，大事则由刘太后和皇帝共同召见辅臣商议决定，非大事的话，就让雷允恭通传，刘太后跟皇帝在宫内签字盖章就可以了。王曾说："两宫分开而单独由宦官来通传，这相当于把权柄交给了宦官，是祸端的征兆啊。"可丁谓不听。后来，刘太后发出手诏，同意了丁谓的办法。

王曾援引东汉故事，让刘太后垂帘听政，这是符合传统专制统治要求的。但丁谓却不想让刘太后见到众位大臣，而是想自己一人通过雷允恭与刘太后商议政事，其他大臣不得预闻。其目就是要借着刘太后的名义，独掌朝政，大有挟天子以令诸侯的味道。王曾指出这样会导致宦官掌权，可丁谓并不认为权柄会落在雷允恭手上，因为雷允恭是他放在刘太后身边的一个棋子，他要摆脱刘太后，自己独自掌权，就要通过雷允恭。在"擅移皇堂"一事中，丁谓要保护雷允恭，是因为雷允恭是他能架空太后权力，从而权倾朝野的关键人物，若丢弃这个棋子，重新找一个合适之人，又得耗费一番功夫。然而他万万没有想到，雷允恭的粗鄙专恣，竟然把他连累得身败名裂，远贬出朝。

另一方面，丁谓也太小看了刘太后。刘氏从大中祥符五年（1012）登上皇后宝座之前，就一直帮助真宗处理政务，对于大臣之间的争斗，还有他们为政的手段，她都知道得一清二楚，而她自己本身也参与到寇丁之争当中。她知道如何利用这次争斗来为自己谋取最大的利益，并铲除自己的政敌。她应该知道丁谓心里的小算盘，但她还是同意了丁谓的建议，因为此举也能让她暂时摆脱其他辅臣的掣肘，只需要把丁谓控制好就可以了。但让刘太后没想到的是，丁谓也不好控制。丁谓以为，寇准、李迪既然远贬，仁宗也顺利继位，朝中大臣以他为首，他可以逐渐架空刘太后的权力，以让自己完全掌握皇权的行使权。甚至，他还敢冲撞刘太后。曾经刘太后以仁宗起床晚的缘故，让内侍到中书传旨，自己单独受群臣朝拜。按照之前丁谓的设计，这应该发生在某个月的初一或十五日。当时丁谓刚好请了假，另一个宰相冯拯不敢下决定，于是把丁谓请了回来。等丁谓到了，极力反对，还批评冯拯等人没有立即阻止此事，由此得罪了刘太后，也得罪了冯拯。冯拯后来跟同僚说："他就要当周公，我们就是王莽跟董卓，真是宰相用心啊！"在这件事上，丁谓是没错的，皇帝的年龄不论大小，都是最高权力的标志，一旦外朝大臣单独朝拜其他人，都意味着最高权力的转移。当年太宗驾崩后，吕端坚持要亲眼看见太子后，才率群臣朝拜，也就是这个原因。之后，丁谓又要求以月进钱作为宫廷开支，实际上是限制宫中的消费，这就更加让刘太后不高兴了。

但是刘太后懂得一个丁谓忽视了的道理，她手里已经掌握着皇权，没有人再能够反对她。反而如果她要扳倒丁谓的话，很多丁谓的政敌或一些中立投机者都会依靠过来。此时已不像天禧之时，她未必要靠丁谓才能保住垂帘听政的地位。而且，皇权虽然处处受制于丁谓的相权，但只要有足够有力的借口，手握皇权的刘太后只要一纸诏书，就能把他罢相。此时丁谓协同雷允恭专恣于朝，大家都是敢怒不敢言。就此，刘太后推倒丁谓的时机已经成熟，就差一个体面的借口，而雷允恭擅移山陵之事，正给此事画龙点睛。

七月份，丁谓又再被贬为崖州（今海南三亚崖州区）司户参军，原因是他与女道士刘德妙勾结。丁谓未败之时，刘德妙常以巫师身份出入丁府，丁谓事败，她也被逮捕了。她承认了丁谓曾经教她借太上老君的名义谈论人间祸福，从而蛊惑人心之事。她也曾在丁谓家设神像，夜祭于园中，雷允恭也来祈祷了几次。真宗去世后，丁谓又把她引荐入宫。后来丁谓挖地得到龟蛇，就令刘德妙拿进皇宫，说是在他家山洞找到的。又教她说："如果皇上问起，为何知道所侍奉的是太上老君，你就说丁相公不是凡人，当然知道。"丁谓又作了两首颂，题为《混元皇帝赐德妙》，当中有妖言惑众之语。就这样，丁谓被远贬了，他的贬责制书中，有"无将之戒，旧典甚明；不道之辜，常刑罔舍""昵彼妖巫，馆于私舍，潜通诡计，假托神灵。与孽寺以连谋，幸先皇之违豫，将呈奸回之志，妄谈祸福之端"等语。

这篇责词，比寇准被贬雷州时的责词更加苛刻，其中"无将、不道"这些言语，都是最为严厉的贬责词汇。"无将"的典故出自《春秋》："君亲无将，将必诛焉。"意思是说皇帝和父母都是不能反的，只要对他们有了反叛之心，都要诛杀。而"不道"则是指灭绝人伦的恶行，一般而言，无辜杀害一家三口，才能算"不道"。这两个词当初丁谓是想用在寇准身上的，谁知当时宋绶没用，如今却用在他自己的责词上。半年前他把寇准送往雷州，却万万想不到如今自己去得更远。至此，寇丁之争也算是完全结束了。在这场政治争斗中，寇准跟丁谓最终两败俱伤，而这场争斗也只是导致了中央宰执系统大换血。丁谓被贬之后，冯拯升为首相，王曾拜为宰相，吕夷简、鲁宗道升为参知政事，他们当然是这场争斗的得益者。而最大的赢家是当初的刘皇后，如今的刘太后。她通过利用这次大臣之间的争斗，使皇权稳稳地掌握在自己手里，并逐步铲除对自己不利的势力，成为宋代第一位比较有作为的垂帘太后，这也揭示了寇丁之争背后的皇权斗争。不过可能令她遗憾的是，她始终没有能像武则天那样，登上皇帝的宝座。这是宋代的家法、制度使然，大臣们都自觉地维护皇权的正统，而她本身也没有盘根错节的家族势力。

　　总而论之，天禧末年，宋真宗已经病入膏肓，时而清醒，时而糊涂，太子又尚且年幼，刘皇后已经在实际上行使皇权，控制朝政，在儒家士大夫眼里这是"牝鸡司晨"。他们都认为后妃应该"助厘阴教，赞成内治，阃外之事，非所预闻"。也就是作为后妃，应该待在后宫教导皇子，维持内宫的秩序，至于朝廷之事，则是属于外事，后妃不应该插手。刘皇后干预朝政，实际上已是一种僭越的行为，而太子又不是她的亲生儿子，很难保证真宗百年之后会不会出现"武韦之祸"，于是一些士大夫就站出来，维护赵氏皇室的利益，维护皇权的正统。而且通过皇权的争夺，他们也可以凭借辅助年幼的太子而实际操控权力，掌握朝政，从而实现自己的政治抱负。寇准一方就是这一派的正统士大夫。而另一方面，有些人为了在朝中建立势力，扩大影响，就借助刘皇后的权力来达到自己的目的，他们也是想通过皇权的争夺来争取自己在朝中更大的权力，丁谓等人就是这一方的。当然，也有人使用折中的办法，既保全皇权的正统，又使刘皇后行使皇权合理化，从而使自己的利益最大化，王曾就是如此。可以说，皇权斗争，乃是真宗朝后期政治的主要特征。对大臣士大夫来说，皇权争夺是与他们自己争夺权力和利益相结合的，但刘皇后本身作为皇室成员，为了维护自己的既得利益，对皇权的争夺是积极的，因而她得合理利用大臣之间的这次争斗。通过积极参与这次争斗，刘皇后排挤了寇准、李迪等人，最后也把丁谓等人赶出朝廷，成为这次争斗的最后赢家。她的身份，就正如赵普与赵光义之争中的赵光义，吕端与李昌龄等人之争当中的李皇后。但三人的结局则不同：赵光义完全胜利，把皇权牢牢地掌握在自己手中；李皇后彻底失败，她身边的大臣们都被真宗远贬。而刘后最后没有登上帝位，但也没有失败，而是在众大臣的压力之下，折中成为宋代第一位垂帘太后。

尾　声

◎

别是功名

天禧四年（1020）七月，寇准被贬出朝，虽然他本人不在场，但是朝堂上的争斗却也是围绕着他而展开。寇准被贬上路，可谓一波三折。原本是北上相州，结果没多久就要折返往南走，去湖北的安州；当他行经枣阳（今湖北枣阳）时，又接到圣旨，要继续往南到湖南的道州。当他路过零陵（今湖南永州）的时候，又遭到溪洞蛮夷抢劫。不过寇准的贤名在蛮人中也广为流传，所以蛮人酋长得知此事后，严厉责骂了抢劫之人，并派人把行李送还给寇准。一路舟车劳顿，在天禧四年（1020）九月之前，寇准终于到达道州，可以安顿下来。作为被贬的宰相，寇准在道州的生活尚算安逸。他专门盖了个房子，里面放满了书籍，闲暇之余就阅览群书，有客人来访，就与之饮宴。《宋名臣言行录》记载说，寇准在道州的这栋房子是当地百姓给他盖起来的，我觉得应该可信。他虽然在饮宴方面十分奢侈，却也不蓄私产，更何况作为一个被贬的罪臣，应该也不可能带太多的钱上路。而当地百姓愿意为他修建房屋，估计也是敬重这位一心为国的贤相。

　　然而，当地官员却不一定每个人都敬重寇准，有些官员想要谄媚朝廷当权者，还会故意留难寇准。寇准是一个骄傲的人，他到了道州之后，身上依旧点缀着昔日当宰相时的衣饰。有官员就因此讽刺他的穿着超越了自己的身份，寇准立即堂堂正正地回答说："这是君父赐给我的衣饰，穿起来是不敢忘记皇上的恩典，不见得就失礼了。"但朝廷上的当权者却不想让他舒舒服服地在道州待着。乾兴元年（1022）正月，当时寇准尚未被贬到雷州，朝廷任命陈从易为荆湖南路转运使。陈从易是福建泉州人，他跟寇准是有过节的。天禧三年（1019）寇准拜相后，陈从易没有去刻意讨好，所以寇准对他也颇为恼火。他因为推荐人参加进士别头试失误而被贬官，于是请求回乡当官，以便照顾年迈的父亲。当时寇准故意公事公办，把他派到吉州（今江西吉安市吉州区），后来他再三请求，朝廷才改派他到家乡附近的福州。由于有这段往事，所以此时陈从易上任前，丁谓特意跟他说："当年庐陵（吉州古称庐陵）之事，如今可以无憾了。"显然，丁谓是有心让一个跟寇准有过节的官员去湖南，以对他进行刁难。然而，陈从易是个正人君子，当初不讨好寇准，乃是性格使然，如今他也没有因为过往的恩怨想要为难寇准。他对丁谓说："我会用对待前宰相的礼节去对待寇准。"

　　然而寇准并没有等到陈从易到湖南，二月份他收到了朝廷把他贬为雷州司户参军的诏令，在识破使者逼他自杀的阴谋后，他就收拾行装到雷州去了。尽管道州已经是与蛮夷相接的地方，但依然不能与遥远的雷州相比。雷州在今天广东湛江地区，其州治在今天的海康县，其城门往东走十里，就是南中国海；而从此处再往南走，到达徐闻县之后，就可以渡海去海南岛了。现在的广东是相对发达的地区，但在宋朝时候却是荒凉之地，更何况是广东最南端的雷州。寇准一路下来，不但风餐露宿，还得抵御炎热的天气和北方人难以习惯的湿气。不过很多地方官吏对这位贤相都非常敬重，每到一个地方，总有竹轿等待着他。但他拒绝了这些官员的好意，说："我是罪人，有马骑已经很幸运了。"就这样，他以每天百里的速度向雷州进发，左右之人都为之流泪。寇准到达雷州后，总算是安顿下来。到了七月，丁谓也被罢相贬官，而他的目的地则是比寇准更远的崖州，也就是要到海南岛的最南端去，雷州是他的必经之地。寇准的门人知道后，都摩拳擦掌，准备趁机收拾丁谓一顿，但寇准阻止了他们。丁谓到达雷州后，请求跟寇准见上一面，但寇准拒绝了，只是派人给他端来一只蒸羊。寇、丁二人相交20多年，本是很好的朋友，却在名利场上互相角逐，最终成为敌人。这时大家俱被远贬，离开那个是非忿争之地，当真恍如隔世。寇准对丁谓未必还记恨在心，但即使见面也是徒具唏嘘而已，况且心中那根刺确实难以拔去。而丁谓呢？半年前他把寇准贬来这里的时候，估计也料想不到，他竟然也有机会来到这个地方。有人写诗感叹说："若见雷州寇司户，人生何处不相逢。"

天圣元年（1023）闰九月初七，寇准在雷州逝世，享年62岁。在此之前，贾同在朝廷上书，说寇准无罪，而王曾也尽力营救。朝廷并不知道寇准已经去世，故在闰九月十二日将他调任衡州司马，让他北上回到内地。然而，他已经等不到那份调任文书了。不久，他被允许归葬洛阳，途经公安县的时候，老百姓们都在路上迎接祭奠，可见寇准所得民心之重。明道二年（1033）三月，由于刘太后不豫，仁宗大赦天下，寇准因而恢复太子太傅的旧官，后来又赠中书令，复莱国公爵位。景祐二年（1035），他又被赐谥号"忠愍"。根据《谥法》，危身奉上曰忠，佐国遭忧曰愍。寇准一生最大的功绩，就是澶渊之盟中保扶真宗，力主出战，以战求和，赢取宋辽两国百年和平之基业，谓之大忠，不为过分。况且寇准的确有一种儒家入世精神，事事欲为皇帝分忧，也不怕皇帝怪罪，敢言直谏，在士论中赢得刚直之名。但是，寇准也有他缺失的地方，他好大喜功，恣意使气，与人忿争似乎又是他的喜好。但他万万没有想到，他一生与人争权，最后却在争斗中失败，被远贬南方，再无机会重返朝廷。寇准是一名斗士，一生斗心不息，所以刘太后让他老死雷州，就是对他最大的折磨。据说寇准临死前，命人从洛阳取回太宗赏赐的通天犀带，这其实是对自己过往功绩的追忆和回味。寇准的死是一个悲壮悲剧，给人一种壮志未酬的感觉，给后世不少墨客骚人留下写诗作词的题材，"忠愍"一谥，正是他一生最为恰当的写照。

后人对寇准的评价多是正面的，无论是范仲淹"左右天子，不动如山，天下谓之大忠"，抑或是王安石"欢盟从此至今日，丞相莱公功第一"，还是吕颐浩"不以家谋，专以国计"的评价，都透露出后人对寇准一生功绩的肯定，也显示出后辈政治家对他的仰慕与崇敬。政治相当复杂，我不能说王钦若、丁谓等人就完全是奸臣，脸谱化的描写不是历史学家对人物研究的方法。然而，就从时人及后人的评价看，人心向背可想而知。这至少说明，寇准的思想与行为更符合我们这个民族的价值观。当然，寇准并不是完美的人，他有很多缺点，甚至可以说，他刚直、使气的性格根本不适合当宰相，起码不适合当首相，因为这不利于朝廷的团结；而"好人怀惠，又欲人畏威"，更是官场大忌。但有网文说寇准有阴暗的一面，我认为这并不存在。寇准确实打击过很多政敌，甚至对如王旦这样的好友下手，但他基本都是有的放矢，且自认为光明正大，理所当然。这种无谓的斗争无论对他还是对朝廷而言都必定不是好事，却算不上阴暗。至于他在"天书封祀"中附和真宗，甚至上天书以求入相的行为，则是当时时代大势使然，不能因此视之为诣媚皇帝。况且，寇准一没有主动提出运动中的任何一项活动，二没有利用这次运动去加害别人，这跟王钦若与丁谓等人大不一样。欧阳修认为，寇准最终败政，并且客死雷州，是因为他"老不知退"。这当然是有道理的，因为身在永兴军的寇准，本来可以享受高薪厚职的半退休生活，完全没必要承担托孤的重任，掺和到朝廷的纷争中。而急流勇退，往往也是很多官员的处世之道。然而，如果真能老而知退，那就不是寇准了；如果能退，当初在澶州之役中，寇准就已经对真宗作出退让了。

陆游有一首《诉衷情》的词，虽然写的不是寇准（而是陆游自己），却也能反映寇准的一生，故仅以此词作为全书的结尾：

　　青衫初入九重城。结友尽豪英。蜡封夜半传檄，驰骑谕幽并。

　　时易失，志难城，鬓丝生。平章风月，弹压江山，别是功名。

后　记

2020 年，中国遭遇了新中国成立以来最大的疫情，而我工作的武汉市，更是疫情的爆发地。我在封城前十天就离开了武汉，回到老家广州过年，原本打算 1 月 31 日返汉，准备新学期的教学与科研工作。由于想给自己一个无牵无挂的假期，我把所有的资料与设备，包括电脑、硬盘等都放在武汉了。结果一切都超出了我的想象，武汉封城两个多月，而我也在广州蜗居了四个月，所有计划都被打乱。四月份，在我百无聊赖的时候，耿元骊教授邀我参加辽宁人民出版社一套有关宋史的通俗读物的写作。历史学家是否应该写通俗读物，其实存在争议，这不但对我们的学术考评毫无帮助，而且通俗的叙事方式，往往很难做到严谨的史实考证。但我的授业恩师张其凡教授生前曾跟我说过，我们学者中应该有人去做历史的普及工作，否则普通读者对于中国历史的了解就会流于文学与小说。忆起先生训语，我觉得我应该接受这个工作。

耿导当时给了我十个题目，我选择了寇准，因为我的硕士论文写的就是寇准，而博士论文也与寇准有一定关系，所以我对寇准的相关材料比较熟悉，也可以有自己的解读。当然，我的硕士论文主要关注寇准最后的生涯，所以关于他的前半生，我依然需要阅读大量的史料，这也让我用了更多的时间去写作这本小书。其实学界中已有不少关于寇准的研究成果，如赵冬梅教授的《千秋是非话寇准》，王瑞来教授的《左右天子为大忠：使气之寇准》等，都是非常优秀的作品。不过既然寇准本身是我硕士论文的研究对象，我所展现的当然也是我心中的寇准形象。然而，我也不可避免需要参考相关的学术著作，但由于体裁所限，我不能作注释，不能一一说明，这一点十分遗憾。此外，由于本书是通俗读物，为了方便普通读者阅读，我把大部分史料都翻译成现代汉语，这或许不符合史学专著的规范，却有利于历史知识的传播。

最后，我必须感谢耿元骊教授的邀请，以及辽宁人民出版社为我们提供的机会，让我们可以参与这套丛书的写作。由于本人学力有限，文笔稍欠，有所谬误之处，敬请方家指正。

刘广丰

2020 年 10 月 25 日

于湖北大学逸夫人文楼